La Aventura del Español en América

La Aventura del Español en América

Humberto
López Morales

ESPASA

ESPASA ℮ FÓRUM

© Humberto López Morales, 2005
© Espasa Calpe, S. A., 2005

Diseño de la colección: Tasmanias
Ilustración de cubierta: *Woolen Fabric (Textile)*. Colección The Bridgeman Art Library
Foto: Paracas Culture
Ilustraciones de interior: Archivo Espasa
Foto del autor: Orlando Rodríguez Sardiñas (Rossardi)
Realización de cubierta: Ángel Sanz Martín

Depósito legal: M. 39.977-2005
ISBN: 84-670-1992-1

Espasa, en su deseo de mejorar sus publicaciones, agradecerá cualquier sugerencia que los lectores hagan al departamento editorial por correo electrónico: sugerencias@espasa.es

Impreso en España/Printed in Spain
Impresión: Huertas, S. A.

Editorial Espasa Calpe, S. A.
Vía de las Dos Castillas, 33
Complejo Ática - Edificio 4
28224 Pozuelo de Alarcón (Madrid)

ÍNDICE

INTRODUCCIÓN

Este 26 de octubre de 2005 la lengua española cumplió quinientos trece años de historia americana. La fecha de partida para este recuento, por supuesto simbólica, corresponde al día en que el Almirante escribió en el *Diario* de su primer viaje a América el término antillano *canoa*. Cuando todavía en la Península los esfuerzos de unificación del español no llegaban a contar con doscientos años, la expansión atlántica abría un nuevo escenario de gran complejidad: innumerables pueblos autóctonos alojados en unas tierras surcadas por ríos desmesurados y tachonadas por cadenas montañosas insuperables y selvas agrestes y amenazantes. Al principio eran unos territorios enormes, completamente desconocidos. Es decir, distancias muy difíciles de franquear que conducían a un pertinaz aislamiento. Si durante mucho tiempo las comunicaciones con la Península fueron escasas e irregulares, las que existían entre territorios americanos lo eran aún más.

En los primeros momentos, el español que fue a ultramar, ya de por sí heterogéneo dialectalmente, empezó a producir peculiaridades americanas. Había que dar nombre a muchas cosas: animales, plantas, costumbres... Unas veces se adoptaban los indigenismos que estaban a la mano, otras se recurrió a palabras españolas ya conocidas pero que no significaban exactamente lo mismo. En esos primeros momentos la invención no fue demasiada. Pero a medida que todo se iba conociendo mejor, que verdaderamente se aprehendían aquellas realidades exóticas y que la convivencia se convertía en habitual, comenzaron las innovaciones locales.

Mucho tiempo, esfuerzo, dinero y vidas humanas costó la Conquista; sin embargo, fue tarea fácil si se la compara con lo que significó después la colonización. Hacer la guerra ha sido siempre más sencillo; son encomiendas bastante más laboriosas construir desde un nuevo hábitat hasta un complejo conjunto de estructuras sociales y, sobre todo, hacer nacer una cultura, aunque esta sea incipiente.

Dos factores hicieron posible entonces que la aventura del idioma no naufragara en tierra firme: las continuas oleadas de nuevos emigrantes peninsulares e insulares, y el régimen administrativo colonial emanado de la Corona. Ambos factores eran incuestionables elementos de cohesión lingüística. La unidad de la lengua se mantendría por encima de las diferencias surgidas.

Consideración especial merecen también las influencias exóticas. La mano de obra esclava, que inundó buena parte del continente, fue el primer grupo en hacer notar su presencia. El influjo negro, aunque de manera muy desigual, tiñó ciertas zonas americanas, bastante más allá de lo puramente lingüístico. Fue el primer episodio, pero no el único. Nuevos y reiterados contactos de lenguas presenciaría América, desde los motivados por el establecimiento de las empresas británicas y el éxodo desde Italia de grandes contingentes humanos —hacia el cono Sur, fundamentalmente— hasta la persistente presencia norteamericana de los últimos decenios.

Todo ello ha dejado su huella, pero en definitiva nada ha podido debilitar el tronco común hispánico. Si con anterioridad en la historia, en momentos en que se vivían tiempos de incomunicación, y lo que fue más grave, en que soplaban aires de independencia lingüística, ese tronco se mantuvo irresquebrajable, ya no hay que temer ningún infortunio.

Los avatares sufridos por el español en América desde aquellos primeros tiempos heroicos hasta nuestros días han sido muchos y muy variados. Lo que pretendo presentar en este libro, especialmente concebido para el lector no especializado pero sí interesado en nuestra lengua y cultura comunes, son las peripecias por las que ha pasado el español en su andadura americana, con sus éxitos, los más, y sus pequeños fracasos. Y, sobre todo, mostrar que, a pesar de los escollos del largo camino —posturas lingüísticas desafortunadas durante la época colonial, aires de separatismo cultural, reveses históricos como el de Puerto Rico en el 98, etc.—, en este punto en el que hoy estamos, tenemos derecho a sentirnos optimistas. Después de todo, el español vive hoy con lozanía en diecisiete países americanos que lo tienen como lengua oficial, y dos más que lo comparten con otro u otros idiomas. En América lo habla algo más del 90 por 100 de todos los que lo tienen como lengua materna y es el protagonista indiscutible de la vida cultural de todos esos sitios, manejado en centenares de universidades, en docenas de periódicos de difusión internacional, en poderosas cadenas radiofónicas y de televisión, y en un tránsito que empieza a congestionarse en las avenidas informáticas.

Las páginas que siguen, amigo lector, cuentan lo más importante de lo que fue —y sigue siendo— la gran aventura del español en América.

1
EL COMIENZO DE LA AVENTURA

La aventura del español en América comienza su andadura el mismo 12 de octubre de 1492, cuando las naves de Cristóbal Colón llegan regocijadas al archipiélago antillano. Todos quedan asombrados con aquel mundo maravilloso que van descubriendo. El Almirante, el primero, que no cesa de escribir elogio tras elogio en su *Diario* de navegación y después en las cartas que envía a los Monarcas. Cada tierra que ve, con sus playas y sus ríos, su exuberante vegetación, presidida por elegantes palmeras, la riqueza y el colorido de las flores, el trino exquisito de las aves, le parece más hermosa que la anterior: «Esta es la tierra más hermosa que ojos humanos han visto» es una expresión que se repite en esas páginas sin el menor intento de originalidad. Y siguen las descripciones hiperbólicas: en lo que después sería La Española encuentra un puerto hondo «para cuantas naos hay en la Cristiandad», un río en el que cabían «cuantos navíos hay en España», y unas montañas «que no las hay más altas en el mundo».

Descubren a los indios, morenos, desnudos, ingenuos, y tratan de hablar con ellos, pero no se entienden. De nada le sirven a Colón sus intérpretes, expertos en latín, griego, árabe, arameo. Vienen entonces los gestos y la atención a las palabras del indígena. Desde ese momento el español que marchó a ultramar empieza a producir peculiaridades americanas. Precisamente la primera página de esta aventura, el *Diario* colombino, recoge las primeras.

Este conjunto inicial de voces antillanas que leemos hoy en el *Diario* está integrado por *canoa, hamaca, ajes, cacique, cazabe, nitai-*

ne, tuob, caona, nocay, ají y *tiburón*. Añádanse a esta lista *bohío* y *guanín*, ambas interpretadas erróneamente por Colón, que pensó que eran nombres propios de lugar, topónimos como *Cuba;* también, *caribe,* gentilicio antillano que se estrena en un texto castellano.

La primera vez que el Almirante habla de las embarcaciones indígenas, el 13 de octubre, al día siguiente del Descubrimiento, usa una palabra que tenía a mano, el arabismo *almadía.* Pero como entre las almadías ('balsas', 'barcas de paso') y las embarcaciones indígenas había diferencias muy ostensibles, se vio obligado a consignar en su escrito los rasgos peculiares de la canoa: «son hechas del pie de un árbol, como un barco luengo, y todo de un pedazo, y labrado muy a maravilla según la tierra, y grandes, que en algunas venían 40 y 45 hombres. Y otras más pequeñas, hasta haber de ellas en que venía un solo hombre».

Desde aquí hasta el relato que cuenta lo sucedido el 6 de diciembre, su palabra favorita es *almadía;* la usa diecinueve veces. Ya antes, el 26 de octubre, el Almirante vuelve a describir a Sus Majestades estas almadías tan singulares: «son navetas de un madero adonde no llevan velas»; y de inmediato se lee: «Estas son las *canoas»,* lo que constituiría la primera aparición de este indigenismo. La autoría colombina de este último comentario, es cierto, ha sido puesta en duda, ya que esta especie de glosa se parece mucho a otras de parecido corte que Las Casas introduce a discreción en el manuscrito del Almirante, aunque siempre copiadas al margen. De cualquier forma, antes de sus descripciones de los primeros días de diciembre, ya el *Diario* ha identificado las almadías con las canoas en seis ocasiones; la más explícita de todas dice: «muy grandes almadías, que los indios llaman canoas». A partir del 7 de diciembre el triunfo de *canoa* es absoluto, pues el genovés no vuelve a acordarse más de las almadías en el resto de su relato. En lo que queda de texto aparecen cuarenta y dos menciones de *canoa*, algunas de ellas con intento de definición: «Canoa es una barca en que navegan [los indios], y son de ellas grandes y de ellas pequeñas».

Aunque ningún otro término indígena aparece con la frecuencia altísima de *canoa,* este proceso de penetración de un indigenismo, tras quedar vencedor sobre la palabra castellana o usada en Castilla, se repite en varias ocasiones. Tal procedimiento de paulatino acercamiento al indigenismo, como en el caso de *hamaca,* se da también partiendo de una descripción. Primero habla de «camas [...] que son como redes de algodón»; y más adelante, el 3 de noviembre, nos dice: «redes en que dormían, que son *hamacas*». Es evidente que la falta de paralelo con las cosas de Castilla apresuró la adopción de este indigenismo, el más temprano después de *canoa,* y de otros muchos.

El indigenismo *aje,* por su parte, no aparece en el texto colombino hasta el 16 de diciembre; con anterioridad, Colón emplea *niames* cada vez que hace referencia al tubérculo, tres en total: «*niames,* que son como zanahorias». En esa fecha introduce la comparación: «*niames,* a que ellos llaman *ajes*», y desde aquí es *aje* la única palabra que maneja en las cinco ocasiones en que tiene oportunidad de usarla. Lo mismo sucede con *cazabe:* habla de «su pan» (el de los indios) en dos ocasiones antes del 26 de diciembre; entonces explica: «su pan, que llaman *cazabe*».

El contacto cotidiano con el nuevo mundo hizo que los demás términos antillanos pasaran directamente al escrito del Almirante: *cacique,* que para Colón significaba varias cosas diferentes; *nitaine* (miembro de la clase social de los nobles), cuyo sentido se le presentaba algo confuso; los términos para oro —*tuob, caona, nocay*—, más *ají* y *tiburón;* todavía al escribir *ají* explica «que es su pimienta», pero *tiburón* la introduce directamente en el texto, sin el menor intento de explicar su significado. Esto ocurría ya de regreso a España, el 25 de enero, fecha en que sin duda ya estaba toda la marinería bastante familiarizada con tan peligroso pez.

El descubridor se asomó también a otras realidades americanas a las que no supo dar nombre más que acudiendo a un término castellano: «hojas secas, tizón», «lagartos», «culebras y sierpes», «fuegos», «ratones grandes», «cangrejos grandísimos». Para dos de ellos, Las Casas mismo anotó al margen de su versión el indigenismo: en los dos casos de sierpe anota: «*Iguana* debió de ser esta»; y en el de ratones grandes: «*hutías* debían ser». En el resto de los casos, el lector moderno suple las palabras que se esconden tras tales expresiones: *tabaco* por 'hojas secas, tizón'; *caimanes* por 'lagartos', quizá *barbacoas* por 'fuegos' y *jaibas* por 'cangrejos grandísimos'.

Repárese en el proceso de penetración. Dos semanas después de haber llegado a las Indias, el Almirante comienza a incorporar *canoa,* término procedente de algún dialecto arahuaco insular; entre principios de noviembre y Navidad, las voces arahuacas *hamaca, aje, cacique, cazabe* y *nitaine;* al final de su primera estancia americana, *ají,* también arahuaco, y ya en el viaje de regreso, *tiburón,* que, aunque de origen discutido, parece proceder también de una de aquellas lenguas indígenas antillanas. Todas estas voces van a mantenerse hasta hoy. Solo *caona,* voz taína de La Española, y los términos *tuob* y *nocay* no pudieron resistir la competición con el castellano *oro,* aunque el híbrido *caonilla,* 'pepita de oro bajo', subsistió durante la primera mitad del siglo XVI.

Sin embargo, en cuanto a la afluencia de indigenismos antillanos al caudal común de la lengua, el *Diario* del Almirante constituye en realidad un preciado pórtico, más simbólico que real. Por un lado, porque la difusión de este texto fue muy escasa, si alguna, con anterioridad a la *Historia* de Las Casas, que manejó ampliamente estos materiales; por otro, porque el flujo constante de hombres y de documentos entre las Indias y la Metrópoli hacían innecesario el antecedente colombino. No debe olvidarse, no obstante, que *canoa* es la primera y única palabra de origen indígena que Antonio de Nebrija recoge en su *Diccionario* (sin marca alguna de voz americana), posiblemente publicado en torno a 1495 en Salamanca; aunque no es nada probable que el gran maestro la tomara del *Diario* colombino, que fue durante muchos años un documento privado, sí pudo haberla leído en una carta de Colón a Luis de Santángel, tesorero real, que tuvo alguna difusión por haber sido impresa. Aunque todavía es un asunto no esclarecido, conspira contra la hipótesis del *Diario* como fuente del nebrisense el hecho de que no figuraran en este importante recuento lexicográfico los otros indigenismos que aparecen en esas páginas.

Tras los viajes del Almirante vinieron las fundaciones inaugurales y los asentamientos demográficos: La Española, en lo que hoy es la República Dominicana y Haití; Puerto Rico, Jamaica, y por último, la Fernandina o Juana, bautizada unas veces en honor del Rey y otras en el del príncipe don Juan, o Cuba, indigenismo que por fin triunfó.

2
LAS ANTILLAS, ANTESALA DE AMÉRICA

LOS ABORÍGENES

Las Antillas Mayores, La Española, Puerto Rico, Cuba y Jamaica, en las que empiezan a producirse los primeros asentamientos poblacionales europeos, estaban habitadas por pueblos anclados en la Edad de Piedra que no habían alcanzado un grado avanzado de agregación social. Los taínos, de origen lingüístico arahuaco, procedían de la masa continental del Sur y habían llegado a las islas desde las costas de la actual Venezuela, iniciando en Trinidad su periplo insular; señoreaban La Española y Puerto Rico. Tenían una economía agrícola de subsistencia y su cultura material era de nivel neolítico. Este grupo indígena es fácilmente identificable, debido a sus trabajos artesanales de cerámica, piedras, conchas y madera, pero sobre todo por la peculiar deformación craneana a que se sometían y que les era privativa. La llegada de los descubridores sorprendió a los taínos en medio de un proceso migratorio hacia el oeste del archipiélago, sin duda empujados por los temibles y belicosos caribes, que hacían incursiones cada vez más frecuentes y sangrientas desde las Antillas Menores.

Los taínos habían llegado a Cuba, a la punta de Maisí, desde La Española entre doscientos cincuenta y cincuenta años antes de la llegada de Colón; se asentaron preferentemente en las zonas mesetarias de la región oriental, aunque poco después, a medida que aumentaban las migraciones de este grupo, se extendieron a otras regiones cultivables, hasta llegar a la actual Matanzas.

La Gran Antilla contaba entonces con otros habitantes indígenas. Un grupo, conocido con el nombre de siboneyes, procedía de una inmigración antigua, quizá del siglo VI d. C., y eran también arahuacos. Su cultura preagroalfarera dejó tras de sí las huellas de sus instrumentos ceremoniales, entre los que destacaban las cuchillas de sílex y de piedra y los bastones y tazas de madera. Llegan a Cuba como los taínos, procedentes de las Antillas orientales, asentándose originalmente en la región de Banes. Sin embargo, el hecho de que se hayan encontrado restos arqueológicos suyos en el extremo occidental de la isla, en sus zonas centrales y en el golfo de Guacanayabo, demuestra una dilatada expansión hacia el oeste. Tras la llegada de los taínos, convivían con ellos armoniosamente.

Del tercer grupo de los que se han logrado identificar con una cierta seguridad, los llamados guanatahabeyes, se sabe muy poco. Habitaban en cavernas situadas cerca de costas y ciénagas de la región más occidental de la isla; eran recolectores, pescadores y cazadores, que desconocían la agricultura y la cerámica, aunque tallaban con tosquedad la piedra y la madera. Ignoramos su origen.

Tanto taínos como siboneyes hablarían una misma lengua, procedente esta del tronco arahuaco, aunque los aproximadamente nueve siglos que separan a ambas incursiones habrían producido, sin duda, gruesas diferencias lingüísticas. El enigma siguen siendo los guanatahabeyes, pues, de acuerdo a testimonios antiguos, mientras los intérpretes lucayos de Colón se entendían bien con taínos y siboneyes, no eran capaces de saber lo que aquellos decían, ni de hacerse entender por ellos.

¿Cuál era entonces la población indígena antillana? La primera noticia la ofrecen Las Casas y Nicolás de Ovando, después de la primera incursión por la isla de Cuba. Ambos calculan que allí vivían unos doscientos mil indios. Cuba debió de parecerle a fray Bartolomé casi deshabitada, pues para La Española, apenas una quinta parte de la Gran Antilla, su cálculo era de tres millones. De entonces acá las cifras han bailado hacia arriba y hacia abajo —desde varios millones hasta unas pocas decenas de miles—, de acuerdo a razones no siempre científicas, como el deseo de magnificar el 'gigantesco genocidio' llevado a cabo por los conquistadores desde épocas tempranas de la Conquista.

En realidad, la población indígena de Cuba y de las demás Antillas debió de ser muy escasa. Tan temprano como en 1516, Bernal Díaz ya habla del reducido número de indios. Al año siguiente se producen las primeras quejas en Cuba porque los indios no alcanzaban para todos los colonos que pedían encomiendas. Son precisamente hidalgos y soldados sin indios los que instaban al gobernador Diego Velázquez a abandonar la isla y poner rumbo a las ricas tierras continentales.

Un valioso censo de aborígenes llevado a cabo en esta misma isla en 1532 nos informa de la existencia de 2.781 indios encomendados, de 39 pueblos y de 119 naborías. Teniendo en cuenta que la media de indios por cacique o pueblo era de 71, puede conjeturarse que para entonces la población indígena, al menos la taína y la siboney, era de unos 5.669. De esa cantidad, la mitad, 2.769, no se había incorporado todavía al sistema de encomiendas. Cinco años más tarde los indios encomendados sumaban unos cinco mil. Hacia la mitad del siglo XVI estas cifras apenas habían cambiado. En la segunda mitad del XVII los indios constituían el 10 por 100 de la población total de la isla.

Estas cifras, por fuerza aproximadas, excluyen siempre a los guanatahabeyes, a cuya zona no llegó nunca la presencia colonizadora antes de mediar el siglo XVI, y posiblemente a los siboneyes de la zona más occidental. Todo esto aconseja reducir de forma considerable el número de la población indígena en el momento del Descubrimiento. Si se considera la escasa cantidad de indios encomendados y que, además, las bajas que produjeron los dos encuentros bélicos de que se tiene noticia no debieron ser muchas, apenas podríamos explicarnos la gigantesca desaparición del elemento indígena que implicaría el partir de los 80.000 indios que algunos suponen que habitaban Cuba a la llegada de los españoles.

La situación se repite también en las otras Antillas. En La Española, el llamado repartimiento de Alburquerque, ocurrido en 1514, nos habla de 22.336 adultos (hombres y mujeres) y de algo menos de 3.000 niños. Se supone que muy pocos años antes la población nativa era de unos 60.000 individuos. Aun contando con que haya habido población indígena no contabilizada en este repartimiento, el índice de mortalidad es de casi el 65 por 100 en un período muy corto, lo que equivaldría a una media anual de más de 5.000 defunciones. Para 1570 se nos informa de que no quedaban más de 500 indios; esto significa una tasa de mortalidad anual de menos de 500, pero ya esta cifra no sería sorprendente en ningún colectivo, y menos en esa época. Teniendo en cuenta que los 60.000 aborígenes constituyen una cantidad supuesta, que las otras son reales y que entre ellas media un abismo, conviene preguntarse sobre la fiabilidad de tal cálculo poblacional. Es una pregunta que atañe también a las cifras dadas para Puerto Rico (50.000) y para Jamaica (40.000).

Habría que tomar en consideración, además, algunos datos de índole antropológica. Los cronistas nos informan desde época temprana de que los nacimientos entre indios eran escasos —entre dos y cinco por pareja— y que esto obedecía al hecho de que las indias se veían obligadas a amamantar a sus criaturas hasta la edad de tres o cuatro años por no disponer de leche animal; era una importante motivación para ejercer sus conocidas prácticas abortivas. Si a esto se añade la homosexualidad masculina existente en la cultura taína, la hipótesis de la pobre densidad demográfica de estas islas cobra mayor sentido.

Hoy, supuestamente desaparecido el afán de agrandar las cosas, cuando no se manejan cifras con espíritu partidista, cuando no hay que subrayar el valor temerario de capitanes y soldados, cuando ha pasado el deseo de exaltar la obra evangelizadora de algunas órdenes religiosas y cuando no es necesario acudir a grandes números para enaltecer el pasado de algunas culturas indígenas, el panorama demográfico que aparece ante nosotros es muy diferente del fantasmagórico, repleto de millones, de años anteriores.

Con todo, es innegable que la mortandad indígena fue grande, y para explicarla vienen en nuestra ayuda una serie de variadas razones. Se trató de un impresionante suicidio colectivo, incluyendo los infanticidios, patrocinado por el hundimiento de su estructura social y por la destrucción psicológica que produjo la creencia en un evidente abandono de sus dioses o *cemíes,* que los dejaban indefensos ante el poderoso Dios de los cristianos; de aquí la negativa a la vida propia y a engendrar hijos. A acelerar la extinción indígena contribuyeron, por una parte, las viruelas, el sarampión, la malaria, el tifus, la varicela, las paperas y el romadizo, enfermedades europeas desconocidas en las islas, más las africanas, paludismo y fiebre amarilla; y por otra, los trabajos excesivos a los que fueron sometidos los indios. Ni los deseos de la Corona, que veían en el indio la única riqueza de aquellas tierras sin oro, ni la vigorosa acción de los padres jerónimos en La Española, que desde temprano construyeron pueblos indígenas de 400 habitantes, lograron detener el proceso.

LOS ESPAÑOLES

Por otra parte, la población española era mucho menos numerosa aún. En 1505, La Española contaba con diecisiete villas de tipo europeo: la Nueva Isabela, de 1496, fundada al sur, junto a la desembocadura del río Ozama, ya rebautizada como Santo Domingo del Puerto, y las fundadas en su mayoría por el comendador Ovando: Concepción de la Vega, Santiago de los Caballeros, el Bonao, Puerto Plata, San Juan de la Maguana, Azua de Compostela, etc.; pero todas estas poblaciones eran pequeñísimas. En San Juan Bautista, el Puerto Rico de hoy, el capitán Juan Ponce de León había establecido la villa de Caparra en 1509, trasladada años después a la isleta que había junto a la bahía, con el nuevo nombre de «cibdad de Puertorrico», pero la pacificación de la isla no concluyó hasta 1511, año en que se establece la Real Audiencia de Santo Domingo, centro administrativo de las Antillas durante todo el siglo XVI; Jamaica no se empezó a poblar hasta 1509, pero siempre permaneció medio desierta. A Cuba los colonizadores llegaron en fecha muy tardía, al menos en número importante. Al carácter ralo de la demografía española se le unieron otros agravantes que impulsaron todavía más la despoblación: el ocaso de la quimera áurea, el desencanto producido por los primeros fracasos de la fiebre azucarera, la necesidad de conformar las expediciones militares a tierra firme, motivadas por los cantos de sirena llegados desde el continente.

Hasta 1511 no comienza en la Gran Antilla el proceso de conquista y colonización. Diego Velázquez sale de La Española por la villa de Salvatierra de la Sabana, que él mismo fundara, al mando de 300 hombres, un grupo de servidores indios y unos pocos esclavos negros. Ese mismo año funda Nuestra Señora de la Asunción de Baracoa, uno de los primeros topónimos indígenas de la isla de

Cuba en pasar a los papeles españoles. Dos años después, San Salvador del Bayamo, aún en el extremo oriental de la isla; Nuestra Señora de la Santísima Trinidad y Sancti Spiritus, ya en la región central, y al año siguiente, Santa María de Puerto Príncipe y San Cristóbal, origen esta última de lo que después sería La Habana. Velázquez cierra este período fundacional en 1515 con Santiago, al sur del extremo oriental, cuya espléndida bahía serviría para la comunicación con la cercana Española. Traslada el incipiente gobierno de Baracoa a Santiago.

Entre 1511 y 1518, debido a que Cuba se convierte transitoriamente en centro de atracción, llegan a la isla pobladores de La Española, de Jamaica y de Darién. La población blanca, andaluza principalmente, aumenta. Se calcula que en ese período habría unos 3.000 españoles, incluyendo las mujeres de algunos colonizadores que fueron autorizadas a viajar a Cuba desde La Española. La población inicial, compuesta por los 300 hombres de Velázquez, unos 30 soldados traídos de Jamaica por Narváez para reforzar la expedición por tierra hacia occidente y unos 700 hombres que habían logrado sobrevivir al desastre de Darién, un total aproximado de 1.070, se habría triplicado en poco más de seis años.

Sin embargo, la formación de las grandes expediciones militares a tierra firme invirtió muy pronto aquel crecimiento incipiente. Entre 1517 y 1520 salen de Cuba cinco expediciones: la de Francisco Hernández de Córdoba a Yucatán (1517), la de Juan de Grijalva a Yucatán y a Centroamérica (1518), la de Hernán Cortés a Centroamérica (1518), otra del mismo Cortés a México (1518) y la de Pánfilo de Narváez (1520) en busca de Cortés. En ellas se marchan unos dos mil vecinos, los más jóvenes y vigorosos de la población que se había establecido allí durante la primera década de la historia europea. El afán de conquista, la fiebre de riqueza y el deseo de aventura eran los principales factores que arrancaron a aquellos jóvenes de la monotonía y de la muy relativa prosperidad de los cultivos y del desmedido esfuerzo de buscar arena de oro. Tras el éxodo quedaron en Baracoa, la villa primada, dos o tres vecinos.

Los documentos nos dicen que en 1534 el total de españoles que habitaba en la isla era de 1.500. Las informaciones del entonces gobernador, Manuel de Rojas, hablan de 300 jefes de familia, de alrededor de cinco miembros cada una, distribuidas de la siguiente forma: Santiago, 80; La Habana, entre 70 y 80; Bayamo, entre 30 y 40; Puerto Príncipe, igual; Sancti Spiritus, unas 30; Baracoa, entre 30 y 40, y Trinidad, entre 15 y 20. Al mediar el siglo la población total de españoles era de unos mil, agrupados en 220 familias.

UN CAPÍTULO IMPORTANTE DE LA INCIPIENTE ECONOMÍA ANTILLANA: LA INDUSTRIA AZUCARERA

En 1494, el almirante Cristóbal Colón, en un memorial despachado desde La Isabela y dirigido a los Reyes, escribía: «non fará mengua el Andalucía ni Sicilia aquí, ni en las cañas de azúcar, según unas poquitas que se pusieron han prendido». Hacía referencia a La Española, adonde había llevado unos plantones en 1493, en su segundo viaje. La importación de la caña a los nuevos territorios de la Corona española hará cambiar en muy poco tiempo el mapa mundial de la producción azucarera: el que fuera Mediterráneo islámico —Siria, Palestina, Egipto, África del Norte, Chipre, Rodas, Baleares y al-Andalus— cede su primacía al nuevo mundo ibérico. De La Española la caña llega muy pronto a Puerto Rico y a Jamaica; por esos mismos años, a tierra firme, a la Nueva España, llevada directamente por Cortés desde las islas Canarias. No se hace esperar demasiado su aparición en el resto del continente.

Todo ello ocurría cuando la industria azucarera decaía en suelo peninsular: aquí la caña, introducida en el siglo X por los árabes, había alcanzado un desarrollo espectacular; a principios del siglo XV, la costa malagueña, la granadina y la almeriense poseían importantes plantaciones; también algunas zonas del litoral levantino. Motril, uno de los centros de mayor relieve, contaba entonces con catorce fábricas que molían unos 15.000 marjales de caña. La expulsión de los moriscos, sin embargo, hizo que todo este emporio palideciese hasta morir casi; la industria azucarera andaluza no se recuperaría hasta varios siglos después.

Suerte que quedó Canarias, que había visto fundar sus primeras plantaciones en el siglo XV y que en la época del Descubrimiento poseía una industria pujante. No existen pruebas concluyentes de que fueran de Canarias los plantones llevados por Colón a las tierras recién halladas, pero el papel desempeñado por los canarios en la producción azucarera caribeña es de una importancia muy sobresaliente.

El siglo XVI ofrece en las Antillas una curiosa historia de esta industria: La Española comienza su ascenso vertiginoso casi a raíz del Descubrimiento, para declinar al mediar el siglo; Puerto Rico no llega nunca a hacerse con una industria importante, y Cuba atraviesa toda la centuria en medio de una pobreza tal que no se conseguía ni levantar ingenios, por modestos que fuesen. Se explica que durante los primeros veinte o veinticinco años de colonización se prestara poca atención a la agricultura: era el momento de la fiebre del oro. Pero el poco metal que era posible conseguir en los lavaderos llegó a su fin. Aun en Cuba, la más rica de las islas, que había llegado a producir en 1519 la cantidad de 112.000 pesos de oro y que había armado las costosas expediciones mexicanas, declaraba oficialmente —por la pluma de su gobernador Pérez de Angulo, en 1551— que las épocas de esplendor habían terminado.

Tras el final de esta aventura dorada, los ojos se volvieron hacia horizontes más modestos: la ganadería y la agricultura. La Española fue quien primero apostó por la caña y ganó las partidas iniciales. Las primeras noticias de que disponemos nos hablan de una pequeña producción artesanal en la villa de Concepción de la Vega: en fecha tan temprana como en 1506, un vecino de la localidad, llamado Aguilar, «hizo azúcar en esta isla —nos dice el padre Las Casas— con cierto instrumento de madera con que exprimió el zumo de las cañas, y aunque no muy bien hecho, por no tener buen aparejo, pero tenía verdadera y cuasi buen azúcar». Las cosas debieron de irle muy bien al tal Aguilar, pues unos años más tarde, en 1514, el mismo alcalde de la villa, Miguel de Ballester, instaló su propio negocio azucarero. Desde luego que esas empresas domésticas no estaban llamadas a ser las células iniciales de la gran industria dominicana; su situación, en pleno Cibao, con excelentes vegas para el cultivo, pero lejos de los puertos y sin vías de comunicación adecuadas, por una parte, y las limitaciones de producción, por otra, impidieron el ensanche de mercado de este incipiente negocio. El azúcar que consumía la isla —también Puerto Rico y Cuba— seguía siendo, en su mayor parte, importada de España en pequeñas cantidades, demasiado cara para un consumo generalizado. Tras algunos intentos particulares, ya cerca de Santo Domingo, llegó la política oficial y con ella el apoyo económico.

El componente agrícola era de fácil manejo, pero el proceso industrial necesitaba de instalaciones y, sobre todo, de mano de obra. La Corona lo comprendió y tomó una serie de medidas benefactoras. Entre 1517 y 1520 se ordenó al gobernador de Canarias que tratara de que «desa isla mayor vayan a dicha isla Española los más maestros de hacer ingenios»; se solicita del Papa reducción de diezmos; se exonera de impuestos a todas las maquinarias, herramientas y materiales destinados a la industria azucarera; se conceden préstamos reales, y se autoriza la entrada de esclavos africanos en cantidad suficiente para atender los trabajos de los ingenios. Fernández de Oviedo informa, en 1520, de la existencia de veinticuatro ingenios y cuatro trapiches. Dos años más tarde, la isla exportaba 2.000 arrobas de azúcar al precio de dos ducados. A partir de aquí y hasta algo después de mediar el siglo la industria se desarrolló con gran pujanza, pero la colonización de tierra firme y el consiguiente éxodo de la población le asestó un golpe de muerte. Para el año 1608 el panorama era desolador.

Puerto Rico había sido beneficiado desde 1495 por una Cédula de los Reyes Católicos con respecto a la propiedad de los terrenos, pero los mayores esfuerzos fueron a la ganadería. La industria azucarera se enfrentaba a los altos costos de la instalación de los ingenios y a la necesidad de mano de obra abundante. En este sentido fueron una tras otra las peticiones de ayuda a la Corona, y las ayudas fueron llegando, aunque no con la generosidad esperada. En 1550 había en Puerto Rico diez molinos. En 1564 se informó de que la cosecha había sido de 20.000 arrobas, y que se hubiera podido alcanzar la cifra de 30.000 de haberse dispuesto de más mano de obra. Para la década de los ochenta, la producción media era de 15.000 arrobas y se insistía en que podía duplicarse esa cifra con la importación de más esclavos. Sin embargo, por esos mismos años comenzó a sembrarse el jengibre, que tenía menos exigencias en el cultivo, que no necesitaba de procesamiento industrial, que tenía gran demanda en Europa y que se prestaba mejor para su venta de contrabando. Pronto la exportación de jengibre oscureció a la de cueros y a la de azúcar; nueve años después de iniciado su cultivo, la nave *Nuestra Señora del Socorro* llevaba a Sevilla desde San

Juan 105 cajas de azúcar (de entre tres y cuatro arrobas cada una) y 1.850 quintales de jengibre.

Y, sin embargo, la Metrópoli aumentaba su demanda del edulcorante. En la segunda década del siglo XVI, España concebía el azúcar como producto farmacéutico; los padres jerónimos enviaban azúcar a Sevilla desde La Española bajo la categoría de drogas medicinales. Entonces la arroba de azúcar costaba 450 maravedís, pero ya a finales de la centuria los precios se habían disparado: en 1592 la arroba costaba 1.698 maravedís, y solo siete años después, 2.384. El azúcar era poco menos que un producto suntuario.

Todavía en 1593 en la Gran Antilla «no se hacía ningún género de azúcar, sino algunas botijas de miel que se consumían entre los vecinos»; el producto se importaba entonces de La Española a un precio de seis reales la libra, y a veces hasta más. Tres años más tarde, quince vecinos de La Habana solicitan préstamos para edificar otros tantos ingenios. La economía general se había recuperado, gracias a la construcción de las grandes fortificaciones y a las largas estancias de la flota en la ciudad, a veces inviernos completos, dada la inseguridad de la travesía del Atlántico. A esto se suma la terminación de las obras de la zanja real, acueducto de la villa, cuyas aguas podían ser utilizadas como fuerza motriz. Un lustro antes de terminar el siglo XVI, Cuba satisfacía su demanda interna de azúcar —a real y medio la libra, cuatro veces más barata que cuando se traía de la isla vecina— y exportaba, además, 3.000 arrobas, no solo a Sevilla, sino a Cartagena y a Campeche, que por entonces no habían logrado fortalecer su naciente industria. El apoyo de la Corona fue grande: 40.000 ducados «para beneficiar los dichos ingenios» y prohibición de desposeer a sus propietarios de terrenos, molinos, esclavos y bestias. En esos últimos cinco años del siglo, y aun sin la ayuda regia, La Habana produjo 200.000 arrobas de azúcar con un valor aproximado de 25.500.000 maravedís, equivalentes a 68.183 ducados de 11 reales. Para entonces, solo Brasil, con su industria ya bien establecida, superaba esta producción.

La caña llevada a América fue la misma que los árabes trajeron a Europa en la Edad Media, la que posteriormente Linneo clasificaría como *Saccharum officinarum;* tenía un tallo grueso, su color era amarillo verdoso, y sus hojas se alzaban erectas. El oidor Alonso de Zuazo, señor de uno de los ingenios de La Española, en memorial del 22 de enero de 1518, explicaba al Emperador que «hay... cañaverales de azúcar de grandísima admiración; la caña tan gruesa como muñeca de hombre, y tan larga como dos estados de mediana estatura». Esta especie desapareció de las Antillas en el siglo XIX, en que fue sustituida por variedades especialmente creadas por el hombre, más fuertes y resistentes a las enfermedades tropicales y a las plagas. La planta se llamó popularmente *caña,* vieja palabra patrimonial hispánica, debido a su forma; junto a ella vivió *cañavera:* de aquí los derivados *cañal* y *cañaveral.* Para distinguirla de otros tipos de caña surgió el modificador *de azúcar.*

Algunos cronistas de las cruzadas llegaron a llamarla *azúcar pagano,* pero el término, sin duda pintoresco, no prosperó. En las Antillas fue conocida como *caña criolla* o *caña de la tierra,* ya a finales del siglo XVI. La calificación de *criolla* es uno de los poquísimos términos que han quedado como huella segura de la presencia de portugueses, que no fue escasa, en los orígenes de la industria azucarera americana. En efecto, al margen de los que entraban clandestinamente, atraídos por el contrabando y por el negocio del azúcar, en el que eran expertos, llegaron muchos de ellos por vía legal; en 1535, solo en La Española, había doscientos portugueses trabajando en los ingenios en calidad de técnicos. La palabra *criollo,* procedente del portugués *criolu,* tenía ya múltiples significados, entre ellos, el de 'blanco nacido en las colonias', y por extensión, 'lo propio o natural de las colonias'. Es posible que las designaciones de *azúcar blanco* y *azúcar rosado,* con modificador en masculino, que se leen ocasionalmente en documentos de la época, tanto en Canarias como en las Antillas, obedezcan también al influjo de la forma portuguesa *açúcar branco,* pero el fenómeno puede deberse también a otras razones. Otros términos empleados eran los de *caña dulce* o *cañaduz.* Hay mucha analogía entre esta 'caña dulce' y la *cana doce* portuguesa, pero parece que solo se trata de eso. El término *cañaduz* es de procedencia andaluza y, sin duda, es el primitivo de *cañaduzal.*

Una vez otorgada la propiedad para tal fin, se procedía a prepararla para la labranza; se desherbaba o se talaba, según los casos; se *abría la tierra* y se sembraban los plantones o simientes; la unidad menor de siembra era el *montón,* que constaba de nueve a diez cañas; 6.000 montones equivalían a una *suerte.* La palabra *montón* se usó en las Antillas desde muy temprano para hacer referencia a «la tierra que apiñaban los indios de trecho en trecho para sembrar la yuca»; la voz *suerte,* en cambio, fue traída de Canarias con el sentido de «parte de la tierra de labor, separada de otra u otras por sus lindes». Una vez *criada* o *dada* la caña, se procedía a su corte. Después de la primera cosecha nacían las *plantillas* o pies de caña; se llamaba *zoca* al retoño que da el *tocón* de la caña una vez cortada la planta, y también a la cosecha que se produce después de un primer corte; *rezoca* era la segunda *zoca,* es decir, la caña que se cosechaba después del segundo corte, la producida por retoños de los troncos.

La parte más compleja de la fabricación del azúcar era su elaboración industrial. La molienda de la caña para la extracción del jugo se hacía de tres formas diferentes: con la *cunyaya,* en los *trapiches* y en los *ingenios.* La *cunyaya* era un instrumento de origen indígena, de estructura similar al *torculum* utilizado por los romanos para triturar las aceitunas. Estas prensas manuales fueron un método doméstico, elemental, utilizado para producir botijas de miel, algo de *melado* y de *raspadura,* especie de turrones de azúcar sin refinar, en realidad costra de miel endurecida, pero nunca empleadas en la producción industrial.

Los *trapiches* se diferenciaban de los *ingenios* en que se valían de fuerza animal, generalmente de caballos, para la molienda. La distinción entre uno y otro término debió de ser muy clara en los orígenes de la industria azucarera antillana; Oviedo recoge la distinción por primera vez: «... existían 20 ingenios y cuatro trapiches de caballos...», y todavía vivía en documentos de 1550 y 1557; en el primero, de Puerto Rico, se dice que de los diez molinos, tres eran ingenios 'movidos por agua', y en el segundo, dominicano: «Esta ciudad... tiene más de treinta ingenios de azúcar, y algunos de ellos son trapiches, que no mueven la rueda con agua, sino con caballos». Poco después la distinción se fue borrando. Ambos fueron llamados durante mucho tiempo 'molinos de azúcar', por analogía con las máquinas y los edificios destinados a moler. El término *ingenio,* referido a 'molino de azúcar', es designación que las Antillas heredan de Canarias; *trapiche,* en cambio, es palabra mucho más antigua, de origen mozárabe.

Los primeros ingenios eran de gran sencillez, ya que disponían solo de lo más elemental: dos cilindros o *mazas* de madera, movidos por caballos o incluso por impulso manual, que se encargaban de moler las cañas de manera rudimentaria; el *bagazo* o residuo de la caña quedaba a medio moler. El jugo extraído se llevaba mediante canales de palmera a las pailas o calderetas de cobre para su cocción y purificación; las pailas eran colocadas directamente sobre un fuego alimentado con leña. Una vez terminada la cocción se pasaba a otro recipiente para su desecación; allí se enfriaba y se purgaba el *mascabado* o azúcar común, o se moldeaba en pilones cónicos, las *formas,* la masa mejor clasificada o *azúcar de flor.* Las formas se cubrían de barro muy mojado para que el azúcar se blanqueara, gracias a que las mieles no cristalizables eran arrastradas por la humedad hacia el fondo del pilón. Los edificios donde ocurría todo esto no pasaban de ser simples bohíos. El término *bagazo* es también lusismo; viene del portugués *bagaço,* que significó originalmente 'semilla o pulpa de la uva'; amplió su significado a 'residuo de lo que se exprime para sacar el zumo, en especial el de caña'.

Con el paso del tiempo y el triunfo económico de la industria se construyeron grandes ingenios. Una descripción de primera mano de lo que eran estos ingenios en el siglo XVI nos la da el mismo Oviedo en 1546: «... demás y allende de la mucha costa y valor del edificio y fábrica de la casa en que se hace el azúcar, y de otra grande casa en que se hace purga o se guarda. Hay algunos que pasan de 10.000 o 12.000 ducados de oro y más, hasta lo tener moliendo y corriente. Y aunque se diga 15.000 ducados no me alargo, porque es menester tener continuamente 80 a 100 negros, y aun 120, y algunos más, para que mejor anden aviadas». La descripción de Oviedo no es fantástica. Efectivamente, el establecimiento de ingenios era una gestión demasiado cara. Años antes, en 1534, el gobernador Lando comunicaba al Monarca desde Puerto Rico que instalar un ingenio costaba entre 10.000 y 15.000 pesos, y apreciaciones de este tipo se repiten a lo largo de la centuria.

El manejo del ingenio necesita de un amplio personal, dirigido por un *mayordomo,* siempre español. El resto de los puestos de importancia, como el *mandador,* o segundo de a bordo, y los *maestros de azúcar* y *de templar,* podían ser desempeñados por españoles, por portugueses o por esclavos de confianza ya suficientemente entrenados. Esclavos eran siempre los *tacheros,* operarios que manejaban el *tacho,* paila grande donde se terminaba de cocer el melado y se le daba su punto al azúcar; los *caldereros,* los *purgadores de azúcar,* el *moledor,* los *prenseros,* el *sabidor de caldo* y el *encajador.* Pero el ingenio necesitaba de otros empleados de apoyo: en unos papeles testamentarios de la época se habla de *tumbadores,* los que talaban y preparaban el terreno para la siembra; *carreteros* o conductores de las carretas, que servían para el transporte de la caña desde los *conucos* hasta la casa de molienda, y también, herreros, maestro de hacer ladrillos o tejas, hachero, vaqueros, pastores, gañanes y negros de trabajo, que servían para efectuar labores no especializadas. Todos estos puestos eran desempeñados por esclavos, todos hombres, menos la cocinera de los negros. En total, la dotación de esclavos del ingenio Santiago de la Paz era de noventa. En ese mismo documento se especifica que, además de lo mencionado, el ingenio disponía de una fragua de hierro con todo su aderezo, de dieciséis carretas herradas, de treinta yuntas de bueyes, de tres mil vacas y de tres mil ovejas y carneros. Como se ve, la historia americana de la industria del azúcar estuvo inexorablemente unida a la esclavitud de los negros africanos, sin los cuales no hubiera podido desarrollarse.

EL PROCESO DE EXTINCIÓN DE LAS LENGUAS INDÍGENAS

La castellanización de los indígenas se abría paso muy lentamente, sobre todo, como una consecuencia inevitable del mestizaje. La mujer española llegó a América tardíamente y en proporciones limitadísimas. La Conquista fue actividad de hombres solos, como era de esperar, pero también la colonización. El problema fue muy agudo en las Antillas. En los dos primeros viajes de Colón no embarcó ninguna mujer; en el tercero vinieron dos egipcíacas expulsas. En viajes posteriores fueron llegando algunas con sus maridos, pero en 1511 éstas no pasaban de treinta. Eran épocas en las que estaba prohibida la entrada de solteras e igualmente de casadas si no era en compañía de sus maridos. En 1512, una Real Cédula permite que pasen a Cuba unas pocas esclavas blancas moriscas. Estaban destinadas al servicio de los vecinos, pero también a menguar en algo los prolíficos amancebamientos de españoles con indias. Esta es la primera muestra de preocupación de la Metrópoli, que comienza a patrocinar el matrimonio español, aunque sin demasiado éxito, dada la escasez de mujeres europeas.

A pesar del interés de las autoridades civiles por aumentar la población blanca, y del clero, que luchaba por frenar el régimen familiar irregular existente, el colonizador español, carente por lo general de prejuicios raciales, siguió participando en uniones con indias y procreando mestizos, que en muchas ocasiones eran legalmente reconocidos. Esta descendencia habló muy pronto español, la prestigiosa lengua de los dominadores, así como un apreciable número de sus madres indígenas y del servicio, también nativo.

Repasemos los hechos: encuentros militares, lucha desigual entre aborígenes y conquistadores, imposición de un nuevo orden de cosas desfavorable a los vencidos, lengua y cultura indígenas postergadas, empobrecimiento demográfico nativo, imposición del régimen sociocultural español, intenso mestizaje. Todos estos hechos solo podían conducir a un resultado: índices cada vez más crecientes de mortandad de las lenguas indígenas, e imposición del español, previo estadio intermedio de bilingüismo. Según fray Bartolomé de Las Casas, hacia 1540 la extinción del taíno (léase lenguas antillanas) era un hecho consumado, y desde diez años antes no era necesario aprenderlas —dice— porque los indios supervivientes hablaban español. Con esta frase, casi lapidaria, se brindaba un testimonio a favor de la mortandad de las lenguas indígenas antillanas en una época muy temprana. Es verdad que tal afirmación ha dado lugar a controversias, pues parece haber estado basada en la conocida exageración del sevillano, más que en datos procedentes de la realidad objetiva.

Es muy posible que para esas fechas, salvo en los pueblos de indios, imperara una situación de bilingüismo entre los aborígenes, con predominio del español en la comunicación pública y la lengua indígena circunscrita a lo doméstico, pero carece de fundamento histórico la afirmación del dominico.

Los guanatahabeyes, que «son como salvajes», sobrevivieron hasta el siglo XVII, si bien en lugares apartados del occidente. De los demás grupos las noticias son muy abundantes, y todas apuntan hacia los siglos XVII, XVIII y XIX. En 1608, el obispo Cabezas habla de Guanabacoa como «pueblecillo de indios», y en el mismo informe ratifica la presencia de indios como demografía predominante en

Baracoa, y muy abundante en Bayamo y Puerto Príncipe. Durante toda esta primera centuria los indios vivían en número apreciable, además, en Santa Ana, Guanarules, Jiguaní Arriba, Los Quemados, Cautillo, El Sao, más en La Habana y en Santiago, villa esta que para 1682 contaba con un 10 por 100 de población indígena; en ese mismo año se funda San Luis de Canéis, pequeño poblado cerca de Santiago, y treinta y un vecinos indios se establecieron en él. Algunos cacicazgos sobrevivieron en el este de la isla hasta el siglo XIX.

Los datos sobre la lengua que hablaban estos indios son extremadamente pobres. Desde luego, el tipo de contacto lingüístico que habían tenido con los españoles, salvo los que trabajaban en ámbitos domésticos, no había sido muy favorable a la castellanización. La esfera laboral agraria y minera de los primeros tiempos no fue demasiado productiva en este sentido; hay constancia documental, empezando por la del mismo Las Casas en su época de encomendero, de que los colonos no se preocupaban por fomentar ni las conversiones ni el bilingüismo. Estos, incluido fray Bartolomé, no se molestaron nunca en aprender la lengua de los indios, ni en enseñarles la española. Los procesos de castellanización que hubieran podido producirse en las encomiendas habrían sido en extremo rudimentarios. La predicación estaba por aquel entonces completamente desorganizada.

Aunque quizá no fueran muchos, todavía a principios del siglo XVII había indios monolingües en su lengua materna, sobre todo, los agrupados en 'pueblos', y entre los otros habría muy diferentes grados de competencia lingüística en español.

La afirmación lascasiana hay que interpretarla a la luz de los siguientes hechos. Fray Bartolomé había llegado a América en 1502, en una expedición comandada por Nicolás de Ovando, nombrado gobernador de La Española. Va a Cuba a finales de 1511 o a principios de 1512, a petición de su amigo Diego Velázquez. Llevaba entonces más de ocho años en La Española, donde se había ordenado sacerdote poco antes de viajar a la Antilla mayor. Acompañó a Pánfilo de Narváez en su incursión cubana hacia el oeste; de San Cristóbal regresa la expedición al puerto de Jagua, pasando previamente por el valle de Trinidad. Velázquez entrega entonces a Las Casas una encomienda, que dirigió en compañía de su amigo Pedro de Rentería durante más de dos años. Renuncia a ella y marcha a España en 1515 para comenzar sus gestiones oficiales en pro del indio.

Aunque antes de 1539, cuando fue nombrado obispo de Chiapas, vuelve varias veces y vive temporadas en las Antillas, casi siempre en La Española, su experiencia inmediata era de oídas. Desde aquí hasta su muerte, ocurrida en 1566, sus actividades lo llevan por otros rumbos. Su *Historia de las Indias* la redacta entre 1550 y 1561, en medio de la tranquilidad de su convento vallisoletano. Para entonces, viejo y achacoso —la terminó con más de noventa años—, escribía de recuerdos sobre una realidad que no veía desde hacía muchísimo tiempo. Esto indica que la afirmación de fray Bartolomé no es producto de un examen reciente *in situ,* sino una proyección de su experiencia personal de antaño, muy mediatizada, sin duda, por sus intenciones propagandísticas.

PRESENCIA DEL INDIGENISMO ANTILLANO: TRIUNFOS Y FRACASOS

El escaso tiempo de contacto entre el español y las lenguas indígenas y el carácter predominante de variedades de origen arahuaco fueron los factores que determinaron que los indigenismos léxicos que pasaron a engrosar las nóminas del español antillano —único rastro lingüístico del contacto— fueran tainismos en su mayoría, es decir, palabras arahuacas, o términos procedentes de otras lenguas del oriente del Caribe insular aposentadas en el taíno que los colonizadores aprendieron en La Española y reforzaron en Puerto Rico y quizá en Jamaica.

La primera gran etapa de entrada de elementos léxicos de origen americano, ya superados los momentos iniciales, se produce bajo los reinados de Fernando e Isabel, Carlos V y Felipe II, época en que la lengua general indígena de las Grandes Antillas, el arahuaco, no había desaparecido aún. Las posibilidades del arahuaco como lengua fuente de préstamos léxicos habían terminado poco después de mediar el siglo XVI. El turno correspondía ahora al nahua, en México, y poco más adelante al quechua, en el Perú, en el Ecuador y en Bolivia, y en un plano más modesto, a otras lenguas del continente.

El estudio de la penetración de indigenismos en el español general de esta época cuenta con un gran aliado: la papelería. La costumbre española de documentar por escrito muchos aspectos de la vida pública y privada, que había logrado desarrollar una auténtica tradición en cuanto a creación de diversas clases de documentos, es trasladada a América desde muy temprano. Dos felices coincidencias: la tradición y el interés de la Corona por saber exactamente lo que ocurría en las posesiones ultramarinas y por controlar todos los procedimientos de la administración americana: a los constantes informes recibidos, a las peticiones, a las protestas, la Metrópoli respondía con decisiones, instrucciones, interrogatorios y cuestionamientos, que venían a engrosar el acervo documental, celosamente producido por duplicado, lo enviado a América y lo que guardaban los archivos españoles.

Gracias a ello se puede hoy reconstruir lo que fue ese pedazo importante de la historia, pues los archivos antillanos muestran un vacío desconsolador, vacío que debemos a la incesante actividad de corsarios y piratas, con la consiguiente destrucción de los precarios archivos de entonces, y a los rigores climatológicos de ciclones y tormentas, que con igual poder destructor azotaban estos territorios con asombrosa periodicidad. A estas razones, sin duda importantes, hay que añadir el descuido multisecular que los manuscritos supervivientes han soportado —altísimos índices de humedad y de temperatura, pequeña fauna hambrienta de papeles—, factores responsables de que no se haya podido conservar la riqueza documental —fundamentalmente para el siglo XVI— que guardan Simancas y, sobre todo, el fabuloso Archivo hispalense.

Por un lado, estaban los documentos emanados de la Corona (reales cédulas, reales provisiones, privilegios, libertades y franquezas, instrucciones y cartas); por otro, la papelería producida por las autoridades americanas (ordenanzas, pragmáticas, mandamientos, vedamientos, dispensaciones, capitulaciones o asientos, pedimentos, suplicaciones) para consumo interno principalmente, y un tercer grupo, constituido por documentos producidos en América destinados a los Monarcas (informes, relaciones, memorias, memoriales, cartas). Al margen de esta papelería oficial u oficiosa está la rica y abundante tradición cronística, de la que el mismo *Diario* del Almirante es parte integrante: Fernández de Oviedo, Díaz del Castillo, el padre Las Casas, y un largo etcétera.

Entre 1494 y 1520 se encuentran unos veinte indigenismos en los documentos de la Secretaría real. En ningún caso hay explicaciones de contenido semántico que hablen en favor de la novedad de los términos.

Los más tempranos tienen que ver con la política de reparto de tierras. El escribano de Ponce de León usa *conuco* en los papeles de venta anteriores a 1510, y dos años más tarde ya comienza a aparecer en cédulas reales destinadas a Puerto Rico y a Jamaica. El término arahuaco significó 'pequeña heredad de labranza'; se oponía, por una parte, a las *granjerías,* que eran heredades mayores, también de labranza, y por otra, al *hato,* tierra dedicada a la ganadería. Sin duda, la palabra *conuco* fue denominación y no medida como el *hato,* que equivalía a una legua cuadrada; para la agricultura la medida era la caballería, integrada por 200 cuerdas de 75 varas de lado. Había medidas agrícolas más pequeñas aún, la *peonía,* pero sobre ella no hay especificación de medida en los papeles antiguos. Con excepción de *conuco,* todo el vocabulario del régimen de tierras de las primeras décadas es patrimonial hispánico: *dehesa* y *pastos,* 'sitios para pastar el ganado'; *ejido,* 'tierra sin cultivo, propiedad colindante con los poblados, común a todos los vecinos'; *campos,* para terrenos en la ruralía, y para la explotación agropecuaria: *estancia* y *sitio.* Pero aunque *conuco* y su derivado *hacienda de conucos* perduró más tiempo en documentos americanos, desaparece pronto de la nomenclatura oficial española, sustituido por 'tierra de labranza', 'pedazo de labranza', y más tarde por *hazendilla.*

Otros indigenismos pertenecen al régimen de encomiendas: *naboría* o *naboria,* 'indio asignado a un encomendero', y también, aunque con menor frecuencia, *cacique* y *nitaino,* quienes, a pesar de su rango dentro de la estructura social indígena, fueron incorporados también al sistema de encomiendas. Otros términos pertenecen a la alimentación: los colombinos *cazabe* y *aje,* más *yuca, ají* y *maíz.* La yuca era el tubérculo que servía de base a la elaboración del *cazabe,* descrita varias veces en documentos cronísticos y aun oficiales que, sin embargo, no conocen la palabra *cativía,* jugo venenoso que desprendía la masa del tubérculo una vez rallado; *cazabe* sustituye pronto, como vimos, a la expresión 'pan de los indios' o 'su pan', cuando el antecedente (de los indios) está expreso en el discurso, incluso a la expresión híbrida 'pan de cazabe'. Este indigenismo tuvo una difusión y un arraigo muy fuertes en las Antillas durante todo el siglo XVI, en lo fundamental porque carecía de competencia con el pan de trigo. El cultivo del trigo y de la vid fueron auténticos fracasos agrícolas en el Caribe. La harina de trigo se importaba de la Península, pero en muy pequeñas cantidades y harto esporádicamente; todavía en 1644, el obispo López de Haro, hablando de San Juan de Puerto Rico, dice: «por la ciudad se vende pan de trigo a temporadas conforme vienen las ocasiones de la *arina*». Es cierto que desde temprano —1513— se traía a las jóvenes colonias cierta clase de pan ya hecho —*pan de quita quiebra, pan quita tara*—, pero lo que se vendía eran las poquísimas cantidades que sobraban del mantenimiento de las tripulaciones.

Los *ajes* eran un tipo de batata que ya desde Colón, debido a su sabor dulce, se identificaba con las castañas; el término tiene una difusión extraordinaria en la primera mitad del siglo XVI. La confusión con el afronegrismo *ñame,* iniciada por el propio Almirante, pervivió durante muchísimo tiempo. Pero *ñame* era mala grafía por *niame;* el ñame auténtico ya estaba aposentado en Canarias desde antes de las expediciones colombinas, y de aquellas islas llegó a América, mas se trata de tubérculos diferentes. La palabra *aje* sucumbió ante *batata,* uno de los pocos casos de lucha entre indigenismos con victoria para el genérico. *Ají,* tomado del taíno de La Española, fue utilizado en exclusiva durante las primeras décadas del siglo; más tarde empezó la competición con el nahuatlismo *chile,* que aparece documentado desde 1540. Ninguno de los dos indigenismos logró afianzarse en la Metrópoli, aunque sí convivieron por largos años. El triunfo peninsular de *pimiento* es muy posterior; en este período *pimiento* era el árbol de la pimienta, significado que se introduce en la lengua —al menos en la lexicografía hispánica— con Nebrija. *Maíz,* después de sufrir varias adaptaciones gráficas a partir del *mahís* original, vence desde muy temprano al *panizo* colombino.

Al margen de la alimentación se encuentran otros pocos términos relacionados con la vida indígena antillana: *bohío, hamaca, guanines* y *areyto. Bohío,* entendido ya de manera adecuada como tipo de vivienda indígena, se usó insistentemente, no solo para designar esa realidad, sino extendido a otras construcciones algo más elaboradas y con propósitos ajenos a la vivienda. En un documento de 1513 se lee: «el bohío de la mar, que era de su Alteza...», y se refiere a una gran cabaña en la que almacenaban frutos cosechados, herramientas agrícolas, etc. El término *hamaca* se asentó con facilidad al no tener oposición alguna, pues desde luego *cama* no la ofrecía. *Guanines* y *areyto,* el primero, referido a la 'planchuela de oro y cobre en aleación usada para cubrir el pecho de los caciques y hombres importantes', y el segundo, a 'baile indígena', van a convertirse con el correr de las décadas en indigenismos arqueológicos, de manejo obligado si se trata de referirse a una realidad del pasado. No llegaron nunca a calar la lengua general.

Relativos a la vida económica, los textos reales y oficiales solo recogen *copey* y *batea.* El primero es nombre del árbol del que se extraía la resina, producto este que constituía preocupación constante de los descubridores desde el primer viaje de Colón. La *batea* tuvo múltiples usos, pero aquí hacemos referencia a la 'batea de lavar', recipiente utilizado en la búsqueda del polvo de oro arrastrado por los ríos. El indigenismo, no arahuaco sino iñeri de las Antillas Menores, no hubiera pervivido mucho una vez agotada la escasa producción aurífera de la región, si no hubiese sido porque la expresión 'batea de servicio' se manejó mucho como instrumento de cocina, pieza clave primero en la elaboración del cazabe, y después, de variado uso casero. Esta segunda acepción le aseguró una vida más prolongada en el español caribeño, pero no triunfó en la lengua general, que para entonces prefería *artesa* o *bandeja.* En las Antillas mismas, *batea* fue restringiendo su significado cada vez más.

Guazábara, de rica variación gráfica, con el sentido de 'guerrilla, combate, escaramuza', fue el único término bélico incorporado a los documentos de la época; no tuvo vida muy prolongada el tainismo, pero todavía en una carta de Carlos V, fechada en 1546, el Monarca escribe: «... fuistes —se refiere a Diego Ramos— al descubrimiento e población de la dicha ysla de Sant Joan donde nos servistes [...] especialmente en guazábaras de indios que en ella ha habido».

La palabra *cacona,* por último, ofrece un interés especial. En las primeras décadas de la Conquista significó 'botín de guerra'; así se desprende de los textos analizados en los que claramente se hace referencia a 'presas' tomadas a los indígenas vencidos en encuentros guerreros, pero en arahuaco la voz debió significar 'recompensa o galardón', lo que indica que fue reinterpretada por los españoles, particularizando su contenido semántico. De todas formas, *cacona* fue perdiendo su relación semántica militar antes de desaparecer del todo, pues Juan de Castellanos la usa con el sentido de 'abalorio':

> En un duho sentaron al difunto
> con sus arcos y flechas en la mano,
> vasos de sus bebidas allí junto,
> y bollos y tortillas en su grano,
> compuesta y adornada la persona
> con joyas de oro, cuentas y *cacona*.

Toda esta polisemia parecía indicar alguna relación de *cacona* con el término *caona* que escribió Colón, y más tarde Las Casas, con el sentido de 'oro', pero no es posible pasar de aquí en el análisis.

Los documentos oficiales u oficiosos producidos en América por lo general mantienen y aun amplían estas nóminas. La carta de Andrés del Haro a Su Majestad sobre medidas de buen gobierno en la isla de Puerto Rico, escrita el 21 de enero de 1518, es un ejemplo verdaderamente excepcional de ausencia de indigenismo alguno: para él, los indios siembran en *labranzas* y viven en *casas de paja,* nada de *conucos* ni de *bohíos.* Pero lo más frecuente es que estos papeles recojan términos indígenas comunes en el español de la época, entre los cuales se encuentran los manejados por el *scriptorium* real y por otros más. De este segundo grupo, los términos *alcabuco* y *sabana* son los más tempranos, pues aparecen en una carta de 1519 escrita al Rey por el secretario Figueroa: «... un llano entre unos montes que acá llaman alcabucos». En efecto, *alcabuco* significaba 'monte lleno de maleza' y pervivió en la nomenclatura geográfica hasta mediados del siglo, momento en que sucumbió frente al castellano *monte.* El licenciado Figueroa, sin embargo, habla de *sabanas* sin explicación alguna: «... hállase luego muy gentil tierra de sabanas...», lo que indica la cotidianidad que el término tenía ya, al menos para él. A diferencia de *alcabuco,* que no tenía nada característico que oponer a *monte, sabana* no sucumbió ante *llanura* porque no era aquella simplemente 'un terreno igual y dilatado, sin altos ni bajos', sino que, además, se trataba de una planicie cubierta de hierba, sin árboles o con muy pocos. El valor ganadero de las sabanas ayudó a fomentar esta diferenciación semántica que le permitió subsistir en la lengua general.

La palabra *jaguey* también se documenta tempranamente —en 1511— con el sentido de 'balsa, hoyo subterráneo donde se detiene el agua', 'pozo o depósito subterráneo de agua'. Fue un indigenismo efímero, pues se olvida muy pronto frente a *aljibe, pozo* y *cisterna.* El antillanismo *huracán,* por el contrario, llega tardíamente a estos documentos; la palabra favorita en ellos es *tormenta,* sustituida ocasionalmente por *temporal.* Hasta bien entrada la segunda mitad del siglo no se lee *huracán* en la papelería oficial, a pesar de que ya un importante texto cronístico, el de Fernández de Oviedo, había introducido la palabra y la había definido: «tormenta o tempestad muy excesiva [...] grandísimo viento y excesiva lluvia, todo junto o cualquiera cosa de estas dos por sí». Todavía en 1582, la llamada *Memoria de Melgarejo* dice: «suele haber tormentas [...] que llaman huracanes», es decir, tiene necesidad de establecer la relación entre la palabra castellana y el indigenismo, y faltan menos de veinte años para que acabe el siglo.

Sin embargo, ninguno de estos documentos, aun los más pormenorizados, recoge el enorme caudal de indigenismos léxicos que es posible reunir tras la lectura de las crónicas. En estos textos se recoge una amplia gama de términos de fauna, flora, relativos a la vivienda, a la organización social, al trabajo, etc., en realidad incomparable, tanto, que hoy ha sido posible confeccionar con ellos un gran diccionario de más de cuatrocientas páginas a gran formato. Así, por ejemplo, mientras que los papeles oficiales solo recogen *bohío,* estos escritos nos dan, además, *eracra* y *bahareque,* 'bohío grande, de techo cónico'; *caney,* 'bohío pequeño, de poca elevación'; y no contento con tales especificaciones, Fernández de Oviedo nos explica cómo se construían los bohíos:

... la construcción se fundamentaba en una serie de estantes o postes de buena madera, hincados en el suelo a la redonda o en circuito, a cuatro o cinco pasos entre sí, asentándose sobre ellos las soleras, vigas colocadas de plano sobre la fábrica de las paredes que a su vez servirían de apoyo a las cabezas o grueso de las varas que componían en su conjunto la varazón, que es la templadura para la cubierta, sobre las cuales se ponían de través, con separación de un palmo, cuarta parte de la vara castellana, las cañas o listones que sostendrían amarrada la techumbre. Esta podía ser de paja luenga o delgada, de hojas de *bihaos,* de cogollos de caña, o de hojas de palmas, *yaguas* o ramas de la palma real o palma manaca. La pared de bohío se hacía también con cañas, atadas con *bejucos,* que son unas venas de correas redondas que se crían envueltas a los árboles (y también colgando de ellos) que así servían de clavazón y ligazón en lugar de cuerdas y de clavos para atar un madero con otro, y para atar las cañas así mismo.

El historiador, con una fuerte vocación etnográfica, no termina aquí, sino que se extiende por el resto del folio y parte del siguiente en innumerables detalles de la construcción.

De todos estos textos, fundamentalmente de Oviedo y de Las Casas, entresaco cerca de cincuenta indigenismos, dejando a un lado el léxico fósil, compuesto por topónimos o nombres de lugares, antropónimos o nombres de persona, y gentilicios.

De accidentes geográficos aparecen ahora *seboruco* y *cayo;* el primero, con el significado de 'peñascal o loma pedregosa', y el segundo, con el de 'islote, isleta rasa, frecuentemente anegadiza'; el destino de ambos fue muy diferente: *seboruco* desaparece con la centuria, dejando solo algunos rastros toponímicos. *Cayo* se impone, y con mucha vitalidad, a juzgar no solo por su alta frecuencia, sino por el diminutivo híbrido *cayuelo,* que documenta ya el padre Las Casas.

La flora ocupa el renglón más importante del caudal indígena transportado a estos escritos. Nombres de frutas *(anón, guanábana, guayaba, mamey, pitahaya),* de árboles *(capá, ceiba, guayacán,* el famoso palo santo que curaba las 'bubas', como llamaban a la sífilis, *maga, tabonuco, úcar, caoba, ausubo, huaraguao, majagua* y el curiosísimo *maría,* que no es otra cosa que una adaptación fonética de *mari-á,* masa y palma de *corozos).* Añádanse *atibunieix, guaraca* o *guaracara, guaracayca* o *guaragüey, guanaguax, lerenes, maní, yautías, yucaba, yucubía* (plantas de la batata y la yuca, respectivamente), *boniato, guayaro,* 'ñame de Indias', *donguey, bícamo* o *jícama, boniama, yayama, yayagua,* arrumbados estos tres últimos muy pronto por la palabra española 'piña', *cojoba, bijao, hicaco, marunguey, quenibey, tautúa* y *tabaco*. Más del 60 por 100 de este vocabulario desaparece de los textos en el mismo siglo XVI.

Con nómina menor, pero más persistente, está la fauna: *hutía, guacamayo, guanaxa, dahao, biajaca, balajú, manatí, jaiba, carey, jicotea, iguana, caimán, cocuyo, comején, jején* y *nigua*. La mayoría de estos animales eran inexistentes en otras zonas hispánicas, incluso americanas, por lo que las denominaciones respectivas quedaron circunscritas al Caribe; en los demás casos, unos triunfan definitivamente —*manatí, carey*— y otros sucumben ante los términos con los que comenzaron pronto a competir: *guacamayo* cedió ante 'papagayo', posible arabismo que se encuentra documentado en España desde el siglo XIV, en las páginas del *Libro de buen amor*, y manejado con cierta abundancia en los manuscritos del siglo siguiente del *Calila; guanaxa, guanaxo* perdió ante 'pavo', documentado ya en su forma moderna desde Nebrija (el antiguo 'pavón', desde Berceo, en el siglo XIII). 'Tortuga' se impuso a *jicotea;* tortuga y galápago están documentados en Nebrija —sobre todo la primera—, era la voz general española en tiempos del Descubrimiento; la usan Oviedo y Las Casas, dando comienzo ellos mismos a la competición con el indigenismo. Por último, *caimán* no logra triunfar sobre 'cocodrilo', voz antigua muy asentada en castellano desde el siglo XIII, aunque con múltiples variantes gráficas.

En el ámbito de la vivienda, los muebles y el ajuar de cocina, además de las edificaciones mencionadas, aparece *batey,* que del original 'juego de pelota' y, por extensión, 'plaza donde se jugaba a la pelota', pasó a designar patio; *ture,* 'banquillo de madera o de piedra con respaldo'; *guayo,* 'rallador para la yuca'; *sibucán,* 'especie de manga vegetal para extraer el zumo de la yuca'; *jibe,* 'cedazo para cernir la harina de la yuca', y *burén,* 'especie de plato plano de barro donde se cocía la torta de cazabe'. Todos son indigenismos arqueológicos, con excepción de *guayo,* que perduró más allá de las fronteras del siglo, aunque su dominio fue y es muy local.

Otro conjunto de indigenismos, referentes a diversos ámbitos de la vida de los aborígenes, llega también a las crónicas: *guatiao* se usó con intensidad en las primeras décadas de la Conquista; significaba 'amigo', 'confederado', lo que traía aparejado la curiosa costumbre de intercambiar nombres. Según el padre Las Casas:

«... trocaron los nombres, e hiciéronse grandes *guatiaos,* llamándose Juan Ponce, Agüeibaná, y el Rey Agüeibaná, Juan Ponce, que era una señal entre los indios de estas islas de perpetua confederación y amistad». Desaparece pronto de los papeles. *Piragua,* de origen caribe, no se mantiene ante el uso de *canoa,* primero, y de *lancha,* después. Un pequeño conjunto de instrumentos musicales hace su aparición —algunos, momentáneamente— en las descripciones cronísticas: *maraca,* 'sonajero hecho del fruto seco de la higuera, limpio en su endocarpio, con piedrecitas o peonías en su interior, con un palo inserto que le sirve de mango'; *güícharo,* 'calabacín largo, cilíndrico y algo arqueado, producto de un bejuco rastrero llamado *güiro;* se seca, se le extrae la masa y alrededor de la corteza endurecida se le hacen unas hendiduras paralelas contra las que se frota una varilla'; a este instrumento musical rústico llaman los documentos del XVI *guaxei. Maraca* y *güiro* han pervivido; son instrumentos musicales que no pueden faltar en ninguna orquesta de ritmos tropicales.

Cabuya, hico y *henequén* pertenecen al ámbito de las sogas, cordones, hilos, lazos; todas ellas aparecen con alguna frecuencia en estos textos, a propósito de los materiales de fabricación de las hamacas.

Un último conjunto de voces misceláneas: *cabao,* de significado un tanto incierto, al parecer alguna figura de piedra utilizada en los areytos; *cué,* figura religiosa; *mao,* especie de peto hecho de algodón; *tahey,* objeto de naturaleza indeterminada; *buhiti,* agoreros o adivinos; *cemí,* ídolo representativo del espíritu del bien, y *duho,* asiento cacical de tres patas construido en piedra o en madera. Todos ellos son indigenismos arqueológicos.

Si se repara en las nóminas presentadas hasta aquí, se observará que la cantidad de indigenismos incorporados a los textos está en relación directa con el tipo de documento: a medida que aumenta la oficialidad de los papeles, disminuyen los préstamos. Por el contrario, la pluma de los historiadores-etnógrafos, de la primera mitad del XVI sobre todo, constata un buen número de ellos. Queda claro que los indigenismos que llegan a los papeles, sean estos los que sean, no fueron todos los manejados realmente por la lengua hablada de aquellos tiempos en que el bilingüismo debía promoverlos con más ahínco. No es una hipótesis. Aunque el patrón que se establece a lo largo de los siglos siguientes es de franca disminución, la lengua viva de hoy o de tiempos relativamente cercanos a nosotros ha conservado términos de fauna y flora, entre otros, que no se registran en esos documentos.

Con todo, una revisión de la llamada 'literatura cronística' escrita entre los siglos XVI y XVIII revela que, aunque la extensión y el propósito del texto mismo influyen sobremanera en la cantidad de indigenismos utilizados, la densidad de estas unidades léxicas se mantiene bajísima. En los documentos del primero de estos siglos aparecen 224 términos indígenas de un total de 41.292 palabras; en los correspondientes al siglo XVII hay 21, de un total de voces de 23.240, y en los del XVIII, de 76.640, aparecen 438. Las densidades respectivas son de 0,54, 0,09 y 0,57 por 100. Es verdad que el corpus del XVII es bastante limitado, pero obsérvese que el del XVIII es muy amplio, y sin embargo son solo unas pocas centésimas las que sobresale su índice de densidad con respecto al del siglo XVI.

Y eso que este conteo de indigenismos de los textos cronísticos ha tomado en consideración las repeticiones del mismo vocablo; si este factor desapareciera para ir en busca de la nómina de elementos léxicos autóctonos, el total solo alcanza 170, divididos de la siguiente manera: siglo XVI, 53; XVII, 10, y XVIII, 107. Ha de advertirse que de estos 170 vocablos, solo 21 de ellos alcanzan en los textos del corpus una frecuencia relativa superior al 1 por 100; en orden decreciente: *cacique, caribe, maíz, areyto, canoa, cazabe, hamaca, batata, cemí, cacao, huracán, piragua, yuca, achote, guayacán, yagua, bejuco, úcar, batey, ceiba* y *bohío.*

Si de este tipo de texto se pasara a otros que no mostraran tanto interés por el pasado como los examinados anteriormente, cuyo propósito es precisamente describir las realidades históricas indígenas, la necesidad de manejar un vocabulario arqueológico desaparecería del todo, con lo que la densidad de indigenismos llegaría a límites ínfimos.

Sin embargo, los conquistadores y primeros colonizadores de la Nueva España, hombres todos con experiencia antillana, llevaron consigo a las nuevas tierras diversos términos aprendidos en las islas; algunos de ellos no triunfaron, pero los que habían pasado a formar parte de su lengua habitual no pudieron ser sustituidos: *maíz* se impuso abiertamente a los nahuatlismos *centli* y *tlaulli;*

tuna, a *nochtli; mamey*, a *melt*, y así una larga lista encabezada por *guanábana, barbacoa, guayaba, jaiba, mangle, naguas, yuca, papaya.* Allí solo triunfaron los indigenismos que hacían referencia a cosas nuevas, desconocidas en las Antillas: *aguacate, atole, cacao, camote, chayote, chocolate, guachinango, jitomate, mole, tamal, tomate,* etc. Un examen de la literatura cronística del siglo XVI indica que 63 de los 69 términos taínos que en ella aparecen se usan fuera de las Antillas, mientras que de las 95 palabras nahuas, solo 39 se recogen en textos ajenos a México, y tan solo ocho de un total de 24 voces quechuas son utilizadas fuera de la zona incaica. Para explicar estos casos del triunfo y la expansión de los antillanismos no es posible acudir a la necesidad de nombrar cosas desconocidas; no se usaban como signos, sino como símbolos, y lo que verdaderamente querían mostrar los conquistadores de México y del Perú era su veteranía en la experiencia americana.

3

ADOLESCENCIA Y PRIMERA JUVENTUD DEL ESPAÑOL AMERICANO

¡A TIERRA FIRME!

Tras las dos primeras décadas antillanas, el español se extiende a tierra firme. Si antes había sido La Española la cuna de las expediciones (a Puerto Rico, Jamaica, Darién, Cuba, Trinidad y a las costas de Venezuela y de Colombia), ahora serían La Habana, Darién y México las que impulsarían las próximas conquistas. En 1519, Pedro Arias Dávila establece la ciudad de Panamá; en 1521, el ejército de Hernán Cortés llega triunfal a la capital azteca; en 1532 se conquista el Perú; al año siguiente, Pedro de Heredia funda Cartagena de Indias, y en 1534, Pedro de Alvarado, Santiago de los Caballeros de Guatemala. Entre 1530 y 1550 nacen las primeras ciudades españolas en Ecuador, Perú y Bolivia. Por esas mismas fechas dan comienzo en firme las conquistas de Venezuela (1547) y de Colombia (1550).

La presencia hispánica en los territorios del norte —los Estados Unidos de hoy— se remonta también al siglo XVI. Es cierto que muchas de estas huellas resultaron efímeras por tratarse de incursiones eventuales, como el viaje a la Florida de Ponce de León en 1513. Durante este siglo y una buena parte del siguiente, los soldados españoles pisaron múltiples tierras: desde el sur de la Florida hasta lo que después se llamaría Nueva Inglaterra; desde tierras floridanas hacia el oeste, hasta llegar a Texas. Hacia el otro extremo del país:

de California a Alaska, más largos recorridos para ir desde la costa del Golfo a Iowa, las Dakotas y Nebraska.

Pero lo que verdaderamente contaba eran los asentamientos: la colonia San Miguel de Guadalupe, fundada en 1526 por Lucas Vázquez de Ayllón, en tierras de las Carolinas; las misiones franciscanas establecidas en la actual Georgia, en 1565; la fundación de San Agustín en la Florida ese mismo año por Menéndez de Avilés; las misiones jesuitas de Axacán en Virginia, en 1561, y la de Chesapeake nueve años después; la fundación del pueblo de San Juan por Oñate, en 1598, refundado y cambiado de sitio pocos años después con el nombre de Santa Fe, en Nuevo México; la misión de El Paso, en 1682, y otra situada al este de la misma Texas en 1690. Cuando llegó a tierras americanas el *Mayflower,* en 1620, el Imperio español ya estaba asentado con sus pueblos, misiones, parroquias y fuertes distribuidos por una buena parte de aquellos territorios, desde San Agustín a Chesapeake.

Tras este período inicial de descubrimiento y colonización, realizado a lo largo de la primera mitad del siglo XVI, comienza la etapa tardía, que se prolonga hasta bien entrado el XVII. Desde el Alto Perú, actual Bolivia, desde Chile, pero sobre todo desde Asunción, salen expedicionarios hacia el sur: en 1573 queda establecida Santa Fe, en 1580 tiene lugar la segunda fundación de Buenos Aires, y en 1587, la de la ciudad de Corrientes, todas ellas en los territorios actuales de la Argentina. Pero no es hasta tiempos de Felipe III, ya en la siguiente centuria, cuando la Corona ordena la colonización jesuítica de Paraguay y Uruguay, y habrá que esperar casi hasta finales de siglo para que las huestes españolas logren sojuzgar, tras feroz y prolongada guerra, a los indómitos araucanos de Chile.

En algo más de dos siglos, la Corona de Castilla había visto crecer sus dominios desbordadamente: 4.000 kilómetros cuadrados en 1492, 50.000 entre 1493 y 1500, 250.000 de 1502 a 1515, 2.000.000 entre 1520 y 1540, y otros 500.000 de 1540 a 1600. Todo ello, gracias a un grupo no muy numeroso de hombres valientes y arrojados. En muchos de estos sitios había comenzado también la colonización, la difícil empresa de ganar la paz. Comenzaban los tiempos en que en el Imperio no se ponía el sol.

LOS COLONIZADORES

La experiencia antillana sirvió de algo a los conquistadores de las tierras continentales, pero no mucho. La situación encontrada en ellas era drásticamente diferente: inmensos territorios, culturas indígenas muy superiores, unas tribus belicosas y violentas, y, en ocasiones, una heterogeneidad lingüística de gran envergadura.

No obstante los triunfos militares alcanzados y los subsiguientes poblamientos españoles, los indios constituían, claro está, la gran mayoría de los habitantes, distribuidos en una inimaginable variedad de etnias. Los españoles eran abrumadora minoría, constituida fundamentalmente por soldados y evangelizadores; cuando se habla aquí de las huestes cristianas, la referencia es a unos pocos centenares de hombres, que en algunas ocasiones ni siquiera llegaban a cien. Francisco Pizarro, conquistador del Perú, llevaba con él a unos 160 soldados, y el poderoso ejército de Hernán Cortés estaba constituido por tan solo 400.

Durante los primeros doscientos años, la colonización se planificó en Castilla, preferentemente en Madrid, donde quedó instalado el Consejo de Indias; se gestionó en Andalucía, sobre todo en Sevilla, sede de la Casa de Contratación, y contó con la ayuda inapreciable de Canarias. Aunque en los primeros momentos abundasen los soldados y los clérigos, de la Península y de las islas fueron a las nuevas tierras gentes de muy variada procedencia social: los hijos más jóvenes de la nobleza, que no heredaban la fortuna de sus padres; vástagos de familias distinguidas que se habían empobrecido (gracias, sobre todo, a las guerras de Reconquista), grupo en el que figuraban numerosos conquistadores, y pequeños grupos de prisioneros, a quienes se les conmutaba la pena para que se establecieran en territorios de reciente conquista y no del todo pacificados. Una vez que se conseguía erradicar el riesgo, los asientos urbanos se iban llenando de tenderos, industriales (especialmente en paños), sastres, sederos, barberos, carniceros, curtidores, bordadores, cerrajeros, pintores, doradores, plateros, calceteros, canteros, maestros de obra y cantores de iglesia. Con la fundación de los Virreinatos comenzaron a llegar individuos de la auténtica nobleza, dignidades eclesiásticas, mandatarios de variado rango, administradores, mayordomos, abogados, médicos, catedráticos, escritores y artistas.

Aunque, al menos durante todo el siglo XVI, la colonización tuvo un decidido signo urbano, también se establecieron grandes plantaciones y haciendas ganaderas, y se explotaban minas, que requirieron la presencia de empresarios, comerciantes, técnicos o 'maestros', transportistas, etc.

Por razones sociales fácilmente explicables, el más encumbrado linaje, de una parte, y los campesinos, de otra, eran estamentos débilmente representados en las colonias; la seguridad económica de que ambos grupos gozaban en la Metrópoli hacían poco atractivo su paso a América. En cuanto a los trabajadores agrarios, además, las nuevas tierras disponían de ingentes masas indígenas, o de esclavos africanos poco después, que se ocuparan de esos menesteres. Todo ello dio a las jóvenes colonias un aire ciudadano, alejado de las rusticidades de las zonas campesinas de la Península, lo que, sin duda, se reflejaría en el naciente español americano.

Las mujeres europeas llegaban a América en un escasísimo goteo: algunas, de mala vida, que pronto abandonaron su antigua profesión para contraer matrimonios muy ventajosos; varias damas de compañía traídas por señoras principales, que casaron con rapidez. Nada, en fin, que pudiera terminar con las uniones mixtas, que abundaban sobre todo en las capas medias y bajas de la población española. Abundaban, pero no eran exclusivas de estas clases: ahí está el ejemplo del mismo Cortés, y más adelante, cuando la Conquista se extiende hacia el sur, el de Pizarro, Almagro, Pedro de Alvarado, Benalcázar, Garcilaso de la Vega y un largo etcétera. Aquellos hombres repitieron, también en esto, la experiencia antillana y procrearon hijos mestizos profusamente. Es verdad que no todos fueron como el capitán Francisco de Aguirre, que se ufanaba de haber ayudado a poblar las Indias con sus cincuenta hijos, pero cada cual hacía lo que podía. Para 1650 había en México unos 150.000 mestizos.

La mujer española fue la gran ausente en la América del siglo XVI y aun en los siglos sucesivos. En la primera centuria de la colonización su presencia era tan escasa que sus rastros son fácilmente detectables en el texto de los cronistas. Aun en las postrimerías de la época colonial, la importante ciudad de México, cabeza del Virreinato de la Nueva España desde 1542, contaba con 2.335 españoles puros, y de ellos solo 217 eran mujeres. Humboldt nos asegura que en las ciudades del interior del país se mantenían las mismas proporciones o eran todavía más extremadas. Cierto que ya para entonces había muchas criollas, de padre y madre españoles pero nacidas en suelo americano, que de alguna forma nivelaban la población europea.

UNA PÁGINA HUMANA

Mucho se ha insistido ya en que el móvil principal de la emigración a América fue el ansia de riqueza material, mas se ha confundido esta aspiración a mejorar de situación económica y social de aquellos hombres con una total insensibilidad ante todo, como si, en realidad, no se tratara de seres humanos, de carne y hueso, pero también con corazón. La lectura de las cartas privadas que muchos de ellos enviaban a sus familiares y amigos en España nos deja ver un mundo de sentimientos en el que abunda de todo: infortunios, pequeños y grandes éxitos, desconsuelo, soledad y amor.

Los temas que dominan en estas cartas son la vida y el trabajo en las nuevas tierras y la austeridad de la una y la dureza del otro; las riquezas que con esfuerzo muchos han logrado alcanzar, y la ilusión de volver al terruño para pasar en él los últimos momentos: «Aunque esta tierra es buena para ganar de comer, no lo es para envejecer en ella, porque es tierra donde se tiene poco contento para poder estar en ella», escribía desde México en 1574 Andrea López de Vargas. La nostalgia invade tan drásticamente muchos de estos escritos, que no queda casi espacio en ellos para pintar la realidad circundante.

Los que lograron alcanzar el éxito económico lo hicieron empeñados en múltiples y diferentes gestiones. En el Perú, por ejemplo, uno de los negocios más lucrativos fue el cultivo de la coca: «... tengo una chácara de coca en los Andes del Cuzco que vale diez mil pesos ensayados»; «Vuestro hermano Pedro Gómez Marrón... tiene una hacienda y granjería muy gruesa en una estancia de coca, que le renta cada un año más de ocho o nueve mil pesos»; «... [estoy] de camino a Potosí a cobrar mi hacienda y vender mil cestos de coca, que es una yerba que acá comen los indios», son unos pocos textos de los que podrían aducirse. Ninguno, sin embargo, tan ilustrativo como estas palabras de Miguel de Aranda, vecino del Cuzco, que en 1576 explicaba a su hermano que: «... son unas haciendas tan delicadas que, si cada tres meses no las labran, piérdense mucho. No son tierras de pan para llevar [de cereales], ni viñas ni olivares sino una yerba como zumaque, tan alta como un hombre, ni más ni menos, que se llaman chácaras de coca, y es una yerba que la comen los naturales de esta tierra, y no la tragan más que mascada, y es de grande estima entre ellos, y está en poder de nosotros, que ella no es gente que la sustente, sino muy poco. Ella es la mejor moneda que hay en esta tierra, porque por ella se halla cuanto estas Indias tienen, oro, plata y ropa y ganados, y cuanto tienen dan por ella no más para mascarla. Es un árbol que dura poco... Es como digo de mucho precio, que vale un cesto de ella, que así se llama, que tiene diez y ocho libras de coca ordinariamente, tres ducados y medio. Esto ha sido de un año a esta parte, porque tres años antes no valía más de dos ducados... Yo cojo cada tres meses trescientos cestos...».

La riqueza de los triunfadores de América contrastaba con la pobreza de España, y así lo hacían constar: «Me han dicho que España está perdida en pobreza»; «... antes de que os carguéis de hijos en esa tierra tan miserable os pase a estas partes, especialmente donde yo estoy, que es en la ciudad de México, donde yo os podré favorecer». No falta, desde luego, la jactancia de algunos: «... gastaré yo más carne en la semana que toda esa villa de Aranzueque... porque la tierra es fértil y lo sufre»; «Poseo yo más que todo mi pueblo junto»; «Decís que estáis pobres, eso ya me parece orden común de los españoles». Ante ese desequilibrio, los parientes 'ricos' de allá intentan convencer a los de acá para que sigan sus huellas, que «pasen a la mejor tierra que Dios ha criado en el mundo», y mejoren así su situación calamitosa. Francisco Sanz Heredero escribía desde Lima al mayor de sus sobrinos: «... hay la mejor labranza que hay en el mundo, todo lo que cogemos quinientas fanegas de pan de una fanega, sin llover gota todo el año, que os parecerá cosa de milagro, sino todo de regadío. La carne es de balde. Oro y plata no hay que decir, que es como tierra, y podrán venir como unos príncipes». Otro residente en Lima escribía: «... es la mejor tierra que hay en el descubierto, rica, fertilísima de pan, carnes, pescados, frutas, cuantas hay en España. Es tierra que jamás llueve, ni truena, ni hay tempestades, ni hace mucho frío ni mucho calor, ni crecen los días, ni menguan en todo el año. Y con llover como digo, se cría todo lo que digo abundantísimamente, porque hay ríos que bajan de las sierras, que es donde llueve, y con acequias riegan todo lo que quieren, y para mayor fertilidad envía Dios a las noches una molinilla muy menuda, como rocío, con que se refresca toda la tierra. En fin, ella es tal que ningún hombre la verá que no olvide a España».

Sin embargo, había muchas cosas, algunas suntuarias y refinadas, que no podían conseguirse en las tierras conquistadas, como prendas de vestir, por ejemplo, ni tampoco ciertos instrumentos de trabajo. Las peticiones de los emigrantes a sus familiares de España son numerosas y reiterativas: «... para mi mujer cómprenle en Sevilla una buena saya de palmilla de Baeza, con sus fachas, y más un subido, con unos chapines; a mí, unas medias de aguja y un jubón de holanda; para las niñas zapatos, y lo que pudiéredes».

Pero ningún asunto tan conmovedor como las peticiones a los familiares, y sobre todo a las mujeres, para que dejen España y vengan a estar con ellos; la soledad y la nostalgia acentúan el vacío de afectos. Tal parece ser el caso de Pablo Domínguez, que desde México, con impaciencia de recién casado, y tras un breve período de indiferencia, escribe: «Por amor de Dios me perdones, que ya veo que solo Dios sabe cómo para disculpa de tanta como tengo no puedo satisfacer sino con lo mucho que ha padecido mi corazón y mi alma desde el día que dejé de verte; que Dios me perdone como a malo que soy, sin haber piedad de mí, si un momento te me ha quitado de la memoria, y yo os pongo por buen testigo las lágrimas que me has costado... Mi hija y mi bien, Dios te me deje ver con salud para servirte y enmendar mis yerros. Mis ojos, perdóname la mala letra y el ser tan largo... Tuya quisiera ver una resma de papel de tus razones, que me pareciera poco». A Sebastián Pliego no le basta la prosa para reclamar fervientemente a su mujer, y le envía estos versos:

En el nombre de Dios, mi vida,
Uno y Trino omnipotente,
os quiero trovar ahora,
porque os holguéis al presente.

Vos os llamáis Mari Díaz.
Para mí no hay otra tal.
Daros tengo una sortija
de oro que es buen metal.

Señora tan deseada,
mujer de mi corazón
como uséis tal traición,
dejaros desamparada
en tierra sin promisión.

Noches y días me ocupo
solo en pensamiento.
Bien entiendo que por mí
vendrás donde Dios me trajo,
porque yo lo ruego así.

Esta tierra do estoy,
no falta sustentamiento.
En esto, mujer, no miento,
porque doquiera que voy,
luego allí a comer me asiento.

En resumen, se trata de más de seiscientas cartas personales escritas por hombres y mujeres dedicados en su mayoría a oficios manuales y con escasa educación, que, no obstante, escriben ellos mismos. Solo en unos pocos casos se confiesa que se acude a un amanuense. La espontaneidad es el denominador común, como muestra el estilo manejado: unas, atropelladas; las más, melancólicas; otras, sombrías, jactanciosas, exageradas, enamoradas... Las fórmulas de cortesía para iniciar estas últimas son muy variadas: «Deseada señora», «Alma mía y todo mi bien», «Muy deseada mujer», «Señora mía de mis ojos». Al dirigirse a otros que no fueran parientes cercanos, el tratamiento que priva es el *vuestra merced,* pero a partir de 1561 comienzan a aparecer casos de tuteo, si bien solo en las cartas que proceden de la Nueva España, donde primero fue ganando terreno esta innovación lingüística. No deja de ser curioso que en una de estas misivas, escrita por el licenciado Miguel Hidalgo desde Cartagena de Indias en 1587, aparezca por primera vez la palabra *indiano* para referirse a los emigrantes que han vuelto a su tierra.

LOS MESTIZOS

En 1503, una Cédula Real llevada a América por Nicolás de Ovando recomendaba que se procurara «que algunos cristianos casen con algunas mujeres indias, y las mujeres cristianas con algunos indios». La protección oficial, al menos al principio, la posibilidad de elevarse a una mejor condición social y un conglomerado de pasiones humanas dieron inicio a una gigantesca y prolongada cruzada hacia el mestizaje, situación que contrasta violentamente con la de otras zonas americanas cuya colonización fue realizada por otros pueblos.

Los mestizos llegaron a ser el renglón más numeroso de la población, después de los indios. Era el puente que se tendió constantemente entre ambas poblaciones, la española sobreimpuesta y la indígena sometida, y que logró fundirlas en no poca medida. Algunos de estos hombres se incorporaron a la clase social de sus padres y se emparentaban con la nobleza española. Su reconocimiento como hijos naturales logró que muchos otros alcanzaran altas jerarquías sociales y religiosas. Pero aunque estas situaciones estuvieran lejos de ser la norma, ninguno fue señalado ni despreciado. Es evidente que desempeñaron un importantísimo papel en la colonización del vasto territorio americano. Tanto, que esta no se concibe si solo pensamos en los pequeños núcleos de conquistadores y pobladores llegados de España.

Pero es innegable que, aunque el número y la importancia de los mestizos hubiese sido, como fue, de mucho relieve, la extensión del contacto lingüístico no podía contar solo con ellos. Los muchos millones de indios, cuyo número se había mantenido sin alteraciones importantes en casi todo el continente, eran el gran reto.

Las imperiosas necesidades biológicas, la ausencia de discriminación racial por parte de los españoles y las circunstancias sociohistóricas de la época impulsaron ampliamente el mestizaje, producto tanto de su unión con aborígenes como con negras. Pero las mezclas raciales no terminaron aquí, sino que se multiplicaron con amplitud, produciendo muchísimas castas. De la unión de un blanco y de una india nacía un *mestizo;* de la de un mestizo y una española, un *castizo;* de la de un castizo y una mestiza, un *chamizo;* de la de un chamizo y una mestiza, un *coyote mestizo;* de la de un coyote mestizo y una mulata, un *ahí te estás;* de la de un blanco con una negra, un *mulato.* Sirvan estos ejemplos como muestra de la enorme variedad de castas que conoció el Nuevo Mundo.

Esta realidad exigía de la lengua la creación de un vocabulario especial que la etiquetase, pero la tradición española de este tipo de léxico era muy escasa, ya que la experiencia histórica se limitaba a moros y a judíos. De nuevo se pusieron en funcionamiento unos recursos recién inventados por los europeos, pues el aprovechamiento, previa reconversión semántica, de elementos indígenas fue muy escaso: el taíno *jíbaro,* el nahua *coyote,* el inca *chino* y el aimara *cholo.* Claro que se reconvirtieron semánticamente algunos viejos términos como *berberisco, morisco, mulato* y también *jenízaro,* pero el resto se adaptó. Se aprovechó el parecido con los animales *(cabro, lobo, marabú)* o con algunas de sus peculiaridades, especialmente las del caballo *(cambujo, castizo, cuatralbo, lunarejo, mulato, requinterón, tresalbo),* y se revitalizaron términos que en España iban perdiendo actualidad: *barcino, cabro, jarocho, moreno, jalfarro.* Como esto no fue suficiente, se hizo necesaria la invención: por una parte, creaciones humorísticas *(ahí te estás, notentiendo, puchuelo, sacalagua, tentempié, tentenelaire, tornatrás);* por otra, analogías: sobre *cuarterón* se formó *tercerón, quinterón, ochavón* y *requinterón;* sobre *lunar* se inventó *lunarejo,* y muchos otros casos. En esta tarea se acudió una vez al portugués *(mameluco)* y a otras creaciones curiosas, como la de *chamizo,* que de 'junco que cubre las chozas' pasó a designar al hijo de coyote e india, al ya aludido hijo de castizo y mestiza y a otras combinaciones.

NACE EL «ESPAÑOL DE AMÉRICA»: SEVILLA FRENTE A MADRID

Los españoles que cruzaban el Atlántico para aposentarse en los nuevos territorios venían de todos los puntos autorizados de la Península y, aunque fraudulentamente en un principio, de Canarias, donde hacían escala obligada los barcos en su ruta a América. Sin embargo, casi en todo momento hubo mayoría de gentes meridionales. Entre 1493 y 1502, el 32 por 100 de los habitantes de La Española eran andaluces, y estas proporciones no cambiaron entre los años 1520 y 1539. En la época antillana, por lo tanto, el grupo más numeroso de expedicionarios que cada año se trasladaban a las nuevas tierras procedía de Andalucía; de ellos, el 58 por 100 eran sevillanos, y el 20 por 100, de Huelva. De cada tres colonizadores, uno era andaluz; de cada cinco, uno procedía de la provincia de Sevilla; de cada seis, uno había sido vecino de la ciudad misma.

Durante las décadas que inauguraron el siglo XVI americano, las proporciones de viajeros a Indias fueron las siguientes:

Andalucía	2.245	29,4%
Castilla la Vieja	1.476	19,3%
Extremadura	1.389	18,2%
León	921	12,1%
Castilla la Nueva	880	11,5%
Vascongadas	216	2,8%
Asturias	181	2,4%

Entre andaluces y extremeños suman casi la mitad de todos ellos (47,6 por 100). A medida que avanza el siglo, los procedentes de las dos Castillas disminuyen en número y, en cambio, aumenta desbordantemente la presencia de canarios; tanto, que a finales del XVI y principios del XVII estos constituían la cuarta parte de todos los inmigrantes. El predominio de gentes del sur y de Canarias era absoluto. Es evidente que el lenguaje de Sevilla, en general el meridional y el canario fueron decisivos a la hora de establecer las primeras normas lingüísticas en suelo americano.

Desde el mismo siglo XVI, y quizá en algunos casos desde finales del XV, la pronunciación de andaluces occidentales, de extremeños del sur y de canarios se caracterizaba por una serie de fenómenos muy peculiares que los identificaba frente a los hablantes del centro y del norte peninsular: aspiraban y hacían desaparecer sus eses finales de sílaba y de palabra (*habere[s], somo[s], e[s]cuchan, conqui[s]tar);* confundían las eres con las eles, y viceversa (*arma,* 'alma'; *sordado,* 'soldado'; *viral,* 'virar'; *culva,* 'curva');* eliminaban sus des al final de las palabras *(oí,* 'oíd'; *bondá,* 'bondad') y en medio de ellas cuando se encontraban entre vocales *(sordao, apresao);* pronunciaban las jotas con una aspiración muy suave; seseaban, y pronunciaban con /y/ las 'll' *(yueve, Seviya, cabayo).* Todo ello aparece documentado, por ejemplo, en un grupo de cartas privadas que varios andaluces radicados en Veracruz escriben a sus casas españolas en el siglo XVI. Estos mismos fenómenos se documentan también en manuscritos de la época escritos en Cuba, La Española, Colombia, Venezuela y el Perú.

Debido a que meridionales y canarios eran el grupo lingüístico más compacto (frente a la gran diversidad del resto de los expedicionarios), estos eran los fenómenos que con mayor frecuencia se oían en las tierras conquistadas, por lo que pronto comenzó a producirse una nivelación lingüística en favor de ellos. No se trató, desde luego, de un proceso rápido, pero tampoco demorado. Algunos estudiosos afirman que la nivelación estaba muy avanzada aun antes de que se hubiese producido la primera generación criolla, al menos con respecto a algunos fenómenos como el seseo.

Otros investigadores, en cambio, insisten en que es necesario esperar a los hijos de los conquistadores para encontrarnos con fenómenos de pronunciación andaluzada ya generalizados, no importa cuáles hayan sido los dialectos originales de sus padres, y, por último, están los que no creen que la nivelación lingüística, y no solo el seseo, llegara a consolidarse antes de un período de sesenta años, tiempo suficiente para alcanzar a la tercera generación.

Todo este proceso de nivelación, con independencia de que se hubiese consolidado enseguida o al cabo de varias décadas, se apoyaba en una serie de razones. Por una parte, en el enorme prestigio de Sevilla, cabecera indiscutible de la Conquista americana, y doblemente poderosa tras la incorporación del antiguo reino de Granada, prestigio traspasado a su variedad lingüística. Por otra parte, la gran mayoría de los llegados a suelo americano eran hombres jóvenes, de entre veinte y veinticinco años de edad, y de escasa escolarización, que habían dejado atrás su mundo habitual, rompiendo con su viaje las redes sociales que tenían establecidas en la Península; su trasplante a América en estas circunstancias, solos, sin haber establecido aún nuevas redes, que tardan años en constituirse, favorecería los cambios de todo tipo, entre ellos los lingüísticos, sobre todo si la nivelación se hacía en favor de una variedad simplificadora, como era el caso de estos dialectos del Mediodía peninsular y de Canarias, que, entre otras reducciones, habían eliminado la distinción entre *vosotros* y *ustedes*.

En 1688, Lucas Fernández de Piedrahíta, en su *Historia general de las conquistas del Nuevo Reino de Granada,* escribía a propósito de Cartagena de Indias: «... los nativos de la tierra, mal disciplinados en la pureza del idioma español, lo pronuncian generalmente con aquellos resabios que siempre participan de la gente de las costas de Andalucía». Y al siglo siguiente, un viajero que visitó el Río de la Plata afirmaba que «... no existe otro pueblo en América que, en sus usos y costumbres, tanto recuerde a los puertos de Andalucía, en la península: la indumentaria, el lenguaje y los vicios son casi idénticos».

No podría decirse, sin embargo, que el español de América es un andaluz trasplantado al nuevo continente. Al margen de que allí nacieran también otras variedades más cercanas a las del centro peninsular, la semilla andaluza que había sido sembrada desde los primeros momentos fructificó, en ocasiones, con total independencia de sus tierras de procedencia. Puede hablarse así de un desarrollo paralelo llevado a cabo a ambos lados del Atlántico, aunque con un abundante número de coincidencias.

Sin embargo, esta pronunciación meridional, fraguada en las Antillas durante más de dos décadas, chocaba mucho, en cuanto a prestigio, con la de la Corte española, que con su brillo oscurecía el muy notable alcanzado por Sevilla. A ello se debe que surgieran focos representativos, al menos en parte, de las formas lingüísticas cortesanas, según las pautas establecidas por Toledo, primero, y por Madrid, después. Estos focos coincidían fundamentalmente con los primeros grandes centros virreinales de México y de Perú, instalados en elegantes ciudades señoriales e hidalgas, y convertidos en importantes núcleos de cultura y refinamiento que reunían no solo a los virreyes y a su ilustrado séquito, sino a todo tipo de funcionarios y de letrados, al alto clero y a un considerable número de hombres cultos y cortesanos; estos hablantes rechazaban las nuevas creaciones lingüísticas de origen andaluz y favorecían las procedentes de Madrid, como ocurrió particularmente con el caso del tuteo, que terminó por imponerse desplazando al *vos*.

La ciudad de México, por ejemplo, era ya sede catedralicia en 1529; un año más tarde pone a funcionar la primera imprenta de América; en 1547 es cabeza de Arzobispado y en 1551 inaugura su Universidad. Los testimonios son constantes y elocuentes en este sentido: el doctor Juan de Cárdenas, incansable viajero por tierras americanas, llegaba a afirmar a finales del XVI que la manera de hablar de los novohispanos era «pulida, cortesana, delicada y naturalmente retórica, mucho más propia y elegante que la de los españoles peninsulares», y el poeta toledano Bernardo de Balbuena, en su *Grandeza mexicana,* escribía a principios del siglo siguiente que México

Es ciudad de notable policía
y donde se habla el español lenguaje
más puro y con mayor cortesanía,

vestido de un bellísimo ropaje,
que le da propiedad, gracia, agudeza,
en casto, limpio, liso y grave traje.

Además de Balbuena, por México pasan entonces escritores de gran renombre, como Gutierre de Cetina, Juan de la Cueva, Mateo Alemán y Luis Belmonte Bermúdez.

Otro tanto podría decirse de Lima: funda su Universidad en 1555, establece la imprenta en 1584 e inaugura su primer teatro público en 1602. También cuenta con escritores ilustres que canten sus grandezas, como Bernardo de Vargas Machuca, quien escribía que la ciudad estaba habitada por «grandes caballeros lustrosos y muy ricos, gente valerosa y arriscada, y las damas criollas muy cortesanas y gallardas, muy instruidas en el canto y música, y en gran manera discretas». En este Virreinato, como en el de la Nueva España, florecieron importantes escritores, entre los que destacan Diego Mejía y el príncipe de Esquilache. No se olvide que este notable esplendor no era solo de Lima; en el Cuzco la Universidad abrió sus puertas en 1598, y de allí era, por ejemplo, Espinosa Medrano, uno de los más sobresalientes panegiristas de la obra de Góngora en todo el ámbito hispánico.

El español americano se bifurcó entonces en dos variedades: de una parte, la original andaluzada, producto de una decisiva etapa de nivelación, en la que se pierden pronto los rasgos lingüísticos discrepantes de otros dialectos peninsulares; se mantenía sobre todo en aquellos lugares más estrechamente conectados con los puertos andaluces a través de la flota; de otra, una variedad surgida algo después en los centros virreinales y en sus ámbitos de influencia, imitadora de la lengua cortesana. A la creación de esta segunda contribuyeron las continuas llegadas de miembros del funcionariado, sobre todo, los altos y los medianos, y gente letrada y cortesana, procedentes, en su mayoría, de zonas centrales y norteñas. Este proceso de desnivelación, aunque no pudo erradicar el seseo ya general, ni parcialmente el yeísmo, dio al traste con aquellos fenómenos que eran producto de procesos de simplificación y debilitamiento fonéticos; por el contrario, fortaleció el consonantismo final, impidiendo las aspiraciones y las supresiones de sonidos consonánticos.

Esta señalada variedad de pronunciación, que pervive hasta nuestros días, se vio fortalecida por otras causas. Es posible que aquellos inmigrantes que pudiesen escoger sus lugares de residencia prefirieran las tierras y los climas más afines a los suyos de origen, y que, por consiguiente, los unos prefirieran las tierras costeras y bajas, y los otros, las altas: de esta manera, canarios, andaluces, extremeños y murcianos, por ejemplo, se instalarían en regiones marineras o en llanuras bajas, mientras los de la gran meseta irían a los altiplanos. En los casos en que esto ocurrió, se reafirmarían las distinciones lingüísticas que ya empezaban a surgir o estaban parcialmente arraigadas.

Por otro lado, las comunicaciones con la Corte metropolitana, muy delimitadas desde 1561 en que se establece el sistema de flotas, dividieron en tres las zonas americanas: las llamadas zonas centrales, que durante siglo y medio fueron México, Quito y Lima-Chacas en exclusiva; las intermedias, originalmente representadas por Centroamérica, Popayán, zonas norteñas de Colombia y Venezuela, y Tucumán, en el norte argentino, y por último, las marginales, cuyo ejemplo más representativo es Paraguay y las islas antillanas, con excepción de La Habana, lugar de encuentro de toda la flota antes de zarpar de regreso a España, lo que revistió a la villa de una importancia especial en el mapa de las comunicaciones atlánticas del período colonial. La Habana, junto con Veracruz y Cartagena, puntos finales de la trayectoria transatlántica, se convirtieron en ciudades mercantiles o burguesas, conservadoras de la variedad idiomática nacida en las Antillas, igual que otras zonas alejadas de la Corte y de las cortes virreinales; pero aunque por ellas pasaran los más altos administradores de la Corona en América y todo lo que ello traía aparejado, sus destinos eran otros: los centros del poder virreinal, que en general se mantenían relativamente fieles a la norma lingüística madrileña.

4
LA AMÉRICA INDÍGENA: DE AYER A HOY

LA MULTIPLICIDAD LINGÜÍSTICA INDÍGENA

A pesar de que las lenguas aborígenes que encontraron los conquistadores españoles a su paso eran de una variedad extraordinaria, tan solo unas pocas podían considerarse verdaderamente mayoritarias. El nahua tenía su asiento principal en la zona central mexicana; su influjo se extendía también hacia el sur, a lo largo de la costa pacífica de la América Central hasta el territorio actual de Costa Rica, aunque con mayor debilidad a medida que se apartaba de su núcleo; en cuanto al norte, a los territorios situados hoy en Norteamérica (Nuevo México y Arizona), puede decirse que su influjo era sumamente reducido, si es que alguno tenía por las inmigraciones aztecas. Otra lengua de importancia fue el maya; se hablaba en todo Yucatán y hacia el sur, hasta lo que hoy es El Salvador y Honduras.

En las tierras continentales del sur la lengua de mayor relieve fue el quechua. Originariamente estaba afincada en los territorios peruanos de la actualidad, pero se extendió después por todo el Ecuador y el sur de Colombia, al norte, y por el sur hasta Bolivia y el norte argentino. El chibcha señoreaba la actual Colombia y Panamá, y se prolongaba, aunque muy débilmente, hacia Costa Rica. El aimara convivía con el quechua en tierras peruanas y bolivianas, y además se adentraba en el norte de Chile. El guaraní se asentaba en el actual Paraguay y en sus zonas fronterizas con Bolivia y Argentina. Por último, el mapuche se hablaba a lo largo de todo lo que hoy es Chile.

Es evidente que, además del cúmulo de razones político-administrativas que así lo aconsejaban, la 'atomización lingüística' del territorio americano también favorecía la implantación del español. Es verdad que en aquellos sitios en los que los pequeños núcleos de colonizadores españoles convivían con poblaciones indígenas numerosas y de gran densidad política, social y cultural, la situación era muy compleja; ejemplos de ello eran la meseta de México, parte de la América Central, los actuales Perú, Ecuador y Bolivia, las tierras paraguayas y las misiones jesuíticas del Río de la Plata.

LA LENGUA, ¿COMPAÑERA DEL IMPERIO?

En los primeros momentos del contacto no era posible pensar en serio en la castellanización masiva de los indios. Problemas urgentes de comunicación entre conquistadores y conquistados requerían soluciones inmediatas. De aquí surgieron los primeros intentos, los de tomar indígenas y traerlos a España para que aprendiesen el 'romance castellano'. Fue el mismo Almirante el que dio inicio a esta estrategia. Esta gestión suya, y la de otros, quedó refrendada en 1526, en unas Ordenanzas Reales que permitían tomar indios cautivos en cada descubrimiento, uno o dos, para que sirvieran después de 'lenguas', es decir, de intérpretes.

El otro sistema, muy lejos de estar programado y completamente ocasional, era la convivencia obligada con los indios de algunos prisioneros o náufragos españoles; como esta podía durar hasta varios años, los expedicionarios aprendían bien la lengua indígena, algunos con notable perfección. Tanto el indio-intérprete como los españoles que también eran 'lenguas' estuvieron presentes en toda la primera etapa de la Conquista: ejemplo singular y de sobrada importancia fue el de la Malinche, en México.

Pero tan temprano como en 1503, una Instrucción Real ordenaba que se agrupara a los indios en pueblos «para ser doctrinados como personas libres que son, y no como siervos»; para llevar a cabo esta misión debía construirse una iglesia en cada uno de ellos, y designarse a un capellán que instruyese a los niños, enseñándoles a leer y a escribir, y las diversas oraciones. En esta misma dirección iban las instrucciones de los padres jerónimos, que en 1516 especificaban que a los hijos de caciques y gentes principales había que enseñarles 'romance castellano', y además, que se trabaje con ellos mismos, cuando fuere posible, de manera que hablen castellano.

Para efectuar la castellanización de los indios, la Corona se apoyó en las órdenes religiosas, pero la política lingüística de los Monarcas no fue firme ni sistemática. Se movió a lo largo de los siglos entre dos polos: el interés político reclamaba la castellanización inmediata, pero España había cristianizado su proyecto histórico: a los Reyes de España el Papa les había adjudicado el Patronato Regio de las nuevas tierras descubiertas y conquistadas, con la obligación de evangelizar a sus naturales, de seleccionar a los misioneros, de cuidar que todo se realizara según la voluntad de Dios. Era el precio que había que pagar por la legalidad de la posesión, y España parecía asumirlo de buen grado. Desde las primeras Cédulas Reales firmadas en Burgos hasta las últimas de ese primer siglo colonial, y las que vinieron después, el vaivén es una constante. Unos botones de muestra serán suficientes.

De la mitad del siglo XVI son dos Cédulas Reales que tratan extensamente el asunto; ambas, a nombre del emperador Carlos V, son despachadas desde Valladolid. Una de ellas va dirigida al virrey de la Nueva España: «... para la conversión a la fe católica de los naturales y que tomen nuestra policía y buenas costumbres, ha parecido que uno de los medios, y el más principal, sería dar orden como se les enseñase la lengua castellana». Para que el deseo real se cumpliese se acude a los provinciales de Santo Domingo, San Francisco y San Agustín. El virrey debe informar «de lo que en ello se hace, y si le parece que será esto bastante para que los indios aprendan la lengua o si convendrá proveer otras personas, y de qué se podrán pagar los salarios de los que en esto entendieren o si podrán contribuir los que de este beneficio gozaren para los gastos de las personas que en ello entendieren». Y por ser negocio de tanta importancia, se encarga al virrey que ponga en ello la mayor diligencia. Tres años después se imprimieron 12.000 cartillas para que los indios mexicanos aprendiesen español.

La segunda Cédula iba dirigida al provincial de la Orden de Santo Domingo, también en la Nueva España, y estaba escrita en términos semejantes, subrayando la importancia concedida a la castellanización: «... nombre personas de su orden que particularmente se ocupen en esta obra, sin ocuparse en otra alguna, y tengan continua residencia como la saben tener los preceptores de esta calidad, y señalen las horas diarias para ello, a las cuales los indios vengan».

Hay dos puntos en estas Cédulas que se repiten con ferviente reiteración en los papeles reales: si para la castellanización convenía acudir también a otras personas ajenas a la Iglesia y a sus órdenes, y cómo pagarían los salarios de los enseñantes. En el mismo año 1550 el Monarca escribe de nuevo al virrey para insistirle en que se ponga escuela de lengua castellana para que la aprendan los indios. En el texto se lee: «Decís que en la Nueva Galicia hay mucha diversidad de lenguas y que es tanta que casi cada pueblo tiene la suya y no se entienden; que los religiosos han querido que se pusieren allí escuelas de lengua mexicana y que lo habéis estorbado porque no conviene que entre allí esta lengua por el inconveniente que podría haber de entenderse los mexicanos con aquellos; y que habéis sido de parecer que, ya que se había de aprender lengua nueva, que sea la española, y así dijistes al Obispo que lo hiciere, el cual lo ha intentado, y como no tiene posibilidad para sustentarlo, no se hace. Al Rey le ha parecido bien lo que dice el Virrey, que se deprenda en aquella provincia la lengua castellana y lo que dijo el prelado, dé orden como se prosiga; y si fuere menester, que de la hacienda real se gasten en cada un año hasta cuatrocientos pesos para que se hagan escuelas para deprender la dicha lengua y, para sustentación de los que en ello entendieren, provea cómo se gasten».

La decisión real en favor del español será prioritaria hasta Felipe II. Durante este reinado, en 1596, se envió a América una Cédula Real que marcaba el inicio de la transición: «... os mando que con la mejor orden que se pudiere y que a los indios sea de menos molestia, y sin costa suya, hagáis poner maestros para los que *voluntariamente* quisieran aprender la lengua castellana, que esto parece podrían hacer bien los sacristanes, así como en estos Reinos, en las aldeas, enseñan a leer y escribir, y la doctrina».

Razones de índole positiva y negativa motivaron la política castellanizadora; de una parte, la necesidad de manejar una lengua común en los territorios de la Corona, tanto para el gobierno como para la evangelización, y por otra, el peligro de que se fortaleciera y se expandieran las lenguas indígenas llamadas mayores: varias insurrecciones de indios, algunas de mucha importancia, como la de Jalisco de 1541, se habían producido porque los indígenas podían comunicarse entre sí a través del nahua. La fragmentación lingüística de Oaxaca, que aún subsiste en buena medida, era la mejor de las razones para perseguir la uniformación idiomática a base de la lengua oficial de los conquistadores. Era la misma causa que impedía que los religiosos se empeñaran en aprender las lenguas locales.

El argumento de la multiplicidad lingüística es puesto de manifiesto por la Corona, al notificar al virrey y a los oidores de la Audiencia de la Ciudad de México que el doctor Muó, maestrescuela, en nombre de la iglesia catedral de la ciudad de Antequera del Valle de Oaxaca, informaba de que hay «muchas y diversas lenguas de indios, a cuya causa no se puede proveer de ministros de la doctrina evangélica de que resulta gran daño y peligro para la salvación de los indios naturales; y aunque diversas veces se había intentado, por muchos medios, que algunos clérigos aprendieran las dichas lenguas, no se había podido hacer, por ser pueblos pequeños que no pueden sustentar los sacerdotes; y acontecía haber en un pueblo dos o tres lenguas diferentes».

Las recomendaciones de la Iglesia (en un informe que firman el obispo, el deán y el cabildo de la catedral de Antequera) no coinciden con el deseo real en ese momento, ya que sugieren que se enseñe mexicano, como también solía llamarse al nahua, que se podrá aprender con gran facilidad por ser lengua general, para evangelizar a los naturales en su propia lengua o en otra lengua indígena más cercana a la suya, aunque bien es cierto que dejan la decisión en manos del Monarca. En este sentido, fray Rodríguez de la Cruz escribía a Carlos V: «A mí paréceme que V. M. debe mandar que todos deprendan la lengua mexicana, porque ya no hay pueblos que no haya muchos indios que no la sepan, y la deprendan sin ningún trabajo, sino de uso, y muy muchos se confiesan en ella [...] y hay frailes muy grandes lenguas [en ella]». No faltaban voces que argumentaban que a los indios les era imposible aprender el español, y otras, no menos pintorescas, que creían que la ignorancia del castellano venía a salvarlos de una serie de graves peligros.

En varias ocasiones, el Rey dio respuestas ambiguas, dejando en manos de las autoridades religiosas «que vean lo susodicho y provean lo que parezca más conveniente en la reducción de las lenguas de dichos indios». En México la lengua general fue el nahua; en el sur, el quechua, para grandes zonas continentales; en Colombia, el chibcha, y el guaraní, en Paraguay. La difusión del nahua como lengua general obtuvo tanto éxito que los frailes consiguieron que se hablara desde Zacatecas hasta Centroamérica, es decir, una extensión muy superior a la que esta lengua había logrado durante la época más esplendorosa del imperio azteca. Lo mismo puede decirse del quechua, que también alcanzó su momento máximo de expansión durante el dominio español, a costa del aimara.

Toda la segunda parte del siglo es testigo de esta dicotomía: la Iglesia, preocupada por la evangelización, inclinándose en favor de las lenguas indígenas mayores; el poder civil, con preocupaciones más terrenales, pero comprometido con la catequesis, votaba por el español.

En una carta del oidor Tomás López, despachada desde Santiago de Guatemala en 1550, daba a la Corona una serie de razones pragmáticas en favor del español: 1) los naturales serán más y mejor y más presto doctrinados y enseñados, porque tantos maestros tendrán para su conversión; 2) será mejor para enseñarles la policía de que carecen en las cosas mecánicas y en las demás, pues cada español se convertirá en maestro, tanto clérigos y frailes como seglares; 3) existen pocos intérpretes; 4) muchos clérigos, después de aprender la lengua, se mudan a otros lugares o se vuelven a España, y otros que no se marchan dan mal ejemplo con su vivir deshonesto, y hay que sacarlos; mientras se consigue otro, los indios van olvidando lo aprendido, y por último, el conocimiento de la lengua local da lugar a una manera de ambición porque el que la sabe, viendo que no hay otro, hace fieros al obispo y al prelado, y quiere ser un rey en aquel pueblo. El oidor López remataba su larga carta subrayando las ventajas que la enseñanza del español traería para la evangelización y para la colonización: «porque, si no oyen, ¿cómo creerán?, y si no entienden nuestra lengua, ¿cómo oirán? Resultará otro provecho, que al fin tendrán nuestra buena lengua, elegante, y dejarán la que tienen bárbara y sin policía alguna, y entendiéndonos. Y nosotros a ellos, por la lengua se ha de trabar más conversación, y de ella, amor y amistad, porque natural razón es, por la lengua, trabarse la amistad».

El buen oidor no se conforma con sustentar su recomendación en buenas razones, algunas de las cuales parecían advertencias a la jerarquía eclesiástica, sino que también da indicaciones precisas de cómo ha de procederse para castellanizar.

Otro oidor, el doctor Diego García de Palacio, de la Audiencia de México, propone que en cada pueblo —se refiere a las provincias de Yucatán, Cozumel y Tabasco— haya un maestro de escuela y ocho cantores y dos sacristanes y dos cocineros, y que al maestro se le pague de los bienes de la comunidad, «en cada año lo que se suele y acostumbra a dar, y a cada cantor, 10 cargas de maíz, y a los dos sacristanes y cocineros, lo propio». Además de estas escuelas para indios, creadas por sus mismos pueblos y con sus propios recursos, hubo otras de rango mayor, creadas para hijos de caciques y gente principal, esta vez en ciudades españolas.

Lo que proponen estos documentos, el de ambos oidores, marca de alguna manera la política regia con respecto a la lengua. Son ideas, sugerencias y hasta disposiciones que se repiten a lo largo del siglo XVI. La perspectiva general de esta época puede resumirse en tres puntos: 1) creación de escuelas para que los niños indios aprendan español; 2) reducción de la diversidad de lenguas a la más general de cada provincia, y 3) conocimiento de lenguas indígenas por los catequistas. Este parecería ser el orden de preferencia de la Corona: insistencia en la castellanización como medida a largo plazo.

Es cierto que hubo puntos intermedios: unas Instrucciones Reales entregadas a Antonio de Mendoza recomendaban que «... es muy importante que, entre tanto que ellos saben nuestra lengua, [que] los religiosos y eclesiásticos se apliquen en saber su lengua y para ello la reduzcan a algunas artes y manera fácil como se pueda aprender». Muchos de ellos siguieron con puntualidad este último deseo de la Corona, y junto con sus *gramáticas* y sus *artes* escribieron una de las más importantes páginas de la historia de la lingüística amerindia.

Pero el deseo real, que en todo caso veía el uso de lenguas indígenas como una solución transitoria, no siempre fue seguido por las órdenes religiosas, en particular en aquellas tierras en que se manejaba una lengua indígena general. En estos casos, se prefería adoctrinar a los niños en su propia lengua en detrimento de la castellanización. Así lo había determinado en 1585 el III Concilio Provincial Mexicano, que la enseñanza de la doctrina no se haga ni en latín ni en castellano, sino en la lengua indígena. Y así se hacía en muchísimos lugares. Repárese en la actividad desplegada en Yucatán por los franciscanos. Los padres recogieron a los hijos pequeños de los señores y los pusieron a vivir en casas que cada pueblo hacía para los suyos alrededor de los monasterios; allí estaban todos juntos los de cada lugar, sin padres ni parientes, que acudían solo para traerles de comer. La catequesis se hacía en maya, y, según los informes de que disponemos, alcanzaban tanto éxito que los niños pedían el bautismo con mucha devoción, y hasta rompían los ídolos de sus padres, denunciándolos a los frailes. Fray Diego de Landa nos dice que los niños aprendían a leer y a escribir en maya, siguiendo la gramática de fray Luis de Villalpando, y que los padres de los niños cooperaban de buen grado enviando a sus hijos, una vez que habían comprobado que la intención de los frailes no era la de esclavizarlos.

Los documentos hablan de una castellanización lenta y azarosa que, a pesar de las escuelas y de otros recursos inexistentes en las Antillas, contrastaba con el éxito alcanzado en las islas. Y lo que es muy interesante: la castellanización triunfaba entre los hijos de los caciques y otras dignidades indígenas, que adquirían la lengua de los dominadores en los centros urbanos de entonces, rodeados de hispanohablantes, en una especie de técnica de inmersión. Marcan hitos significativos en la historia el Colegio de Santa Cruz de Tlatelolco (1536), en la Nueva España, y el de San Francisco de Borja, creado inmediatamente después de la conquista del Cuzco, ambos para indios nobles, cuando aún no existían instituciones paralelas para españoles y sus descendientes blancos. Los de a pie, por el contrario, solían ser alfabetizados en una de las lenguas indígenas de mayor extensión, aunque no faltan casos de lenguas menores. Comenzaba así a producirse una interesante situación discriminatoria, que duraría, aunque menos drásticamente, hasta nuestros días.

Aunque hay estudiosos que interpretan que la expulsión de casi tres mil jesuitas de América en 1767 era la primera gran medida tomada contra las lenguas indígenas, es necesario esperar a 1770, con Carlos III, para que veamos triunfar, definitivamente en los papeles, a los juristas sobre los teólogos; la célebre Cédula de Aranjuez de este Monarca ordena que «... de una vez se llegue a conseguir el que se extingan los diferentes idiomas de que se usa en los mismos dominios [americanos] y solo se hable el castellano». Era la conclusión obligada tras una serie de informes enviados al Monarca: el del marqués de Croix, el de Fabián de Fuero y el de Álvarez de Abreu, aunque ninguno tan contundente como el del cardenal Lorenzana: «Esto es una constante verdad; el mantener el idioma de los indios es capricho de hombres cuya fortuna y ciencia se reduce a hablar aquella lengua que aparta a los indios de la conversación con los españoles; es arbitrio perjudicial para separar a los naturales de unos pueblos de otros por diversidad de lenguas y últimamente es mantener en el pecho un fomento de discordia para que se miren con aversión entre sí los vasallos de un mismo soberano».

Pero estos ideales de la Ilustración no podían prosperar ya, bien porque no había medios para llevar la orden a buen puerto, o bien porque las lenguas indígenas mayores estaban considerablemente asentadas.

Cuando estaba a punto de agotarse el siglo XVIII, en Hispanoamérica solo había tres millones de hispanohablantes —uno por cada tres vecinos—, es decir, que, tras casi tres siglos de colonización, la castellanización había dado frutos muy raquíticos, exiguos si reparamos en que esa cifra incluye a españoles y a criollos. Ya se sabe que la causa de esto hay que buscarla en la legislación lingüística del período colonial, fuertemente influida por la misión evangélica, que defendía la conservación —e incluso la extensión— de las grandes lenguas indígenas. Cuando se intenta cambiar este estado de cosas, ya era demasiado tarde. Los dominios españoles en América constituyen el único ejemplo que se conoce en el que lenguas dominadas, el nahua y sobre todo el quechua, salgan fortalecidas en su extensión geográfica al finalizar el período de dominación.

LOS INDIGENISMOS LLEGAN A LA LITERATURA

Fue Cristóbal Colón, como se ha visto, quien inaugura la larga historia de la penetración de palabras americanas en textos españoles. Le siguen los principales cronistas, como era de esperar: Pedro Mártir en sus *Decades de Orbe Novo,* además de las que aparecen en el primer *Diario* de navegación, introduce en el latín de su escrito otros catorce indigenismos; el padre Las Casas en su *Apologética*

Historia maneja algo más de trescientos; Gonzalo Fernández de Oviedo en su *Sumario de la Natural Historia de las Indias* utiliza unos setenta, pero en su *General y Natural Historia* da entrada a un número tan considerable de ellos —más de quinientos— que se siente en la necesidad de excusarse ante sus lectores: «... si algunos vocablos extraños y bárbaros aquí se hallasen, la causa es la novedad de que se tractan y no se pongan a la cuenta de mi romance, que en Madrid nascí y en Casa Real me crié y con gente noble he conversado y algo he leído para que se sospeche que habré aprendido mi lengua castellana, en la cual de las vulgares se tiene por la mejor de todas, y lo que aviene en este volumen que con ella no consuenen, serán nombres o palabras puestos para dar a entender las cosas que por ellas quieren los indios significar».

Muy conocidos son los casos de los escritores de los siglos áureos: Cristóbal de Castillejo, Alonso de Villegas, Lope de Rueda, los grandes dramaturgos, Lope sobre todo, pero además Tirso de Molina y Calderón, Quevedo; en los textos de Cervantes pueden leerse los términos *cacao, caimán, bejuco, huracán, caribe* y *chacona,* que maneja como palabras auténticamente españolas, sin el menor tinte de exotismo.

La situación se repetía en los textos americanos, aunque con mayor lentitud. Pongamos un ejemplo pionero. Muy a principios del siglo XVII, en una pequeña villa cubana, Puerto Príncipe, el grancanario Silvestre de Balboa Troya y Quesada escribe el *Espejo de paciencia,* composición épica de escaso aliento en la que se narran las vicisitudes del secuestro y la liberación del obispo Juan de las Cabezas Altamirano. Cuando Balboa termina de escribir sus octavas reales tenía unos cuarenta y cinco años, pero no sabemos con certeza cuántos había pasado ya en suelo cubano. De cualquier forma, la influencia lingüística que ejerció en su obra el ambiente circundante fue muy pequeña y específicamente limitada al léxico. El canario elabora el *Espejo* de acuerdo a la estructura convencional de la poesía épica renacentista y, por lo tanto, maneja muchos de los elementos retóricos propios de ese código (invocación a las musas, recuento de guerreros, arengas inflamadas, intervención de los dioses, etc.).

En cuanto a la lengua, es fiel a patrones sintácticos panhispánicos, muy condicionados, como es de esperar, por las necesidades del metro y de la rima. También su vocabulario es patrimonial en unas proporciones muy notables, pero aquí se intercalan algunas palabras aborígenes, las suficientes como para dar un cierto sabor local al poema. Esto ocurre en el Canto primero, cuando, una vez liberado el obispo, acude a recibirlo una nutrida constelación mitológica que, en lugar de ofrecerle las clásicas frutas (manzanas, peras, uvas, etc.), lo obsequian con productos de la tierra y de los ríos:

> Le ofrecen frutas con graciosos ritos,
> guanábanas, gegiras y caimitos
> ....
> y entre cada tres de ellas dos bateas
> de flores olorosas de navaco.
> De los prados que crean las aldeas
> vienen cargadas de mahí y tabaco,
> mameyes, piñas, tunas y aguacates,
> plátanos y mamones y tomates.
> ....
> Bajaron de los árboles en naguas
> las bellas hamadríades hermosas
> con frutas de siguapas y macaguas
> y muchas pitajayas olorosas;
> de virijí cargadas y de jaguas
> salieron de los bosques cuatro diosas.
> ....
> De arroyos y de ríos a gran prisa
> salen náyades puras, cristalinas,
> con mucho jaguará, dajao y lisa,
> camarones, viajacas y guabinas.
> ....
> Y por regaladísimo soborno
> le traen al buen obispo, entre otras cosas,
> de aquellas hicoteas de Masabo
> que no las tengo y siempre las alabo.
> ....
> Y viendo al santo príncipe, humillado
> su condición y abiertas sus entrañas,
> le ofrecieron con muchas cortesías
> muchas iguanas, patos y jutías.

La mayoría de los indigenismos de este texto pertenecen a la flora o a la fauna; son términos procedentes del arahuaco insular, tainismos y antillanismos de difícil o discutida filiación, dos términos del caribe continental y dos nahuatlismos. Estos indigenismos conviven con un americanismo semántico, *piña,* y con términos patrimoniales: *plátano, lisa, camarones* y *patos.* Añádase a este inventario las *bateas* en las que las napeas ofrecen las flores de *navaco,* y las *naguas* que llevan las hermosas hamadríades.

Dejando aparte los términos del nahua *aguacate* y *tomate,* el resto son palabras locales o muy vecinas. Proceden del taíno *dajao, guanábana, hicotea, iguana, jagua, jutía, mahí, mamey* y *pitajaya.* Del caribe continental vienen *macagua* y *mamón,* y de otras lenguas o dialectos antillanos, *caimito, gegira, guabina, jaguará, siguapa, tuna* y *virijí.* Excluyo del recuento la palabra *tacabo,* que con toda probabilidad no es indígena.

El contexto en el que aparecen estos indigenismos necesita de algunas explicaciones. Los sátiros, los faunos y los silvanos le ofrecen frutas al obispo: *guanábanas* y *caimitos* son voces que no presentan ninguna dificultad; ambas son frutas preciadas, la *guanábana* tiene 'pulpa blanca, mucoso azucarado, de sabor grato y refrigerante', y el *caimito* igualmente posee 'pulpa azucarada mucilaginosa, refrigerante, blanca o rosada, según la variedad'. Sorprende, en cambio, encontrar las *gegiras* en esta serie; si es cierto que se trata de *jijiras,* estamos ante una especie de 'cacto cilíndrico, estriado con diez o doce lomos, muy espinoso; flor blanca como la pitajaya, inodora'; no da frutas. Es evidente que la palabra está descontextualizada. ¿Qué explicación podría dársele a este hecho? No parece que haya ningún error, pues en la edición facsimilar se lee *gegiras* con toda claridad. Si no hay error, la extraña incrustación de gegiras en una serie de sabrosas frutas tropicales pudo haberse debido a imperativos del ritmo. La palabra se encuentra en un endecasílabo de los llamados heroicos (o óo oo óo oo óo); seleccionados ya los términos *guanábana* para iniciar el verso y *caimitos* para terminarlo, necesitaba una palabra trisílaba con acento llano para completarlo, manera de conseguir acento en la sexta sílaba del verso. De no haber sido este el motivo, sin duda bastante superficial, habría que pensar que la palabra pudo haber significado otra cosa para Balboa y sus contemporáneos.

Las flores de *navaco* que traen las *napeas* son realmente muy olorosas; se trata de 'ramilletes de flores blancas, a modo de campanillas hendidas en sus bordes por cinco partes, caedizas y de olor gratísimo en primavera', que da el arbusto silvestre, no muy abundante, del mismo nombre. Pero las napeas, además de flores, ofrecen al obispo *mahí, tabaco* y una serie de frutas: *mameyes, piñas, tunas, aguacates, plátanos, mamones* y *tomates.* Balboa se refiere aquí a una de las dos clases de *mamey* que se daban en la isla, el amarillo y el colorado; posiblemente a este último, descrito como 'fruto de medio pie (poco más o menos) de largo, de figura aovada, cáscara muy áspera, pulpa de color rojo, dulce, muy suave'. El llamado mamey amarillo posee una pulpa amarilla agridulce, también sabrosa, pero de difícil digestión (para algunos). Los españoles bautizaron *piña* a una fruta antillana por la semejanza que presentaba con la piña del pino; Balboa se referiría a la llamada *piña de Cuba,* única existente en la isla hasta el siglo XIX; en esa época se introdujo, procedente de Puerto Rico o de las islas de Barlovento, la *piña de la tierra,* que es la de 'pulpa blanca, acuosa, dulce con algún ácido, aromática, deliciosa'; la de Cuba, conocida también como morada, es 'muy ácida, y de gusto y aprecio inferiores'.

No sabemos a qué tipo de *tuna* se referiría Balboa, si a la blanca o de Castilla o a la brava o colorada, aunque esta última era muy abundante. Ambas dan higos chumbos; no debieron de ser, desde luego, frutos muy preciados, pues los contemporáneos solo encarecen su valor diurético. Los *mamones* tienen pulpa azucarada y gustosa, por lo que vienen bien entre los apetecibles regalos. Con todo, esta serie carece de homogeneidad, pues las *tunas* son elementos tan sorprendentes como las *gegiras;* parece tratarse igualmente de un endecasílabo heroico.

Las hamadríades, por su parte, traen *siguapas* y *macaguas,* además de *pitajayas* olorosas. Con las *pitajayas* el obispo debió haber quedado muy complacido, pues esta especie de cacto da bellas flores 'de suave olor', pero no así con los otros dos regalos; la *siguapa* no es una fruta como dice el texto de Balboa, sino un ave nocturna, 'más fea que la lechuza', y la *macagua,* que sí lo es, aunque 'dulce y agradable', tiene al cerdo como su principal consumidor. ¿Qué pintan aquí este horrible pájaro y esta especie de bellota para cerdos? ¿Necesidades de la tiránica rima (con *naguas* y *jaguas)?*

Tras las hamadríades aparecen cuatro diosas cargadas de *virijí* y *jaguas*. Las diosas de Balboa también parecen estar un poco despistadas, pues el *virijí* es el fruto del árbol silvestre del mismo nombre que comen los cerdos, el sinsonte y la perdiz, y la *jagua* es una fruta 'como un huevo de ganso, cubierto de una corteza cenicienta, mucosa agridulce, pulpa con muchas semillas, de que gustan los animales y algunas personas'. A estas alturas, ya el lector se imaginará que nuestro poeta ha vuelto a sacrificar la semántica a exigencias formales.

Las próximas ofertas son del reino animal; *jaguará*, sin embargo, es un indigenismo desconocido; algunos proponen su identificación con *jaragua*, pero es poco probable porque *jaragua* es un árbol, y a menos que se trate de otro caso insólito, no es fácil imaginar a las náyades saliendo de arroyos y ríos con *dajaos, lisas, camarones, viajacas* y *guabinas*, todos peces de río apreciados por su carne, y crustáceos, y con unos árboles de *jaragua*. Las *hicoteas* que le traen al obispo las lumníades son reptiles quelonios que constituyen 'buena comida', así como sus huevos. Lo de *Masabo*, con mayúscula en el manuscrito, como si se tratara de un topónimo, nos es completamente desconocido; *Masabo* está en rima con *alabo*, formando ambas parte de un dístico ripioso que cierra la octava. ¿Qué punto de rima atraería al otro?

Por último, las oréades le ofrecen al obispo *iguanas*, patos y *jutías*. La iguana es un reptil o lagarto grande, 'cuya carne y huevos se han ponderado siempre como muy gustosos'; en cuanto a las *jutías*, cuadrúpedos parecidos a las ratas, se ha dicho que 'su carne es un recurso económico en los ingenios y cafetales que principian a formarse', aunque se añade que 'para algunas personas es comida gratísima'. Desconocemos si en el siglo XVII las iguanas y las jutías serían manjares, pero ya en el XIX sin duda que competían con carnes más apetitosas; recuérdese que la jutía fue comida de esclavos durante mucho tiempo. Si, como se sospecha, la jutía estaba lejos de constituir un plato señorial, pudo haber sido utilizada por Balboa también por razones de rima.

La crítica del *Espejo de paciencia* ha discutido durante mucho tiempo si Balboa vio realmente la naturaleza cubana. Los que se inclinan por la respuesta positiva suelen avalar su opinión precisamente con los versos que aquí hemos examinado; muchos creen que no hay que pedirle más al autor del *Espejo,* sobre todo, cuando hasta el siglo XIX ningún otro poeta cubano se detiene a mirar la naturaleza que lo rodea. Pero nuestro análisis ha puesto de manifiesto lo superficial y anecdótico que ha sido Balboa en el manejo de sus indigenismos: pinceladas locales, sabor folclórico y poco más. Lo más curioso, y eso no lo supo nunca nuestro autor, es que casi ninguna de las palabras de este inventario eran oriundas de Cuba, sino pertenecientes a una lengua antillana general. Cuando la Conquista y la colonización llegaron a Cuba, tardía y débilmente, estos préstamos eran ya un hecho (salvo los nahuatlismos, que se introducen en el siglo XVI). Pero de todas formas, en medio de la lengua pomposa y culta del poema, son llamadas a la tierra, al escenario de su materia poética.

LOS SIGLOS REPUBLICANOS ANTE LA CASTELLANIZACIÓN

En el momento en que los territorios americanos cambiaban de estatuto político, aquellas repúblicas independientes estaban constituidas por una población marginal —190 individuos de cada 300— que desconocía completamente la lengua nacional, el español, y una capa demográfica —los restantes 110— compuesta en su mayoría por criollos blancos, mestizos e indios, de los cuales los primeros, escasísimos en número, tenían en sus manos las riendas absolutas del poder. Había, por lo tanto, muchísimos ciudadanos del Perú que no sabían que eran 'peruanos', y así a través de todo el continente. No son suposiciones ni cálculos aventurados. En 1837, José María Blanco informa de que la ciudad de «Cuzco está poblada por 40.000 almas de toda clase y condición [de las cuales], las dos terceras partes solo hablan el idioma llamado quechua; el resto, incluida la nobleza, se expresa en los dos idiomas, castellano y quechua».

Los países de Hispanoamérica que contaban —y cuentan— con importantes núcleos de población indígena monolingüe se vieron forzados desde el principio a promover la castellanización total. En general, se trataba de fomentar el bilingüismo español-lengua indígena, pero no faltaron los casos en los que la letra oficial recomendara que «se procurase por los medios más análogos, prudentes y eficaces, extinguir el idioma de los primeros indígenas», como se lee en las disposiciones del Congreso Constituyente del Estado de Guatemala de 1825.

Las clases medias ilustradas que regían los destinos de las jóvenes naciones se empeñaban en lo que llamaron 'el perfeccionamiento de la civilización', para lo cual consideraban esencial la educación de las gentes en un idioma oficial y nacional único, que no era otro que el de la antigua Metrópoli. De acuerdo a estos criterios, todos estos países se han movido, y se mueven, en el mismo escenario general, no importan las diferencias —que son muchas— que puedan existir entre ellos. México y el Perú, por ejemplo, están unidos en esta misión, aunque hoy en la antigua Nueva España apenas lleguen al millón los indios monolingües en una lengua nativa, mientras que en el país del antiguo incanato estos sumen más del 10 por 100 de la población total.

Pero las grandes cruzadas castellanizadoras, que quedaron en manos de los regímenes republicanos, fueron escasas e inoperantes a lo largo del siglo XIX; los impulsos decisivos pertenecen al siglo XX. En México, por ejemplo, los indios puros alcanzan la cifra aproximada de cinco millones y pertenecen a unos 53 grupos étnicos. Es verdad que existe en casi todos los casos (con excepción del nahua, lengua protegida por la política lingüística colonial) un número reducido de hablantes, que entre ellas hay muchas y muy significativas diferencias que las hacen mutuamente incomprensibles, y que sus hablantes se encuentran en lugares apartados, con zonas de acción realmente reducidas: los habitantes del pueblo de San Baltasar Chichicapan, por ejemplo, que cuenta con una población de 2.318 habitantes, solo pueden entenderse sin grandes dificultades con los de San Pablo Güila, un pequeño poblado cercano, pero no con los de San Miguel Tilquiapa, que se encuentra tan solo a diez kilómetros.

En el Perú la situación es más drástica, no en cuanto a la proliferación de lenguas diversas, sino con respecto al número de sus hablantes. El 40 por 100 de su población, unos doce millones, habla alguna de las seis variedades de quechua existentes como lengua materna, unos doscientos mil hablan aimara, y otros cien mil, alguna de las múltiples lenguas que existen en las estepas orientales de los Andes y en las selvas de las cercanías del Amazonas. En general, el 20 por 100 de la población de más de cinco años es bilingüe en quechua y en español, pero aquí se siente mucho el peso de la geografía. En el Departamento de Ayacucho, el quechua es la lengua materna, si bien no la única, del 95 por 100 de sus naturales. Para el año 1940, casi una tercera parte de la población total del país era monolingüe en alguna lengua indígena; en 1972, la cifra se había reducido al 11 por 100.

En Bolivia, para poner un último ejemplo, el 40 por 100 de la población habla español como lengua materna; el 35 por 100, quechua, y el 25 por 100, aimara. El bilingüismo, a favor del español, está adquiriendo cotas significativas gracias a la escuela y a un conjunto de factores sociales, como la reforma agraria de 1953, que puso en contacto directo a grupos criollos (urbanos) con los nativos (rurales).

El avance del español en todos los frentes indígenas es evidente, aun en los casos en que la protección oficial parecía estar de parte de la lengua indígena, como en el Perú de la segunda mitad de la década de los setenta del pasado siglo. Muchas, sin duda, han sido las causas de este avance reciente: el prestigio avasallador de la lengua oficial; el aliciente económico, social, cultural que su incorporación representa en el mundo de hoy; las campañas nacionales de castellanización, que persiguen incorporar a los monohablantes de lenguas indígenas a la vida colectiva de los países; la fragmentación dialectal de las lenguas de gran extensión, como el quechua, con variedades incomprensibles entre sí; la reducida extensión geográfica y el escaso número de hablantes de otras, y la actitud general de pesimismo hacia el porvenir de las lenguas indígenas, que hace que muchos padres bilingües en México, en el Ecuador, en el Perú, se nieguen a que sus hijos aprendan la lengua de sus antepasados.

Pero los avances del español, aun sin habérselo propuesto, han traído como consecuencia el abandono de algunas lenguas indígenas o, incluso, su muerte. Tómese, a manera de ejemplo, lo sucedido en Honduras, que comparte la misma historia lingüística colonial que casi todo el continente; se trata de un pequeño país pluriétnico, pluricultural y plurilingüístico, subido también al carro de la castellanización. Un nuevo Reglamento de Educación Primaria, aprobado en diciembre de 1967, decía:

> Las escuelas de las comunidades indígenas orientarán su actividad en el sentido de lograr la plena incorporación de sus habitantes

a la cultura nacional. Para tal fin se hará énfasis especial en los siguientes aspectos: a) Aprendizaje correcto del *idioma nacional;* b) Comprensión de *nuestras* costumbres, formas de vida, etc.

El resto de las actividades señaladas persiguen objetivos muy prácticos de trabajo, higiene y alimentación. Las lenguas indígenas quedaban en el más absoluto silencio. Los estudiosos de la política lingüística de Tegucigalpa, desde la época colonial hasta nuestros días, indican que tal situación no es excepcional a partir del siglo XVIII. Es más, el nuevo acuerdo presidencial de 1994, que reconoce al fin el carácter plurilingüístico de esa sociedad, propone una educación bilingüe e intercultural para todas las etnias; pero, aparte de que todavía este acuerdo está en proceso de elaboración, las medidas llegan cuando ya dos importantes lenguas indígenas, el lenca y el maya-chortí, son auténticos cadáveres, y otras están en tal estado de abandono que sin duda serán de las primeras en desaparecer en esos acelerados procesos de mortandad lingüística que amenazan con borrar de la faz del planeta a casi el 90 por 100 de las lenguas actuales, en tan solo una veintena de años.

No se piense, sin embargo, que la castellanización, deseable y deseada (y hasta intensamente anhelada por los hablantes de lenguas indígenas), se ha levantado siempre sobre restos de las lenguas aborígenes. Regiones y hasta países hay que ejemplifican lo contrario. No parece que, en general, los gobiernos se hayan propuesto expresamente deshacerse de esa riqueza cultural porque la viesen como estorbos o pensaran en su conservación como un objetivo extravagante para los tiempos que corren. La realidad es que en la mayoría de las ocasiones ha sido el factor económico el responsable de que no se haya podido dedicar esfuerzo de ningún tipo a su pervivencia. ¿Cómo podría el Gobierno mexicano, de cuya vocación indigenista no debería dudarse, atender a las varias lenguas, con muchos y diversos dialectos cada una de ellas, que se hablan en un solo estado, el de Oaxaca, cuando algunas de ellas no cuentan con más de doscientos hablantes? En estos casos, la única respuesta posible, al menos desde el punto de vista presupuestario, es la castellanización.

Aunque no contamos con estudios generales recientes sobre estos procesos en Hispanoamérica, los ya efectuados, que entre otras cosas nos dejan ver la polémica situación mexicana dividida tajantemente en dos, dan indicios claros de que se trata de procesos triunfales, aunque no siempre ejemplares. Casi en todas partes, las gestiones gubernamentales de carácter docente se han visto apoyadas por las actitudes positivas de los aprendices, y además, respaldadas por la actividad cotidiana, en auténticas políticas caseras de inmersión lingüística.

Todas estas circunstancias han sido las responsables de la situación actual de las lenguas indígenas en la América hispánica. De un total de 271, de las que pueden ser documentadas suficientemente, las *vigentes,* es decir, las habladas por un millón de individuos o más, las que poseen sistema escriturario y cuentan con medios de difusión, solo existen cuatro: el zapateco, en Oaxaca (México); el aimara, distribuido entre el Perú, Bolivia, norte de Chile y de Argentina; el guaraní, hablado esencialmente en Paraguay y en pequeñas zonas bolivianas y argentinas, y el quechua (quichua en el Ecuador), distribuido por el Perú, el Ecuador, Bolivia y zonas norteñas chilenas y argentinas.

Las catalogadas como lenguas *resistentes,* aquellas que son habladas por entre un millón y cien mil sujetos, y que carecen de grandes posibilidades de difusión, son veintidós. De ellas, once viven en territorio mexicano, ocho en diferentes lugares de Centroamérica, y tres en suelo sudamericano. El grueso de estas lenguas —245, el 90,4 por 100— se encuentran catalogadas como *declinantes* y *obsolescentes.* Las primeras son habladas por entre cien mil y diez mil individuos, y cuentan con muy pocos hablantes monolingües: son diecinueve en México, dieciocho en América Central y diecisiete en la del Sur. El impresionante porcentaje de las *obsolescentes,* las que cuentan con menos de diez mil hablantes (70,5 por 100), indica que dentro de pocos años, quizá muy pocos, ya sean inexistentes.

LA BREVE Y FRÁGIL HISTORIA DE LAS REIVINDICACIONES

Las reivindicaciones indígenas constituyen una página de máximo interés en la historia externa del español americano. Pero no resulta contundente ni exitosa, ni los casos en que estas han emanado del poder constituido, ni los otros, nacidos al calor intelectual o popular, cuando no simplemente político.

Solo dos lenguas indígenas han alcanzado el estatus de lengua cooficial: el guaraní, en el Paraguay, y el quechua, en el Perú; pero ambas historias son muy diferentes. En el Paraguay, tras una historia republicana llena de altibajos, por fin en la Constitución de 1967 se concede carácter 'nacional' a esta lengua: «Los idiomas nacionales de la República son el guaraní y el español. Será de uso oficial el español» (art. 5). Más adelante, en el artículo 92, especifica que: «El Estado fomentará la cultura en todas sus manifestaciones. Protegerá la lengua guaraní, y promoverá su enseñanza, evolución y perfeccionamiento». Y así fue. Se introdujo la enseñanza del guaraní en el sistema escolar, lo que conllevó la necesidad de formar maestros en esta especialidad, y se fomentó la investigación sobre dicha lengua. Varios años después, en 1992, la nueva Constitución Nacional del Paraguay sancionaba al fin la 'oficialidad' de la lengua indígena:

> Artículo 140. El Paraguay es un país pluricultural y bilingüe. Son idiomas oficiales el castellano y el guaraní. La ley establecerá las modalidades de utilización de uno u otro. Las lenguas indígenas, así como las otras minoritarias, forman parte del patrimonio cultural de la Nación.

Hoy, la enseñanza del guaraní es sistemática en las escuelas del país, a pesar de que las actitudes hacia esta lengua emanadas de las élites sociales no siempre parecen patrocinarla.

En el Perú, por el contrario, el decreto-ley que daba carácter de oficialidad al quechua, fechado en 1975 e impulsado por el Gobierno militar de entonces, duerme un profundo sueño, prácticamente desde entonces hasta hoy. Los problemas a los que había que dar solución antes de poner en marcha la decisión eran de tal magnitud que fue imposible lograr que el deseo pasara a la realidad. Se estaba —ya lo hemos visto— ante seis variedades de quechua, algunas mutuamente ininteligibles, por lo que se hacía imprescindible transitar por uno de estos dos caminos: o se seleccionaba una de esas variedades para convertirla en lengua oficial, o se procedía a crear un quechua artificial que contara con elementos de cada una de ellas, es decir, se efectuaba una normalización lingüística (como en España con el batúa de los vascos). Nada de ello fue posible, con lo que el famoso decreto quedó en papel mojado.

Los otros intentos de reivindicación no han tenido mejor suerte que el caso peruano, aunque estos tuvieran muy diverso origen. Los movimientos indigenistas, que persiguen también la recuperación de estas lenguas, existen desde 1930, y no han cesado, como demuestran las aparatosas revueltas bolivianas de los últimos meses, pasando por la curiosa cadena de episodios protagonizada por el *Subcomandante Marcos* en Chiapas y en el resto de México. Se cuenta, además, con movimientos, instituciones y con un rosario de congresos 'especializados'; entre los más cercanos a nuestros días, la reunión internacional paralela, organizada en la ciudad argentina de Rosario, en oposición al III Congreso Internacional de la Lengua Española, realizado en noviembre de 2004.

El Congreso peruano de Ollantaytambo (1980), por ejemplo, dejó claro en sus conclusiones sus aspiraciones y reclamos: «Reafirmamos el indianismo como categoría central de nuestra ideología, porque su filosofía vitalista propugna la autodeterminación, la autonomía y la autogestión socioeconómica y política de nuestros pueblos y porque es la única alternativa para el mundo actual en total estado de crisis moral, social y política».

El movimiento indígena boliviano Pachakuti considera que es necesaria una reorganización que entronice el orden existente antes de la Conquista española. Los lectores españoles (y los de todo el mundo) pudieron leer hace muy poco en sus periódicos, a grandes titulares, que los grupos aimaras bolivianos pedían, entre otras cosas, la supresión del dinero y la vuelta al sistema de trueque. Se comprende que tales ingenuidades no hayan otorgado respeto a estos movimientos. Pero, además, los extraños tintes políticos, las no pocas ambiciones personales y un conjunto de razones más palpables (entre los que sobresale el indiscutible prestigio cultural y económico del español dentro de muchas comunidades indígenas) no han permitido, hasta la fecha, ningún triunfo rutilante.

LOS INDIGENISMOS VIVOS

¿Qué es lo que queda de las lenguas indígenas en el español hablado hoy en Hispanoamérica?

Tomemos el vocabulario, por ejemplo, el nivel de lengua más fácilmente vulnerable por el contacto lingüístico. El *Diccionario de aztequismos,* de Cecilio Robelo, consigna en sus páginas 1.500 aztequismos; Lisandro Alvarado, en su *Glosario de voces indígenas de Venezuela,* da 1.700 entradas léxicas, y en Puerto Rico, donde la lengua indígena desapareció muy temprano, Luis Hernández Aquino recoge, en su *Diccionario de voces indígenas,* casi 300. Las cifras ya de por sí son enjutas, pero con todo dan la sensación de una pervivencia acusada de indigenismos en el español hablado en la actualidad que supera los límites de lo testimonial. Es verdad que estos lexicógrafos han actuado movidos por un fin común, la exhaustividad, y que sus recuentos no se han detenido ni en lo cronológico, ni en lo geográfico, ni en lo fósil; que para ellos la mortandad léxica no existe, la dispersión diatópica es simple asunto de geografía, y un topónimo vale tanto como una palabra viva. De ahí que tales macroestructuras estén compuestas con términos arrancados a las páginas de los cronistas, aunque después hayan desaparecido sin dejar la menor huella, con palabras de uso reducidísimo (una comarca, un valle, una aldea) y con centenares de topónimos, antropónimos y gentilicios. Si estos últimos desaparecieran del inventario puertorriqueño de Hernández Aquino, su lista bajaría de 300 a 174 términos, casi el 50 por 100.

Pero investigaciones léxico-estadísticas recientes han puntualizado más. En México, de los 1.500 aztequismos de Robelo, solo 160 entradas fueron reconocidas por los miembros de un equipo de investigadores mexicanos, que se disponía a comprobar sus índices de uso en la norma léxica de la Ciudad de México; aunando todos los esfuerzos posibles, llegaron a reconocer unos 250, entre los que estaban incluidos, naturalmente, términos como *chocolate, aguacate, tomate, chicle,* etc., incorporados todos al español general, y aun a otras lenguas.

El equipo revisó un corpus general de 4.600.000 palabras, producto de la suma de dos *corpora,* uno oral y otro escrito, ambos de igual tamaño. En el examen aparecieron 3.384 términos de origen indígena, pero entre ellos solo se encontraron 238 raíces diferentes.

Luego en la Ciudad de México, ese gigantesco conglomerado demográfico, integrado por gentes procedentes de todo el país, las palabras indígenas constituyen —la investigación es de 1969— menos del 1 por 100 del caudal léxico común, que es, en lo esencial, de origen patrimonial hispánico. O lo que es lo mismo, es necesario que un mexicano —en términos estadísticos— use casi mil palabras españolas para escuchar un indigenismo.

En una pequeña cala hecha sobre hablantes habaneros, los indigenismos aparecidos en un conjunto de 39.695 vocablos diferentes (sacados de un universo de 94.515 palabras) fueron once, es decir, el 0,03 por 100, entre ellos, *aguacate, canoa, hamaca, maíz* y *tomate,* que pertenecen al español general desde el siglo XVI.

Otras investigaciones se han propuesto medir el grado de conocimiento —mediante cuestionarios— de los indigenismos aparecidos en los diccionarios: se descubrió que de los 1.700 listados por Alvarado, el venezolano actual solo conoce diecisiete; en Cuba se comprobó, en 1969, que de las inmensas listas ofrecidas por Esteban Pichardo en 1836, la muestra del estudio pudo reconocer 97; otra investigación dominicana, que manejaba datos léxicos del gran libro de Henríquez Ureña *El español en Santo Domingo,* concluye que los habitantes de Santiago de los Caballeros, la segunda ciudad del país, conocen 107 de ellos, y en Puerto Rico se ha llegado a la conclusión de que de los indigenismos que aparecen en las páginas del *Diccionario* de Hernández Aquino solo son cien los que realmente pertenecen a la norma léxica isleña, aunque con muy diferente intensidad.

En cuanto a los aspectos gramaticales y fonológicos, ha pervivido cierta confusión. Todos los fenómenos que se han estudiado son —sin duda— el producto de transferencias de las gramáticas indígenas al español de sujetos bilingües con limitada competencia en español; son el producto de lenguas en contacto. Es lo que sucede, por ejemplo, con el tan citado fenómeno de reducción del sistema vocálico español a tres puntos /i a u/ por influjo del quechua. Conviene subrayar que es fenómeno que se da en hablantes bilingües del altiplano ecuatoriano y peruano, nada que haya permeado el español general de esas zonas ni el de los hablantes bilingües equilibrados. Al margen del vocabulario, las influencias indígenas no aciertan a explicar ninguno de los fenómenos del español americano.

5
ÁFRICA EN AMÉRICA

«Negro somo, no tiznamo; hombre somo, corazón tenemo».
La presencia negra

Otro factor importante —además del indígena— en la caracterización del español americano ha sido su larga convivencia con lenguas africanas. Los negros, calificados por el Museo Nacional de Antropología de México como «tercera raíz de América», llegaron muy temprano a aquel continente; en una primerísima etapa eran sirvientes de funcionarios, de algunos frailes, de gentes de mal vivir, e incluso de simples aventureros. Antes de que Velázquez asumiera el gobierno de la isla de Cuba, ya se habían llevado a La Española a varios de estos negros. Eran todos *ladinos* que, por lo tanto, manejaban bien el español; todavía entonces podían pasar a América, pero una prohibición de 1526 cortó este flujo. Llegaban de España, en la que existían grandes concentraciones, principalmente en Sevilla, Cádiz, Huelva y, en número menor, en Valencia. Allí eran utilizados como sirvientes de las casas ricas y para trabajos pesados, como los portuarios, aunque también los había artesanos y mozos de espuela. A finales del siglo XVI había en España unos cien mil negros, aunque sin duda fue Sevilla la que exhibía las cifras más altas —cerca de quice mil al mediar el siglo—, en su mayoría esclavos, pero también libertos y una buena proporción de mestizos.

Los cargamentos de esclavos, ahora traídos de África, empezaron a llegar a América desde principios del siglo XVI, tan pronto como la Corona autorizó su exportación al Nuevo Mundo, y continuaron haciéndolo, con mayor o menor frecuencia según las circunstancias, hasta finales del XIX; el 13 de enero de 1880 se promulgó por fin la ley que abolía la esclavitud, pero hasta seis años después no se hizo totalmente efectiva.

No se conoce con exactitud la cantidad de esclavos llevados a América en esos casi cuatrocientos años de trata. Las estadísticas sobre la esclavitud varían drásticamente: las cifras van desde cálculos muy conservadores —un millón de entradas legales y otros tantos de «mala entrada», como se llamaba a los de contrabando— hasta las más alucinantes que puedan imaginarse. Los estudios de disponibilidad de transporte transatlántico en esos siglos afirman, sin embargo, que no pudieron ser más de nueve millones los que llegaron a las nuevas tierras, y es muy probable que hasta menos.

El Tratado de Tordesillas (1494) concedía a Portugal la exclusividad de los derechos coloniales en África, y consecuentemente lo relativo al comercio de esclavos, por lo que la entrada de España en la trata se realizó a través del país vecino. Con todo, los esclavos exportados a América salían desde Sevilla en barcos de la Corona de Castilla.

La puerta de entrada de los esclavos negros al Nuevo Mundo fueron Veracruz, Cartagena de Indias, Portobello, La Habana y varios puertos menores. Durante los dos primeros siglos coloniales los mayores contingentes de esclavos trabajaron en las minas del interior de Bolivia, el Perú, México, Honduras y Colombia. En las islas antillanas, a pesar de que durante la primera mitad del siglo XVI, dadas sus circunstancias económicas precarias, la introducción de esclavos fue escasa —no habría más de tres mil—, su presencia debía de parecer harto numerosa, ya que tan temprano como en 1520 Fernández de Oviedo escribía que en La Española había ya tantos negros que «la isla parece una efigie e imagen de la misma Ethiopía», y poco después, a Juan de Castellanos le resultaba sumamente notoria, pues en sus *Elegías de varones ilustres de Indias* decía:

> Tanto, que ya parecen ser Guinea,
> Haití, Cuba, San Joan y Jamaica.

Pero para 1560, cuando quedaban pocos indios, había, solo en La Española, veinte mil negros, hombres jóvenes en su gran mayoría, y se pedían más y más a la Corona. Una buena parte de la documentación antillana de este siglo está destinada a pedir permiso de importación para acrecentar la mano de obra esclava: los colonos preferían un negro a cinco indios; desde el punto de vista de la productividad era comprensible esta preferencia: en el cultivo de la yuca, por ejemplo, un indio fuerte hacía doce montones diarios, mientras que un negro hacía ciento cuarenta. Y piénsese en la importancia de este cultivo, materia prima en la elaboración del cazabe, único pan disponible entonces en unas tierras en las que no habían prosperado las siembras de trigo. Si pensamos en la exportación —el azúcar, el jengibre, las pieles—, las apetencias por el negro esclavo se multiplicaban. Aunque en cantidades muy inferiores a estas, el resto de las islas también aumentó considerablemente su población africana.

Paulatinamente, el negro se extendió de las Antillas al continente, y pronto todas las tierras conquistadas eran testigos de su presencia. En el siglo XVIII, dos nuevos puertos se abrieron a la importación atlántica: Montevideo y Buenos Aires. Es verdad que con el tiempo el reiterado mestizaje fue borrando su huella de muchos sitios, pero en Uruguay, por ejemplo, de población fundamentalmente blanca en la actualidad, entre 1829 y 1830 se podían leer en sus periódicos anuncios como el siguiente:

> Se vende una negrita de 15 años, medio bozal y sin vicios algunos. Sabe lavar bien y tiene buenos principios de costura y de cocina. Su precio: 400 pesos cobre.

Y todavía hoy, en ciertos sectores de su población, hay ancianos que recuerdan algunas canciones de las que cantaban antaño los negros en épocas de carnaval, es verdad que sin entender su letra:

> Candombe, candombe,
> candombe, candombe,
> candombe, candombe,
> candombe, candombe.
> Buriay curumbamba,
> María Curumbé,
> Hé, e,
> Hé, e, Manuay Curumbé.

En Buenos Aires, otro punto blanco en la demografía actual, del total de la población censada en 1777, una tercera parte era negra.

Las zonas negras están hoy concentradas en las costas continentales (México, Panamá, Venezuela, Colombia, el Ecuador, el Perú) y, sobre todo, en las Antillas. Aunque también en estos y en otros sitios de Hispanoamérica han estado abiertas alguna vez las posibilidades de influjo, se suele señalar preferentemente al Caribe como la zona más influida de todas, debido en primer lugar a la antigüedad de sus asentamientos de esclavos, y después, a su continuada densidad demográfica negra. Según los cálculos hechos por Humboldt en 1823, mientras que la población negra de toda Hispanoamérica equivalía tan solo al 4 por 100, en Cuba y en Puerto Rico había 390.000 negros y 200.000 mulatos frente a unos 340.000 blancos, con lo que la población de color casi duplicaba a la blanca.

Una serie de rasgos extralingüísticos, como algunos ritmos musicales, aspectos de la gastronomía, celebraciones folclóricas de variado tono y la pervivencia de ciertos ritos religiosos, han contribuido a que se piense que la influencia lingüística negra en esas zonas hispánicas es muy considerable. Pero aun estas últimas circunstancias deberían ser estudiadas con mayor detenimiento. Es cierto que la mayoría de los bailes, casi todos antillanos —el son, el mambo, el sucusuco, el mozambique, la conga, el merengue, la bomba y la plena—, hablan en favor de la africanía de la música de la región, pero no es menos cierto que se trata de bailes modernos, casi todos del siglo XX; antes de esa fecha, con excepción de la bomba y la conga, el elemento consustancial del cancionero tradicional antillano —zapateo, guajira, bolero, guaracha, seis, habanera y canción— es la música andaluza.

Por otra parte, las comparsas habaneras, el carnaval dominicano y las fiestas de Santiago Apóstol de Loíza Aldea, en Puerto Rico, por ejemplo, son manifestaciones del folclore negroide que compiten, en minoría, con las tradicionales fiestas patronales, verbenas y ferias hispánicas. También minoritarias son las prácticas de brujería y otros ritos, hoy en acelerado proceso de desaparición.

La presencia lingüística negra en el Caribe ha arrojado tres situaciones diversas: los palenques y otros casos de supuesta creación de lenguas criollas afrohispanas, la pervivencia de lenguas africanas en rituales religiosos y en cantos populares y su influjo en el español general de esa zona, y el vocabulario de origen africano que ha pasado a formar parte del habla común de la región.

LOS PALENQUES Y EL 'SUPUESTO' CRIOLLO ANTILLANO

El descubrimiento del palenque de San Basilio, a unos setenta kilómetros al sur de Cartagena de Indias, y el consiguiente estudio de la lengua mixta hablada por sus habitantes, dio lugar a que se abriera un nuevo capítulo en la historia de las influencias negras en el Nuevo Continente. Después se conocieron noticias sobre otras zonas palenqueras en el Ecuador y en Panamá, y se señaló la existencia de otro núcleo criollo en Uré, también en suelo colombiano.

En todos los casos se trataba de comunidades negras que durante muchos años habían vivido totalmente aisladas, sin contacto lingüístico exterior. San Basilio, por ejemplo, fue fundado a principios del siglo XVII por un grupo de treinta negros cimarrones, acaudillados por el guineano Domingo Bioho, llamado el Rey Benkos, y allí, en las ciénagas y en las densas junglas de la región, protegidos por las colinas del norte, ya cercanas a la costa atlántica de Colombia, fundaron un pueblo fortificado en el que permanecieron apartados de todos y al amparo de la persecución oficial. Aunque después fueron atacados reiteradamente, siempre lograron triunfar. En 1713 se firmó un tratado por el cual se les daba la libertad y el autogobierno, con la condición de que no aceptaran a más fugitivos y de que no asolaran la propiedad española. El aislamiento de San Basilio fue casi total hasta 1907, en que un importante ingenio azucarero fundado en la región, el Sincerín, contrató mano de obra palenquera para las faenas de siembra y corte de la caña de azúcar. En 1953, la población contaba con 1.486 habitantes, a los que había que sumar otros 742, que residían fuera del pueblo.

Pero los núcleos palenqueros han sido siempre curiosas excepciones: poblaciones apartadas, integradas por esclavos huidos, insumisos, que conformaron un habla criolla, mezcla de diversas lenguas africanas y del español, dominante en su derredor. Con excepción del famoso palenque de San Basilio, los otros, que existían todavía a principios del siglo XX, han desaparecido completamente, y el de

San Basilio se está 'despalenquizando' a un ritmo sorprendente, al punto de que sus últimos investigadores se han enfrentado al problema de tratar de conseguir hablantes competentes en ese criollo. El éxodo hacia zonas industrializadas, de una parte, y la invasión de los medios de comunicación, por otra, están borrando ese lunar de la piel colombiana, están descriollizando el único ejemplo superviviente del palenquero.

Hasta fecha muy reciente no se puso en circulación la idea de la existencia de una lengua criolla en suelo antillano, y su conservación casi hasta el presente. Los estudiosos del elemento lingüístico afronegroide en el Caribe no habían considerado tal posibilidad, apoyados en varias razones de peso. Primero, en la gran heterogeneidad lingüística de los esclavos llegados a toda América; segundo, en el tipo de contacto sociolingüístico, y tercero, en las condiciones emanadas de una comunicación abierta. A todo esto se añadían algunos testimonios antiguos que parecían dejar en claro que los esclavos llegados de muy niños y los nacidos en el país hablaban ya español como los naturales, sin interferencia alguna de las lenguas de sus padres.

La heterogeneidad lingüística de los esclavos no admite el menor género de dudas: observadores antiguos nos dicen que en Cartagena de Indias se escuchaban no menos de setenta lenguas diferentes, y en épocas más recientes, en 1760, el padre Chome, misionero jesuita, nos informa de que en el Buenos Aires de entonces había miles de negros que no sabían español, hasta el punto de que se vio obligado a aprender la 'lengua de Angola' para sus propósitos catequísticos; pero la adquisición de esta lengua bantú no logró solucionar sus problemas porque eran muchas otras las que los negros empleaban. Todavía a principios del siglo XIX, en 1804 y 1806, respectivamente, se requerían intérpretes de lenguas africanas para los juicios en los que intervenían negros; en ocasiones se llegaron a usar hablantes de ocho 'diferentes nacionalidades', y ninguno de ellos logró traducir al acusado.

Los casos de Puerto Rico y de Cuba, lugares donde se ha señalado también la presencia de criollos, son de naturaleza totalmente distinta a los palenques. En Cuba, con excepción de las lenguas de las sociedades secretas, como la abakuá, y de las sectas religiosas, como la santería, no se dio ninguna de las condiciones necesarias para conformar una lengua criolla. Menos aún en Puerto Rico.

La hipótesis criolla se fundamenta en los siguientes postulados. La concepción que contempla dos etapas en el contacto lingüístico producido entre esclavos africanos y población española debe ser sustituida por la de un proceso integrado por tres estadios. Entre el núcleo lingüístico africano (yoruba, bantú, etc.) y la adquisición del dialecto hispánico de cada región sería necesario intercalar otra etapa en la que los hablantes negros utilizarían una variedad criolla, emparentada con la que todavía hoy se maneja como lengua de relación en algunas zonas africanas: lenguas criollas de base léxica portuguesa. De esta manera el proceso de castellanización no se iniciaría a partir de la lengua materna africana, sino desde un criollo aportuguesado.

Los que mantienen este punto de vista afirman que las dos islas antillanas no constituyen ninguna excepción a este supuesto, con la ventaja de que mientras en otros sitios es necesario acudir a testimonios literarios o a textos del pasado, en el caso concreto de Cuba se cuenta con ejemplos 'actuales' que permiten el estudio detallado de este criollo; se refieren a unas entrevistas hechas en las décadas de los cuarenta y de los cincuenta del siglo pasado por Lidia Cabrera a varios negros nacidos en África, que recoge en su libro *El Monte.*

Las circunstancias sociolingüísticas en que se produce el contacto entre negros esclavos y españoles o criollos nos son muy conocidas. La lengua relativamente homogénea de los dominadores se impuso desde el primer momento en todo tipo de comunicación, factor este que, sin duda, aceleró el proceso de castellanización de los esclavos y la consiguiente mortandad de sus lenguas maternas. El español era la lengua de prestigio, la que aspiraban a aprender rápidamente los esclavos para mejorar su situación. Y lo consiguieron en una alta proporción de casos. A ello contribuyeron causas diversas.

La constitución demográfica de las Antillas españolas durante los siglos de la esclavitud prueba, en contraste con las Antillas inglesas y francesas, que la población blanca fue siempre muy numerosa, aun en los momentos en que la fiebre del azúcar, por los años 1763-1867, incrementó considerablemente la importación de esclavos. En contraste con Cuba, La Española y Puerto Rico, las otras colonias caribeñas eran meras plantaciones en las que un pequeño grupo de hombres blancos, armados e imbuidos del más grosero espíritu utilitario, sojuzgaba a la mayoría negra en nombre de unos dueños que, en muchas ocasiones, eran compañías europeas de accionistas o terratenientes que ni siquiera vivían en la colonia. Así sucedió desde muy temprano en Barbados y un poco más tarde en el archipiélago de Sotavento: Antigua, Saint Kitts, Nevis y Montserrat; en Jamaica, desde 1655, en que los ingleses arrebataron la isla a la Corona española. Entre los años 1698 y 1707, el número de esclavos que fueron llevados a Barbados desde Jamaica ascendió a 42.572, y todavía así, apenas unos años más tarde, había en Jamaica diez esclavos por cada habitante blanco. Barbados tenía en 1684 una población de 46.000 esclavos, bastante más del doble que la población blanca, que apenas llegaba a veinte mil.

Por otra parte, en las Antillas españolas el sistema de esclavitud propiciaba el intercambio lingüístico entre amos y dominados casi constantemente, debido, entre otras cosas, a la relativa benignidad del sistema. Esta circunstancia está ampliamente documentada y aceptada; solo hay que revisar los comentarios de viajeros antiguos y la legislación esclavista. Antes del período plantacional, no era raro ver a menudo a los amos blancos y a sus esclavos trabajando juntos en las vegas de tabaco o en las fincas ganaderas; en este período el esclavo parece haber disfrutado de un cierto grado de privilegio, y no solo los encargados del servicio doméstico. Aun en los ingenios azucareros, escenario de las más duras tareas esclavas, no se dieron las condiciones de comunicación cerrada habituales en las islas-plantación del resto del Caribe; estos esclavos nunca fueron muchos hasta el siglo XIX: antes de esa época, los ingenios azucareros típicos no tenían más de diez o quince. En la segunda mitad del siglo XVIII, en La Habana solo había cuatro ingenios que contaran con más de cien esclavos.

Considérese también el alto índice de esclavos manumitidos en las islas españolas: en Cuba, en 1877, de un total de 471.572 negros, 272.478 eran ya libres, es decir, el 57,7 por 100. En ninguna parte del mundo donde había esclavos —decía Humboldt— era tan frecuente la manumisión como en la isla de Cuba, y ello obedecía a varias causas: primero, a la legislación española, que, a diferencia de la inglesa o la francesa, la favorecían; segundo, porque los esclavos tenían la posibilidad de ganar algún dinero por su cuenta, con lo que podían ahorrar y comprar su libertad. «La situación de los negros libres en La Habana es más feliz que en ninguna otra nación de las que se lisonjean, hace muchos siglos, de estar muy adelantadas en la carrera de la civilización», escribió el sabio alemán. Este cambio de estatus y el fortalecimiento de los nexos de integración que la libertad adquirida producía no favorecía en absoluto la segregación social ni, por consiguiente, la formación de criollo alguno.

Los testimonios antiguos, por otra parte, son muy elocuentes. En 1757, Nicolás Joseph de Ribera informaba de que los negros se dividían en criollos y los de África (que llaman bozales). «Criollos son los que nacen en la isla, y bozales los que vienen ya nacidos. Aquellos hablan como españoles el castellano, que es el único idioma de toda la isla. Y los otros, más o menos, según su inteligencia y el tiempo que lo han oído.» Esteban Pichardo nos dice en 1836 que el «lenguaje relajado y confuso» que se oye en la isla es el de «los negros bozales o naturales de África», y es «una jerga más confusa mientras más reciente [es] la inmigración»; lo conservan eternamente, «a menos que hayan venido muy niños». De la Torre, años más tarde, en 1854, definía al negro *bozal* como el venido de África, «cuando aún no conocían nuestro idioma», y al *ladino,* cuando ya lo hablaban. Bachiller y Morales (1883) escribía: «el negro bozal hablaba el castellano de un modo tan distinto al que sus hijos usaban, que no hay oído cubano que pudiera confundirlos. No solo era la expresión trastornada, sino aun la inflexión, el dejo especial de cada interlocutor: a oscuras, con los ojos cerrados, de cualquier modo podría conocerse si ese negro era bozal, ladino o criollo». Y esta misma situación se dio por todas partes. Léase este precioso testimonio de Concolorcorvo:

> Casi todos los años entran al reino más de 500 negros bozales, de idioma áspero y rudo, y a excepción de uno que otro bárbaro... todos nos entienden y se dan a entender lo suficiente en el espacio de un año, y sus hijos, con solo el trato de sus amos, hablan el castellano como nuestros vulgares. Los negros no tienen intérpretes, ni hubo jamás necesidad de ellos.

Los textos señalados para Cuba como testigos de la existencia de una lengua criolla intentan retratar —eso es lo que hace Lidia Cabrera— el habla de iniciados en el rito lucumí del Babalocha y en el congo del padre Hganga o Taita Inkisi, que al hablar de sus prácticas religiosas usan términos africanos para indicar el nombre de las ceremonias, de los atributos sagrados, de la configuración y preparación de los altares, de los rangos sacerdotales, del nombre de los dioses, etc.; más, naturalmente, el texto de las oraciones, los cantos ceremoniales y otras piezas litúrgicas, los juramentos y las fórmulas mágicas. Las últimas investigaciones demuestran que estos iniciados no pueden usar esa lengua para nada más. Se trata de unos textos memorizados, y solo a grandes rasgos los recitadores o cantores saben su significado. Es evidente que toda comunicación en abakuá es imposible, pues nadie es ya capaz de entenderlo y mucho menos de hablarlo. Tanto es así, que hace ya muchos años que la 'iniciación' no requiere del candidato conocimiento alguno de la lengua, circunstancia muy explicable, especialmente después de los primeros años de este siglo en que fueron suprimidos los cabildos, que eran, entre otras cosas, escuelas de lengua.

En estos textos de Lidia Cabrera los informantes negros hablan de sus religiones, sus supersticiones, magias y folclore; al margen de ciertas formas lingüísticas aisladas de procedencia africana, se maneja un español muy imperfecto, curiosas simplificaciones morfológicas, que han sido tomadas con valor de muestras de la pervivencia de una lengua criolla. Sin embargo, solo se trata de ejemplos de estadios individuales de aprendizaje del español, que denuncian una adquisición imperfecta. Todos ellos, curiosamente, aparecen en boca de negros bozales —es decir, nacidos en África—; ninguno en labios criollos.

Creo que no está de más recordar de nuevo los valiosos testimonios anteriores de que los hablantes negros que llegaban de adultos nunca alcanzaban a dominar el español, no así los que habían llegado de muy niños y los que habían nacido ya en Cuba, que hablaban igual que los blancos de la región. En 1917 había en la isla unos 2.500 negros que habían nacido en África; esta cifra se fue reduciendo con los años, pero todavía entre 1940 y 1950 a Lidia Cabrera le fue posible entrevistar a negros bozales, es decir, nacidos en su tierra de origen, y en 1965, Concepción Alzola pudo encues-

Carta escrita por Colón a los Reyes Católicos durante su viaje al Nuevo Mundo. (Figura 1)

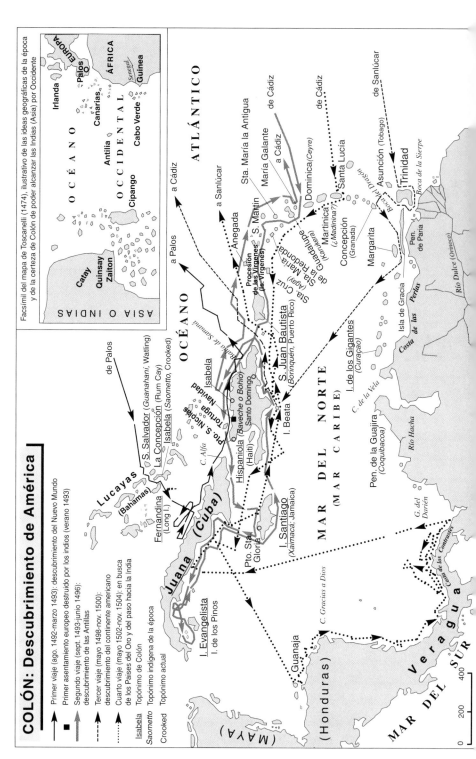

COLÓN: Descubrimiento de América

Primer viaje (ago. 1492-marzo 1493): descubrimiento del Nuevo Mundo

■ Primer asentamiento europeo destruido por los indios (verano 1493)

Segundo viaje (sept. 1493-junio 1496): descubrimiento de las Antillas

Tercer viaje (mayo 1498-nov. 1500): descubrimiento del continente americano

Cuarto viaje (mayo 1502-nov. 1504): en busca de los Países del Oro y del paso hacia la India

Isabela Topónimo de Colón

Saometo Topónimo indígena de la época

Crooked Topónimo actual

Facsímil del mapa de Toscanelli (1474), ilustrativo de las ideas geográficas de la época y de la certeza de Colón de poder alcanzar las Indias (Asia) por Occidente

Rutas de Cristóbal Colón en el descubrimiento de América. (Figura 2)

Mapa de América Central en 1568, del *Atlas mapamundi* de Fernando Vaz Dourado. (Figura 3)

De la unión de blancos e indias nacieron los *mestizos*. Real Academia Española, Madrid. (Figura 4)

Mapa de la América colonial en el siglo XVIII. (Figura 5)

Baroko de cuatro plazas (Iyamba, Isunekue, Isué y Mokongo). Símbolo utilizado en rituale
secretos de algunas religiones afroantillanas. (Figura 6)

	FA	FR

Grupo I (frecuencia de uso del 100%):

	FA	FR
chévere	256	100
gandul	256	100
guinea	256	100
guineo	256	100
ñame	256	100
tostón	256	100

Grupo II (frecuencia de uso entre 80% y 99,9%):

	FA	FR
mofongo	255	99,6
malanga	247	96,4
monga	245	95,7
dengue	243	94,9
merengue	240	93,7
guarapo	221	86,3
quingombó	217	84,3

Grupo III (frecuencia de uso entre 60% y 79,9%):

	FA	FR
ñangotarse	200	78,1
samba	200	78,1
chachachá	194	75,9
mambo	194	75,9
abombarse	194	75,9
anamú	192	75
bongó	190	74,2
funche	184	73
plátano mafafo	181	70,7
mongo	178	69,5
bomba	175	68,3
malagueta	173	67,5
cocolía	172	67,1
gongolí	172	67,1
motete	168	65,6
chango	166	64,8
changa	162	63,2
bomba	161	62,8
bachata	160	62,5
candungo	160	62,5
bembe	155	60,5
chango	154	60,1

FA = Frecuencia absoluta.   **FR** = Frecuencia relativa.

Norma léxica activa (NLA) de los afronegrismos utilizados en Puerto Rico. (Figura 7)

33. GLOTÓN

Atlas lingüístico-etnográfico del sur de Chile. (Figura 8)

tar en Cuba a Salomé Urrutia Vasallo, africano de ciento nueve años de edad. Son ejemplos de hablantes que nunca pudieron superar las transferencias propias de quien aprende una lengua extranjera a marchas forzadas, en condiciones pésimas y a edad poco propicia. Si los hijos de estos hombres ya no son bozales, sino liberados u horros o libres de nacimiento; si ya manejan un español cubano estándar, desconociendo en la mayoría de las ocasiones la lengua de sus padres, no podemos estar ante lengua criolla alguna, porque el requisito imprescindible para que esta exista es que sea aprendida y transmitida de generación en generación como lengua materna.

Los esclavos llegados a América no poseían, en general, conocimiento de un criollo de base léxica portuguesa, aprendido en África o durante la travesía, sino que disponían de sus lenguas maternas, muy diversas y, en la mayoría de las ocasiones, ininteligibles entre sí. Al llegar a las nuevas tierras no se produce, por lo tanto, una situación bidireccional de contacto, pues las lenguas africanas de los esclavos provocan en los colonizadores actitudes negativas. Son los dominados los que se ven ante la necesidad de incorporar el código lingüístico de su nueva comunidad, proceso que parte de sus respectivas lenguas maternas, como demuestran los restos léxicos que han sobrevivido en algunos criollos palenqueros. La castellanización tiene diferentes grados de éxito según el momento en que se inicia el aprendizaje y las habilidades personales de quien lo aprende. Es cierto que la situación se repite desde el siglo XVI hasta el XX incluso, pues aunque la abolición de la esclavitud fue un hecho consumado al final de la década de los ochenta del siglo XIX, todavía en los años cuarenta y cincuenta del XX, y excepcionalmente en 1965, se podían encontrar en Cuba africanos de origen, ejemplos —algunos— de castellanización imperfecta.

Imposible pensar en un código criollo que se implantara y se transmitiera de padres a hijos: los testimonios desmienten tal hipótesis. A pesar de los textos de que disponemos, no ha podido llegarse a descubrir en ellos una gramática criolla. Se trata de procesos individuales (aunque con rasgos coincidentes, claro está) de castellanización, en los que se observan múltiples fenómenos agramaticales. En la mayoría de los hablantes se dan fenómenos polimórficos, en los que no faltan formas muy cercanas a las canónicas españolas. No se trata de casos de descriollización, como en los palenqueros, sino de adquisición progresiva de estructuras españolas.

LOS RITUALES SECRETOS: ÑAÑIGUISMO Y BRUJERÍA

Alrededor de 1834 se establecen en Cuba los cabildos negros —supervivencia de una organización medieval sevillana—, asociaciones en las que se reunían los días festivos los esclavos de la misma tribu o nación con el fin de recrearse, generalmente mediante el baile, y de rememorar algunas prácticas religiosas de su África natal. Estos cabildos fueron el germen del ñañiguismo, organización secreta de carácter semirreligioso, concebida con propósitos de protección mutua, aunque más tarde haya degenerado en núcleo de peligrosa delincuencia. Los ñáñigos fueron proscritos en Cuba al inicio de la abolición de la esclavitud, y con ellos sus desfiles, danzas y pantomimas con que los cabildos celebraban el día de Reyes. Continuaron funcionando, sin embargo, en la clandestinidad hasta que, en 1909, obtuvieron licencia para salir de nuevo a las calles.

Los rituales secretos de algunas religiones afrocubanas —los abakuá, por ejemplo, los reyes de la santería hispanocaribeña— manejan unos textos ceremoniales (cada vez con menos asiduidad, dada la actual y feroz represión estatal) que parecían indicar la pervivencia del yoruba o de otras lenguas africanas. Mas los que cantan y recitan estos textos saben lo que ellos dicen en general, aunque en realidad no los entienden; son textos fosilizados en la memoria. Pero ni aun estos textos sagrados son manifestaciones ortodoxas; constituyen una lengua mezclada, un *pidgin* congelado en el pasado, en el que, por supuesto, no falta una amplia colaboración del español.

Los términos ñáñigos que han entrado en el español común de la isla son, naturalmente, poquísimos, y siempre relegados al habla vulgar: *ecobio,* 'amigo, compañero'; *subuso,* 'secreto'; *iyamba,* 'jefe', y *manguá,* 'dinero'. La expresión *mal rayo te parta,* tan extendida en todo el país, puede que sea traducción de la fórmula ñáñiga de maldición *abasí entuane.*

La brujería negra, que desde la segunda mitad del siglo XIX empezó a desbordar los límites de la población de origen africano o la mestiza para hacer adeptos en gentes ignorantes, ha proporcionado al español del país algunos de sus elementos léxicos autóctonos y ha engendrado una corta serie de expresiones españolas con nuevo contenido semántico. La jerga sagrada de que se valen los *brujos* o sacerdotes nos es bastante conocida. Analizando los ritos y los ídolos principales de estas prácticas se ha podido establecer cierto paralelismo con el culto religioso de los yorubas, que con el nombre de lucumís fueron llevados a Cuba en no pequeño número; la lengua lucumí es la que más aporta a este vocabulario.

Las deidades principales son muy familiares gracias a la divulgación del folclore negro o negroide y a la poesía de estos temas. *Obatalá (Batalá, Babalá* o *Batarás* son variantes frecuentes; de aquí que al brujo, o mejor, a cierto tipo de brujo se le llame *babalao)* es el santo de mayor jerarquía; *Changó* es el dios lucumí del rayo, muy reverenciado; *Ifá* o *Bangá* es el que revela el porvenir, protege las relaciones sexuales y el parto. Del gran número de divinidades inferiores, las más difundidas son *Yemayá,* hijo de *Obatalá; Ochún,* mujer de *Changó,* y otros como *Ololú* y *Babayú* (o *Babalú) Ayé.* Casi todos estos dioses, en un extraño sincretismo de dioses y santos, han sido identificados con miembros del santoral católico, cuyas imágenes se empleaban muy comúnmente en el culto: la figura de san Lázaro se correspondía con la de Babalú Ayé; la de Aggayú Salá, con la de san Cristóbal; la de Changó, con santa Bárbara; la de Elegguá, con san Antonio.

Entre los devotos de un santo se forma una cofradía; así, los hijos del santo se dedican especialmente a su culto. Expresiones como *ser hijo de santa Bárbara, hijo de las Mercedes,* etc., frecuentes en el habla popular, son descendientes directos de esta terminología brujera. El *bembé* es un toque especial de tambor con el que generalmente comienzan las ceremonias; la palabra se emplea también con la significación de fiesta con gran escándalo, borracheras y licencias eróticas. *Darle a uno el santo, caer con el santo, subírsele a uno el santo a la cabeza* son expresiones paralelas que denotan el estado semihipnótico que el canto, la música, el baile y el alcohol provocan en algunos fieles. Estas expresiones tienen intenso uso metafórico. El *daño* y la *salación* son nombres genéricos para las diferentes clases de dolencias que diagnostican los brujos a sus clientes: el primero equivale a dolencia física, la segunda es cualquier influencia maligna de carácter inmaterial. De aquí que *salar* haya alcanzado una amplia gama de significados ('dar / echar / transmitir mala suerte, desgraciar, entorpecer, molestar', etc.) según el contexto. El brujo receta contra daños y salaciones, pero más común que la intención curativa es la preparación de hechizos o *brujerías* para dañar o salar a los enemigos. Si la brujería, término también usado metafóricamente, produce envenenamiento por ingestión de un líquido, se llama *jicarazo* o *candangazo,* pero actualmente estos términos han perdido por completo su significación, y se usan como sinónimos de copas de bebidas alcohólicas fuertes como el ron o el aguardiente de caña. Cuando se pide al santo, mediante la intervención del brujo, que lo libre a uno de todo el mal que le viene afectando, la operación y su ceremonial se denominan *hacerse una limpieza.*

La situación que se da con la letra de los cantos de bomba en Puerto Rico, que posiblemente en sus orígenes también tuviese implicaciones religiosas, es muy parecida a la de los rituales de las religiones afrocubanas. El visitante no entiende nada de lo que allí se dice al compás atronador del bongó y de la conga. Pero los que cantan y bailan, tampoco. Son letras aprendidas de memoria, transmitidas por tradición oral, que ya no significan nada para los jóvenes intérpretes. Y no es una ininteligencia reciente. Cuando hace varios años hacía yo una encuesta en Loíza Aldea, una de las capitales de la bomba puertorriqueña, para revisar la vitalidad de ciertos afronegrismos léxicos, me encontré con que la mayor de mis sujetos, una señora de setenta y ocho años (que me recibió con un pañuelo de flores en la cabeza y un llamativo conjunto de collares de colores diversos), no conocía el sentido de la palabra *yubá,* que según Álvarez Nazario es el nombre de un baile de bomba; en un principio, la mujer me dijo que sí, que la conocía, pero al preguntarle por su significado, se puso de pie, irguió cuanto pudo su cuerpo negrísimo como el ébano y me cantó el estribillo de una bomba donde aparecía la palabra; después, silencio.

LA PRONUNCIACIÓN DE LOS NEGROS DEL CARIBE

¿Hay influencia negra en la pronunciación del español caribeño? Es un hecho incontrovertible que los análisis más recientes no arrojan ninguna diferencia entre la lengua de blancos y negros. ¿Ha sido siempre así?

Aunque existen textos literarios que de alguna forma retratan la pronunciación negra del español por todo el continente, en las Antillas los más tempranos son todos del siglo XIX, muy cercanos a nosotros, como se ve. Las novelas costumbristas de la época son las que ofrecen el material más copioso; claro que al tratarse de obras literarias, muy condicionadas por factores estéticos y no por la fidelidad lingüística, tienen que ser examinadas con cautela, pues los autores, a pesar de que se proponen copiar los rasgos más sobresalientes del habla de los negros, puede que no lo hayan conseguido, al menos de manera realista. Es cierto que, en definitiva, un escritor como Cirilo Villaverde, por ejemplo, al crear su *Cecilia Valdés,* no se propuso reproducir el habla de los indios siboneyes, sino la de los negros con los que convivió durante muchos años.

En estas novelas también se presenta a los negros de África muy diferenciados en su expresión con respecto a los negros criollos y a los mulatos. El habla de los primeros está caracterizada en su pronunciación por la pérdida de la 's' final —*apena(s), atrá(s), misijo(s)* 'mis hijos', *cru(z)*—, por el trueque de 'r' en 'l' o en vocal 'i' —*talde, polque, tabelnero, peidona, poique, tabaina, faitaba*— y, viceversa, la pronunciación 'ñ' en lugar de 'll' —*ñamen, ñamao*—, la pérdida de 'd' intervocálica —*perdía, toos, desplumao, mieo, gobernao*—, la pérdida de la 'r' final —*po, mata, sabe*— y la aspiración de la 'h' inicial —*josiquito, jará*—, entre otros menos sistemáticos.

La diferencia con los negros criollos, los nacidos en suelo antillano, es grande. De los fenómenos señalados anteriormente solo se dan la pérdida de 's' y de 'd', y esporádicamente el cambio de 'l' a 'r' (*purgas*) y el de 'r' a 'i' (*fueite).* Lo más característico de la lengua de criollos y mulatos son los vulgarismos (*suidad, haigan, güenos,* etcétera) y la gran cantidad de formas anticuadas ya para esa época (*entodavía, semos, dende, dispierte, dispués, naiden, rompido, mesmo, vide, vinió, escuro, asina, dentre,* etc.).

Pero ningún material más interesante que unas coplas anónimas, publicadas a mediados del siglo XIX. En ellas el autor trata de enfrentar, mediante un diálogo, el habla de un bozal (negro nacido en África) y de un criollo.

CRIOLLO: Venga uté a tomai seivesa
y búquese un compañero,
que hoy se me sobra ei dinero.
En medio de la grandesa,
Dio, mirando mi probesa,
me ha dado una lotería,
y en mi radiante alegría
me ha convertido en poeta;
y aquí está mi papeleta,
que no he cobrao entuavía.

AFRICANO: Ah! si oté no lo cubrá,
si oté tovía no fue,
pa qué buca que bebé?
con qué oté lo va pagá?
Cuando oté lo cubra, anjá,
antonsi ma qui ti muere
bebe oté como oté quiere,
come oté como dan gana,
y durmi oté una semana
ma que lan tempo si piere.

Según estas coplas, la pronunciación del criollo presenta seseo (*seivesa, grandesa, probesa*), pérdida de 'd' intervocálica (*cobrao, entuavía*), vocalización de 'l' y 'r' (*tomai, seivesa*) y pérdida de 's' final de sílaba (*uté, búquese, Dio*). En este texto, sin embargo, hay variación, pues aparece *está* con la 's' conservada, y *dado, convertido*, con la 'd' inalterada. Incidentalmente se aprecia un cambio de posición de la 'r' en *probesa*, vulgarismo muy conocido desde el siglo XV en todo el dominio hispánico.

La lengua del africano se caracteriza por la variación vocálica (*oté, cubra, qui, antonsi*), elisión de 's' (*oté, bu[s]ca, má*), reducción de diptongos (*durmi, tempo*) y pérdida de 'd' (*cubrá* 'cobrado', *tovía* 'todavía') y algún otro fenómeno, como la pérdida de 'r' en *bebé, pagá*, más el añadido de la 'n' en *anjá*.

Al respecto de todos estos fenómenos supuestamente caracterizadores del habla de los africanos y de los negros criollos, conviene recordar que los trueques de 'r/l' eran peculiares de los andaluces desde finales del siglo XV; hay testimonios americanos desde 1525. Que estas pronunciaciones no eran en Cuba características de los hablantes negros se desprende claramente de un texto de 1836, el prólogo del *Diccionario de voces cubanas,* de Esteban Pichardo, que hablando de algunas propiedades generales del español de la isla decía: «En La Habana se oye con frecuencia pronunciar con 'l' las voces terminadas en 'r', *amal* por 'amar', y viceversa, *sordado* por 'soldado'».

No parece que hoy pueda ponerse en duda el andalucismo del español americano, y la presencia temprana de este fenómeno allí es uno de los puntos que lo refuerzan. Es cierto que muchos esclavos negros fueron llevados a las Antillas directamente de Andalucía, pero no es menos cierto que un número mucho mayor de población blanca tenía la misma procedencia. El trueque 'r/l' es andalucismo que se daba por igual en hablantes blancos y negros y que hoy alcanza frecuencias considerables en Puerto Rico, aunque esté reducido al habla vulgar en el resto del Caribe, y en otras muchas zonas del mundo hispánico.

La vocalización de 'r' y 'l' es fenómeno semejante. Aun suponiendo que esta pronunciación haya sido típica de los negros *curros,* como dice Pichardo, a finales del siglo pasado desapareció completamente del español de Cuba. Pero, para este lexicógrafo, *curro* significa «de movimientos afectados y de pronunciación andaluza», lo que quiere decir que Pichardo no atribuye el origen de la vocalización a los hablantes negros. También a este fenómeno se refiere otro estudioso de esa época, Antonio Bachiller y Morales, y lo explica porque «fueron andaluces los más de los pobladores... que dejaron huellas que van desapareciendo». En Andalucía, sin embargo, parece ser hoy fenómeno esporádico. En Canarias es rasgo fonético difundido (La Palma: *paite, cueipo, tueito;* Tenerife: *Caimen, aigo, aiguito;* es característico del habla de los viejos pescadores de Punta del Hidalgo y del Puerto de la Cruz). Se da en Colombia *(pueico, eimana, ei marido, Deifina,* en los departamentos de Nariño y Cauca), en la República Dominicana *(comei, Isabei, poique, cueida, taide, sueido,* en toda la zona del Cibao), en Puerto Rico *(vueivo, taide, poique, aiguien),* en la zona costera del Ecuador *(lagaito)* y seguramente en otras regiones que aún están por estudiar.

El seseo de las *Coplas* y de los negros africanos de la prosa costumbrista, así como el yeísmo de los esclavos de *Cecilia Valdés* (*yebe*, 'lleve'; *cabayo*, 'caballo'; *Etreya*, 'Estrella'), no son válidos para una caracterización del habla de los negros, porque en el siglo XIX, y muchísimo antes, ambos fenómenos estaban totalmente generalizados entre los criollos blancos y negros. Pichardo dice: «La confusión de la 'c' con la 's' en las sílabas *ce, ci* y la 'z' en todas... en la isla de Cuba no hay persona de su suelo que pronuncie *ce, ci* como se debe; lo mismo sucede con la 'll' y la 'y', con la 'v' y la 'b'; todo es 's' y 'b'...». El seseo, el yeísmo, la pérdida de 's' final y de 'd' intervocálica son fenómenos suficientemente conocidos, cuya historia y geografía impiden pensar en influencia africana.

Atendiendo a las observaciones directas de Pichardo y de Bachiller y Morales, en el siglo XIX se advertían diferencias notables entre el habla de los negros nacidos en África y sus descendientes nacidos en Cuba. Los fenómenos fonéticos que más caracterizan a los primeros casi han desaparecido de los segundos. Pronunciaciones al parecer típicas de los negros bozales, como el paso de 'll' a 'ñ' y la vacilación entre vocales, desaparecieron desde muy pronto del habla de sus mismos descendientes. Ninguna de las características fonéticas del español caribeño es atribuible a influencia africana. Por el contrario, fueron los negros criollos los que aprendieron un español que eliminaba sus eses finales y que suprimía sus des entre vocales, características estas —y las otras— que llegaron desde muy temprano en los barcos que zarpaban de Sevilla.

EL VOCABULARIO NEGRO

Si la influencia negra en la pronunciación del español caribeño es nula, es patente en el vocabulario, aunque en proporciones muy discretas. Es natural que con la desaparición de la esclavitud y la incorporación de los antiguos esclavos a la ciudadanía plena, una buena cantidad de términos relativos a la trata y a toda la organización esclavista haya caído en el olvido. En su mayoría se trataba de voces españolas con antiguos o nuevos significados: *carabela*, 'paisano que vino de Guinea en un mismo buque'; castigos como el *boca-abajo*, la *maza*, el *collar*, el *pregón; esquifación*, «las dos mudas de lienzo de cañamazo, una chaqueta y un gorro que recibía el esclavo para vestirse durante el año», etc.

El vocabulario propiamente africano que desaparece es, en primer lugar, la vasta lista de gentilicios: *ábalo, abaya, acoguá, arará, cuévano, benín, brícamo, cabenda, carabalí, eyó, gangá, hatá, ibó, lucumí, mayombe, tacuá, viafara*, etc. Excepcionalmente perviven *congo* y *siguato*, pero estos adjetivos han perdido todo carácter nacional; a principios de siglo se llamaba *negro congo* al negro bozal, que por las características de su lengua y por sus costumbres se distinguía del resto de los esclavos. Hoy ha pasado a ser sinónimo de 'brujero', pero está muy debilitado. *Valer un congo* es todavía una expresión viva. *Siguato*, 'atontado, imbécil', se usa, referido a los alimentos, para indicar su condición de rancio.

Descontando los gentilicios, solo unos pocos elementos léxicos pueden ser anotados. Al desaparecer algunos bailes típicos de los negros se perdieron nombres como *anaquillé, apobanga, gatatumba, guineo, yambú*. Es posible que también *masucamba* sea un afronegrismo. Lo demás no había pasado al español común de la zona. Entre los términos de flora se conservan: *afió*, 'especie de yuca', aunque se emplea únicamente en el oriente de Cuba, donde fue introducido por los negros de Haití en el siglo XIX; *arabo*, deidad lucumí, es el nombre de un árbol; *banana*. *Butúa* es término de los negros calabares y significa 'tubérculos de ñames' o 'ñames'; en el habla vulgar, *butúa* es sinónimo de comida; la ampliación del contenido semántico se comprende, ya que estos tubérculos eran la base de la alimentación de los negros de toda la costa del poniente africano. *Quimbombó*, tubérculo, y *sabicú*, árbol. Quizá *malanga* y *jiquí;* este último, nombre de un árbol de madera durísima, presenta fuertes semejanzas con el yoruba *ikí*, que es un árbol de madera también muy dura y difícil de trabajar.

Pervive algún plato de la cocina africana, como el *fufú;* originalmente se preparaba con ñames y plátanos hervidos y amasados. El ñame parece haber desaparecido como ingrediente de este plato y la expresión que se oye comúnmente es *fufú de plátano*.

De la fauna, solo unos pocos: *bayaya*, especie de hormiga, se convirtió en *biyaya*, y perdió su sentido original; ahora, 'travieso, maldito, canalla', y antes, lo mismo 'persona de mucha actividad' que 'persona que molesta constantemente'. *Jubo* viene de la voz yolofe *iouba*, 'culebra', y *majá,* del congo *manjá,* 'veneno'. Ambos nombres han llegado a ser genéricos: *jubo* para todo reptil pequeño y *majá* para los que miden más de un metro. Como sinónimo de 'haragán' se usa a veces *majá* y sus derivados *majasería,* 'haraganería', y *majasear,* 'haraganear'. *Macaco,* cuadrúpedo parecido al mono pero más pequeño, es afrolusismo poco extendido con su definición zoológica; se conoce más en sentido metafórico por 'feo, deforme'. Quizá también *guasasa* sea de origen africano.

El vocabulario referente a las costumbres es muy variado. Nombres de bailes: *bambuco,* del carabalí *bambuou; bembé, conga. Cucalambén* y *cucuyé* son afronegrismos de Haití. *Tumba,* además de un tipo de tambor, es un baile popular de Oriente; *cha-cha-chá* es onomatopéyico, como onomatopéyico parece ser el *chachá,* 'maruga, sonajero', que a veces se da como afronegrismo. *Guaguancó* es hoy un tipo de composición musical, y no el nombre de un danzón como a finales del siglo XIX. *Chambelona* ya no es más un canto popular, sino palabra que forma parte del estribillo de una conga muy popular en el país:

> Ahé, ahé, ahé la chambelona,
> yo no tengo la culpita ni tampoco la culpona.
> Ahé, ahé, ahé la chambelona.

No constituye, por lo tanto, ritmo o canto propio alguno. *Chambelona* es un tipo de caramelo o golosina infantil que se caracteriza por un palito que sirve de agarradera al que lo consume. Parece bastante probable que el nombre de esta golosina diera pie al estribillo y no al revés. No parece que estemos ante un afronegrismo; *chambelona* está formado sobre el arcaísmo *lamber,* 'lamer', muy vivo en toda la zona del Caribe.

Entre los nombres de juegos, el único seguro es *quimbumbia* (también se oye *cambumbia).* Consiste en poner la *quimbumbia* (palito que termina en punta por ambos extremos, aunque también puede utilizarse la semilla de un mamey) en el suelo, dentro de un cuadrado; se golpea con otro palo por uno de sus extremos y se le hace saltar. Una vez en el aire, se le da a la *quimbumbia* para alejarla lo más posible del cuadro que sirve de base; gana el que la aleje más. Es posible que también *cachumbambé* sea africanismo. Consiste este juego infantil en una tabla larga y fuerte apoyada en su centro y libre en sus extremos para propiciar el balance; en cada extremo se sienta un niño que impulsa continuamente el balanceo con sus pies. En general este juego se acompaña con un canto. Originalmente era:

Cachumbambé,
señora Iné(s),
tuerce tabaco para comé.

Pero los niños de hace pocos años no cantaban esta letra (ni su variante «tuerce tabaco para vendé», como aparentemente se decía en la década de los treinta del pasado siglo), sino:

Cachumbambé,
señora Iné(s),
que fuma tabaco y bebe café.

Sin embargo, el origen africano de este término resulta muy poco probable. Ya Pichardo pensaba en una combinación del marinerismo *cachón* y de *bamba,* 'silla o asiento de columpio'; el hecho de que en la Península existiera el término *cachumbeando,* bien castizo por cierto, termina por arrumbar la hipótesis africana.

Añádase a esta lista *bemba,* 'labios muy gruesos'; *cumbancha,* 'juerga', y sus derivados *cumbancheo, cumbanchear. Cundango,* 'marica', viene del mandinga *kundingo,* que significa 'pajarito'; *pájaro* en Cuba significa 'marica, afeminado', como *pato* en Puerto Rico y otras zonas antillanas. El término va desapareciendo; hoy solo es posible escucharlo en el habla muy vulgar y, en la mayoría de las ocasiones, para designar una de las figuras de los dados. *Champola* es un refresco hecho de guanábana y leche, aunque también existe la champola de anón. *Cheche,* 'matón, bravucón', está formado por la duplicación del lucumí *che,* 'vencer, sojuzgar, castigar'. Hoy *cheche* tiene un contorno semántico impreciso que va desde el antiguo bravucón hasta el fresco que cree que todo se lo merece. *Sambumbia* se usa para toda bebida que por estar demasiado aguada ha perdido su sabor original, pero es mucho más común referida especialmente al café. El término *ñinga,* 'mierda', solo se usa en frases hechas (que se vaya a la *ñinga*) y parece provenir del congo *mañinga,* 'diarrea'; para muchos hablantes *ñinga* es un término vacío de contenido semántico. *Sirimba* es un desmayo; puede ser ligero, o violento, con convulsiones. *Yaya* es 'herida, dolor' en el vocabulario infantil (equivale a *pupa*); está formada sobre una interjección conga que sirve para expresar dolor. Quizá *ñáñara,* 'pequeña llaga', sea también voz conga introducida por las nodrizas negras. *Titingó* tiene aspecto de voz africana; significa 'alboroto, pendencia'. *Tonga,* ya como cubanismo en el *Diccionario* académico, reproduce el congo *tonga,* 'medida, gran tamaño'. La etimología del término *chévere,* 'lo bueno, lo que está bien hecho', es sumamente discutida.

EL AFRONEGRISMO EN LA ACTUALIDAD

Aunque la mayoría de las influencias negras que se observan hoy en el español hablado en las Antillas son de vocabulario, se han señalado unas pocas de carácter morfosintáctico. Se piensa, así, que la reiteración de género, visible en expresiones como *hija hembra, nieto varón,* etc., es herencia de las lenguas africanas, y que también lo son las duplicaciones de ciertos adverbios, del tipo *Ya te lo dije ya,* sin pausa alguna entre la oración y el adverbio duplicado, y algún desvío de la norma preposicional española, como en 'Voy *en* casa de María'.

En la actualidad, los términos de origen africano que viven en el español antillano general son muy escasos. Díganlo, si no, los siguientes datos. El examen de las primeras doce horas de grabación para el estudio de la norma culta de La Habana reveló la presencia de cuatro afronegrismos: *conga, majá, malanga* y *ñame,* lo que constituye tan solo el 0,01 por 100 del total de palabras de estos textos. Cuando se tabularon los afronegrismos emanados de la aplicación de un cuestionario léxico, el número subió ligeramente: *bembón,* 'individuo de labios muy gruesos, especialmente en el caso de los negros', en el campo relativo a partes del cuerpo humano; *mambo, conga* y *mozambique,* en el de los ritmos tropicales; *ñame,* en el de la alimentación, y *jubo* y *majá,* en el de los animales; siete en total. Aun trabajando con nómina pasiva, con el vocabulario que se reconoce aunque no se usa, solo se consiguieron 34.

En Puerto Rico se hicieron estudios de vitalidad a partir de una nómina de 131 afronegrismos, clasificados en siete campos (la flora, la fauna, el individuo, la vida material, la vida espiritual, la vida en sociedad y un pequeño residuo de elementos que no fue posible clasificar de manera satisfactoria). Se trabajó sobre una muestra de 256 sujetos procedentes de todo el país en la que estaba integrada una submuestra de 36 hablantes pertenecientes a dos núcleos demográficos fuertemente conformados por elementos étnicos y —se supone que culturales— negros: Loíza Aldea y el barrio ponceño de San Antón. Uno de los objetivos era corroborar si existían índices de vitalidad diversos entre ambas poblaciones.

Una vez recopilados los datos, se los sometió a tratamiento estadístico para obtener las frecuencias absolutas y relativas de todas las palabras. De acuerdo a esto, todas las voces recogidas fueron divididas en siete grupos: el primero estaba integrado por aquellas que eran reconocidas y manejadas en la comunicación regular por todos los sujetos; el segundo, por las que habían obtenido frecuencias entre 80 y 99,9; el tercero, entre 60 y 79,9; el cuarto, entre 40 y 59,9; el quinto, entre 20 y 39,9; el sexto, entre 3 y 19,9, y el séptimo y último, por aquellas con frecuencias inferiores a 3.

Considerando que la norma léxica debería estar integrada por aquellas palabras que hubiesen obtenido frecuencias superiores al 60 por 100, se reunió en uno solo los grupos 1, 2 y 3 para construir el de la norma léxica activa de los afronegrismos, mientras que quedaron intactos los otros cuatro para poder estudiar los grados de mortandad léxica.

La norma activa está constituida solo por el 26,7 por 100; el restante 73,2 por 100 recoge el vocabulario que está en proceso hacia la mortandad o que ya ha llegado a la etapa final. A esta pertenece el 40 por 100 de las palabras de la nómina inicial, todas con frecuencia inferior a 3: *babú, cunyá, danuá, timbeque, miñana, cuá,* por ejemplo, aparecen con frecuencia 0, es decir, son completamente desconocidas para todos. A este mismo grupo, aunque no en una situación tan extrema, pertenecen, entre otros, *plátano fotoco, plátano güimbo, belembe (Xanthosoma brasiliense), calalú,* 'planta comestible'; *chalungo,* 'chapucero'; *malungo,* 'gallo o gallina grande'; *macuenco,* 'flaco, enclenque'; *matungo,* 'desmedrado, flacucho'; *ñango,* 'individuo de miembros torcidos y débiles'; *cocolo,* 'negro procedente de las Antillas Menores', hoy vivo en el sentido de 'salsero'; *mendé*, 'ciertas prácticas folclóricas'; *pian*, 'enfermedad de la piel'; *tengue*, 'estado de majadería infantil'; *malambo*, 'clase de machete'; *fufú*, 'comida hecha a base de plátanos, calabazas, malangas o ñames hervidos'; *pon*, 'tarta de batata, calabaza y yautía majadas con harina de maíz y melaza'; *bambulaé*, 'baile y son de bomba'; *macandá*, 'brujería'; *bululú*, 'alboroto, tumulto, escándalo'; *ñafitear*, 'sisar, hurtar'; y un larguísimo etcétera. Imagínese cuánto se abre la mortandad, tan pronto como abandonamos este grupo extremo y examinamos los demás.

El análisis de la submuestra de Loíza Aldea y del barrio de San Antón demuestra que la situación es casi paralela con respecto a la mortandad. No vive en estos sujetos ninguna de las palabras que el resto del país ha hecho desaparecer. En las entrevistas de Loíza puse especial cuidado en el término *miñana*, 'una clase de abono', que resultaba totalmente desconocido para el resto de Puerto Rico, pero que había aparecido allí en encuestas hechas en los años setenta; sin embargo, ninguno de los hablantes, ni aun de los más viejos, lo reconoció.

Eso sí, la citada submuestra alcanzó frecuencias superiores en los términos *bambulaé, cocobalé,* tipos de bombas; *fufú*, 'hacer brujo'; *baquiné*, 'canto de muerte para los niños'; *mongo*, 'débil', y *sambumbia*, 'sobras, comidas viejas'. No se corrobora, pues, la hipótesis de que estas comunidades, más apegadas que el resto del país a tradiciones y costumbres de procedencia africana, mantengan vivos más términos de ese origen.

El proceso de mortandad, estudiado a través de las generaciones, indica que se trata de una mortandad antigua, ocurrida hace más de sesenta años, pues aunque el desconocimiento de los afronegrismos aumenta en la generación joven, las diferencias entre generaciones no son significativas estadísticamente. Esta conclusión, señalada por los números, obliga a replantear la cuestión de la mortandad de estos afronegrismos. Si la analizamos desde un punto de vista actual, no parece tratarse en este caso de una parcela del vocabulario que desaparece de la competencia lingüística de los hablantes puertorriqueños; se trata más bien de que estas palabras nunca llegaron a formar parte de ella; habían muerto antes de que estos hablantes hubiesen nacido. Aquí la muerte léxica ha sido consecuencia directa de la muerte de las cosas: nadie come hoy *pon,* ni baila la cadenciosa *mariangola,* ni practica el *mendé,* ni distingue más de tres o cuatro clases de plátano, ni conoce los múltiples tipos de bailes de bomba. Se trata, por lo tanto, de una mortandad que no conlleva pérdida de la competencia lingüística, la que reduce la comunicación y restringe la transmisión de información. Tampoco lleva estigmatización alguna hacia el hablante; esta mortandad carece de atributos negativos de carácter socioafectivo.

Lo mismo sucede con la República Dominicana. Cuando se estudian los afronegrismos vivos en ella y se comparan ulteriormente los inventarios de las tres Grandes Antillas, solo seis de ellos pertenecen a la norma panantillana: *bachata, bemba, bongó, guinea, mambo* y *ñame.* Los que resultan comunes a Cuba y a Puerto Rico son dos; a Cuba y a la República Dominicana, ocho; a esta y a Puerto Rico, 14. Exclusivos de cada Antilla: Cuba, 24; la República Dominicana, 24, y Puerto Rico, 11. Todos ellos pertenecen a los campos léxico-semánticos de la fauna, la flora, la vida material y el individuo, en primer lugar, y después, los menos frecuentes y de inventarios más escasos, a la vida espiritual, a la vida en sociedad y unos pocos de tipo misceláneo.

Se trata, en su mayoría, de términos exclusivos del español caribeño, aunque algunos pocos (*cachimba, ñame, chimpancé, mandinga,* etc.) han llegado a pasar al español general.

6

La independencia: ¿ruptura lingüística con la Metrópoli? El nacimiento de las Academias americanas

América y España tras la independencia política de las provincias ultramarinas

Hasta 1824, frontera que divide en dos la historia americana, con la independencia política de la mayoría de los territorios ultramarinos de la Corona, el influjo de Madrid sobre los hombres de letras del otro lado del océano fue indiscutido. Los catorce años de contiendas armadas y el triunfo final de los ideales libertarios hicieron que, al menos parcialmente, se iniciara un cierto alejamiento de la antigua Metrópoli: el Atlántico parecía agrandarse.

Poco después dio inicio en Hispanoamérica un período de reflexión sobre el porvenir de la lengua española transportada a aquellas tierras desde varios siglos antes. Las voces que se levantaban entonces eran pesimistas; aquellos observadores pensaban que la fragmentación lingüística del español americano sería un hecho consumado en un futuro imposible de determinar con exactitud. Así lo creía, en 1882, el cubano Juan Ignacio de Armas, hombre inquieto, de múltiples intereses intelectuales, aficionado como pocos de su tiempo a cuestiones idiomáticas:

> Llamo lenguaje criollo, a falta de mejor nombre, al conjunto de voces y construcciones peculiares, de uso corriente y general en las

islas de Cuba, Santo Domingo y Puerto Rico, en las repúblicas de Venezuela y Colombia, y en alguna parte de Centro América... Hoy constituye un cuasi dialecto castellano, que comprende el litoral del mar Caribe, y que será sin duda, para una época aún remota, la base de un idioma, hijo del que trajeron los descubridores y colonizadores de América.

Otro lenguaje especial existe, y otro idioma, hermano del primero, preparan las evoluciones de los tiempos en México y Centro América; otro, o acaso dos, en el Pacífico; otro en Buenos Aires, que como más apartado del foco de pureza en el idioma común, va actualmente por delante en la natural formación de un idioma propio. Las leyes del transformismo no pueden alterarse en la ciencia filológica, como en ninguno de los otros ramos a que se extiende el estudio de las ciencias naturales. El castellano, llamado a la alta dignidad de lengua madre, habrá dejado en América, aun sin suspender el curso de su gloriosa carrera, cuatro idiomas, por lo menos, con un carácter de semejanza general, análogo al que hoy conservan los idiomas derivados del latín.

Eran momentos en que triunfaban por toda Europa las teorías lingüísticas que explicaban el nacimiento de las lenguas neolatinas a partir de la muerte del Imperio: el latín se había impuesto militarmente a los idiomas aborígenes que se hablaban en los anchos territorios sometidos por Roma, pero estos hablantes conservaban poderosas influencias de sus respectivas lenguas maternas al hablar la aprendida; al desaparecer el poder político y cultural que actuaba como elemento de cohesión idiomática, la fragmentación lingüística se acelera. Se olvida la lengua oficial y surgen lenguas diferentes, producto de la fusión de aquella y de las lenguas autóctonas. El paralelo con América era muy tentador: otra lengua superimpuesta en grandes espacios territoriales, lenguas indígenas poderosas y extendidas, pérdida del poder político uniformador, y un mismo resultado final: el español, madre de nuevas lenguas americanas.

Esto explica que la voz de Armas no fuera la única; también el ilustre filólogo colombiano Rufino José Cuervo, cambiando su parecer anterior («... es infundado el temor de que en la parte culta de América, se llegue a verificar con el castellano lo que con el latín en las varias provincias romanas»), decía en 1899: «... hoy sin dificultad y con deleite leemos las obras de los escritores americanos sobre historia, literatura, filosofía; pero llegando a lo familiar o local, necesitamos glosarios. Estamos, pues, en vísperas (que en la vida de los pueblos pueden ser bien largas) de quedar separados, como lo quedaron las hijas del Imperio Romano: hora solemne y de honda melancolía en que se deshace una de las mayores glorias que ha visto el mundo».

No puede reprocharse a los estudiosos y observadores de aquella época que se embarcaran en esa nave, pues eran momentos de gran desconocimiento de las realidades lingüísticas indígenas y de la variación dialectal del español, tanto de América como de España. Por otra parte, la independencia política de las colonias, aún reciente, había producido una cierta incomunicación entre el nuevo concierto de naciones libres y la antigua Metrópoli, ahora con relaciones poco frecuentes y en principio frías. Este conjunto de factores hacía presagiar lo peor.

Fomentando también todos estos temores se encontraba el trabajo de los voluntariosos que perseguían el distanciamiento lingüístico entre América y España y, si fuera posible, también dentro de América. Las posturas más drásticas se dieron en la Argentina, concretamente en la zona rioplatense, en la que confluían diversas circunstancias propiciatorias. En primer lugar, la debilidad de la tradición hispánica en esos territorios, y en segundo, los ideales de independencia cultural y lingüística surgidos tras la separación política de la Metrópoli. Debe recordarse que aunque Buenos Aires fue fundada en 1580, no comenzó a alcanzar importancia hasta el establecimiento del Virreinato del Río de la Plata en 1776. La cercanía de esta última fecha con aquella en que se declara la independencia del país (en 1810, solo treinta y cuatro años después) explica sobradamente que los vínculos con España no hayan sido ni prolongados ni fuertes.

A este importante hecho es preciso añadir el afán de desligarse de la tradición cultural hispánica, a lo que contribuyó en no poca medida el espíritu del romanticismo literario de la época: 'antipurismo', 'antiacademicismo' y otros 'antis' eran las banderas enarboladas. Los románticos argentinos «sueñan con una *lengua americana* que los identifique como hijos, no del Nuevo Mundo, sino de un mundo nuevo que nace con la independencia y que nada tiene que ver con España». Esta conciencia lingüística tiene como máximos representantes a Esteban Echeverría, Juan Bautista Alberdi, Juan María Gutiérrez y José Faustino Sarmiento. «Echeverría trae un cambio en lo literario inspirándose en el romanticismo francés; Alberdi habla de *un idioma nacional diferenciado* y se atreve a sugerir la adopción del francés; Gutiérrez también defiende la idea de un *idioma nacional argentino* y denuncia la lengua regida y legislada desde España; Sarmiento señala que "los idiomas [...] se tiñen con los colores del suelo que habitan, del gobierno que rigen y de las instituciones que las modifican", y defiende el derecho a la expresión propia independiente del escritor americano, revelando con ello una preocupación idiomática que iba más allá del rioplatense.» Todo este nacionalismo lingüístico se fomentaba valorando la experiencia de lo rural e imponiendo las modalidades propias de Buenos Aires, pero por encima de todo, mirando a Francia, inspirándose en su literatura y defendiendo el galicismo.

A todos estos amantes de la intransigencia para con los modelos del buen decir castizo —que no eran muchos— regañó, primero desde La Habana y después desde Santafé de Bogotá, Rafael María Merchán: «No hemos hecho la guerra a la lengua española —decía—, sino a los malos gobiernos españoles que nos oprimían; a ella no, porque es nuestra, porque es esencia misma de nuestra personalidad cultural, en la que nuestro continente ha escrito numerosas páginas de gloria».

A ellos también se opuso con vehemencia un nutrido grupo de hombres importantes en el mundo cultural hispanoamericano, aunados todos bajo el contundente argumento de que la lengua era patrimonio común, bien irreemplazable y soporte histórico; entre estos, el famoso venezolano Andrés Bello. Había escrito su notable *Gramática castellana para uso de los americanos,* en la que se proponía evitar a toda costa cualquier ruptura lingüística que pudiera producirse. Su ejemplo fue verdaderamente aleccionador. Había propuesto unas modificaciones ortográficas al margen de las normas académicas, y gracias a su enorme prestigio el Gobierno de Chile las había impuesto en su sistema escolar, en el que estuvieron vigentes por varios años. Cuando Bello observó que sus propuestas no se generalizaban, y que, en vez de unir a todos los hispanohablantes, estaban consiguiendo abrir una frontera entre ellos, pidió a Chile —y a todos— que abrazaran la ortografía de Madrid.

Y las aguas volvieron a su nivel. Lo de la fragmentación lingüística americana fue rebatido contundentemente. A lo señalado en su tiempo por Juan Valera («... hubiese sido necesario en América una invasión de bárbaros que diera al traste con las estructuras político-culturales establecidas para que pudiese pensarse en una nueva fragmentación lingüística»), los estudiosos más actuales han reexaminado toda la cuestión, y encuentran profundas diferencias entre el «caso latino» y lo relativo al español americano. La independencia política de las antiguas colonias fue un suceso de escasa trascendencia para la cultura hispánica, no definitivo como la caída del Imperio.

Las lenguas no son organismos regidos por leyes naturales inexorables, nos dicen, que los obligan a nacer, crecer, desarrollarse y morir; son hechos sociales que pueden vivir indefinidamente. La cultura latina, no tan bien asentada en los territorios de Roma, había experimentado ya un brusco descenso en su producción literaria entre los siglos VI y VII, en los que las figuras de Cicerón, y aun la de Séneca, pertenecían al pasado: «El latín ya había alcanzado el punto máximo de su perfección cuando se realizó la verdadera romanización de la mayoría de las provincias... En cambio, para toda la América española, el principal período de colonización empieza en el segundo cuarto del siglo XVI, mientras la lengua literaria clásica de España, si bien ya estaba en plena sazón en cuanto a sus posibilidades, no había alcanzado todavía la perfecta realización, suponiendo que, como es corriente, se considere representantes del español literario a Cervantes, Lope y Calderón».

La situación americana era diametralmente opuesta: enriquecimiento de los sistemas escolares con especial brillo universitario, apogeo de la imprenta, periodismo asentado, comunicaciones cada vez más frecuentes, y sobre todo ello, empeño explícito de la gran mayoría de la intelectualidad de mantenerse fieles a sus raíces hispánicas. No hay que olvidar que el español desempeñó un papel protagónico en la consolidación de los nuevos Estados americanos; durante todo el siglo XVIII, hablar 'con pureza' equivalía a hablar 'bien', y ello implicaba mantener una forma unitaria frente a las otras, tenidas por regionales, cuando no por viciosas o erradas. Esta idea de 'pureza' coincidía con la norma del centro peninsular; mientras perdurara esa idea, y en muchos hablantes perdura hasta hoy, no se podía plantear con seriedad la posible fragmentación del español americano.

NACEN LAS ACADEMIAS DE LA LENGUA EN AMÉRICA

En la Real Academia de la Lengua, la independencia política y las campañas de separatismo cultural fomentadas después —aunque, a la postre, sin éxito— no dejaron huella alguna. En 1845, el argentino Ventura de la Vega era aceptado en la Corporación madrileña como miembro de número; le siguieron otros intelectuales americanos que también habían fijado su residencia en Madrid: el peruano Juan de la Pezuela (1847), el mexicano Fermín de la Puente Apezechea (1850), el venezolano Rafael María Baralt (1853), y ya antes la Academia había nombrado miembros honorarios a José Gómez de la Cortina, en México (1840), y a Andrés Bello, en Chile (1851).

Muy poco después fue instaurado el título de miembro asociado: la distinguida nómina de hispanoamericanos empezó a integrarse con el peruano Felipe Pardo Aliaga (1860), los mexicanos Bernardo Couto (1860) y Joaquín Pesado (1860), los venezolanos Andrés Bello (1861) y Cecilio Acosta (1869) y el chileno José Victoriano Lastarria (1890). El camino estaba más que preparado para que surgieran las Academias americanas.

La idea de crear Academias en Hispanoamérica no era completamente nueva. Antecedentes, aunque débiles e insustanciales, había habido en Buenos Aires (1823), preñado este de un ingenuo nacionalismo, en Santafé de Bogotá y en México, estos últimos más ambiciosos, que propugnaban por esos mismos años la creación de una gran Academia Hispanoamericana de la Lengua, en la que participarían los más reconocidos intelectuales del continente. Pero ese breve capítulo se cerró del todo, dejando tras sí apenas un curioso puñado de documentos para la historia.

Por fin, en 1870, en una memorable sesión del 24 de noviembre, salió de la Academia Española la resolución que establecía el marco para la creación de Academias correspondientes en América. Diez años tardó en germinar la semilla plantada por el escritor colombiano José María Vergara y Vergara y el académico de la Española Juan Eugenio Hartzenbusch, a quien se atribuye la paternidad de la propuesta. Ahora el camino quedaba completamente expedito.

La resolución decía que tres académicos asociados de cada República americana —para entonces las listas eran considerables— podían establecer Academias nacionales que, de solicitarlo por iniciativa propia, serían reconocidas por Madrid como Corporaciones correspondientes. Tales Academias estarían organizadas y gobernadas por sus propios miembros, su funcionamiento sería paralelo al de la Academia matriz, y sus objetivos —limpiar, fijar y dar esplendor a la lengua española— los harían a todos partícipes de una misma empresa.

Tres nombres de extraordinario abolengo cultural, Miguel Antonio Caro, Rufino José Cuervo y Marco Fidel Suárez, dieron inicio en Colombia a la gran cruzada; en 1871, la Academia Colombiana de la Lengua era un hecho consumado. La siguieron muy pronto las de México (1875), Ecuador (1875), El Salvador (1880), Venezuela (1881), Chile (1886), Perú (1887) y Guatemala (1888). Unidos a estas fundaciones figuraban nombres de hispanoamericanos de gran talla: los mexicanos Joaquín García Icazbalceta y Rafael Ángel de la Peña, el ecuatoriano Pedro Fermín Ceballos, el venezolano Julio Calcaño, el chileno Miguel Luis Amunátegui y el peruano Ricardo Palma.

Algunas de estas Academias siguieron adelante recorriendo un camino siempre seguro; otras, las más, languidecieron hasta desaparecer o permanecieron en un entristecedor letargo hasta entrado el siglo XX. Pero nueva vida llegó con los albores de la segunda década de la pasada centuria: en 1914 quedó reorganizada la Academia Chilena, en 1918 la Peruana, en 1923 la Ecuatoriana y la Salvadoreña, en 1930 la Guatemalteca y la Venezolana. A este impulso, emanado fundamentalmente desde Madrid y acogido con entusiasmo por Hispanoamérica, se debieron también otros logros. Se fundaron las nuevas Academias de Bolivia (1920), Costa Rica (1923), Cuba (1926), Panamá (1926), República Dominicana (1927), Paraguay (1927) y Honduras (1948). La Academia Argentina de Letras, fundada en 1931, y la Academia Nacional de Letras del Uruguay, en 1943, se unieron entonces al concierto continental en calidad de asociadas.

LA ASOCIACIÓN DE ACADEMIAS DE LA LENGUA ESPAÑOLA

El año 1951 marca un hito de extrema importancia en la historia de las Academias de América: el entonces presidente de México, Miguel Alemán, convoca en la capital de la nación una reunión de Academias. En suelo americano, y al amparo gubernamental de uno de sus grandes países, nació en aquella ocasión la Asociación de Academias de la Lengua Española.

El presidente Alemán actuaba con ejemplar clarividencia. Era necesaria la unión de todos para actuar con fuerza en medio de los poderosos bloques político-culturales que se repartían el mundo. La lengua española, con todo lo que ella significaba, tendría una voz más potente, una proyección más sólida, un reconocimiento más indiscutible. El papel de las Academias de la Lengua adquirió con ello una importancia inusitada, pasando a ocupar lugares protagónicos en el ámbito internacional hispánico y fuera de él.

La flamante Asociación nació y vivió en la Ciudad de México hasta 1956, año en que tuvo lugar una segunda reunión, esta vez en Madrid. Durante aquel período inicial, la Comisión Permanente que regía los primeros pasos de la Asociación estaba integrada por nueve académicos, ocho hispanoamericanos y un miembro de la Academia Española, que presidía. Con subvenciones del Gobierno mexicano se mantuvieron todos en la capital azteca preparando estatutos, reglamentos, planes de acción. También revitalizando las Academias que desfallecían y creando otras. En 1955, pocos años después de efectuada la reunión de México, se crea la Academia Puertorriqueña, y a los sucesivos encuentros de la Asociación asisten, en calidad de observadores, distinguidos hispanistas de Estados Unidos, con la viva ilusión de que en su día se diese paso a la Academia Norteamericana de la Lengua Española. El camino no fue ni fácil ni corto, pero por fin, en la reunión de Lima (1980), la Academia Norteamericana fue aceptada como miembro de pleno derecho en el seno de la Asociación.

A partir de la primera reunión madrileña (1956), el estatuto de la Comisión Permanente quedó tambaleante. No obstante, la Academia Colombiana organiza un tercer encuentro en Bogotá en 1960, y cuatro años después la Academia Argentina de Letras convoca el cuarto. No fue hasta entonces cuando se asienta definitivamente la estructura de la Comisión rectora. A propuesta de Madrid, que asumía las responsabilidades económicas de su oferta, se establecía una Comisión de cinco miembros: un presidente, el director de la Real Academia Española o a quien esta Corporación designara dentro de sus miembros; un secretario general, académico hispanoamericano electo en las reuniones de la Asociación; otro miembro de la Corporación madrileña, que actuaría como tesorero, y otros dos hispanoamericanos designados por sus respectivas Academias, que estarían representadas de dos en dos cada año (hoy, de cuatro en cuatro), según turno establecido por sorteo.

En Buenos Aires (1964) se aprobó la iniciativa española y a los pocos meses, en abril de 1965, se instalaba en Madrid la primera directiva, bajo la presidencia de Dámaso Alonso. El informe de trabajo de ese cuatrienio inicial se ofrecía en Quito (1968), durante la celebración del quinto congreso.

Fue precisamente en este encuentro ecuatoriano en el que se aprobó la creación del Instituto Hispanoamericano de Lexicografía Augusto Malaret, que sería fundado en San Juan de Puerto Rico, tierra del ilustre lexicógrafo que le daba nombre, con la dirección de Ernesto Juan Fonfrías. La ilusión de todos era que esa fundación pudiera llevar a cabo los trabajos del diccionario académico de americanismos, propuesto desde la misma reunión fundacional de México. A pesar de las actividades desarrolladas en sus primeros años de vida, el Instituto, lamentablemente, dejó de existir ya hace varios años.

Desde Quito hasta hoy, con poquísimas irregularidades, se celebran cada cuatro años las reuniones de la Asociación de Academias (Caracas, 1972; Santiago de Chile, 1976; Lima, 1980; San José de Costa Rica, 1989; Madrid, 1994; Puebla de los Ángeles, 1998; San Juan de Puerto Rico, 2002). Puede afirmarse que esta goza de muy buena salud y ha continuado con entusiasmo todas las actividades que le fueron encomendadas desde su creación. Fuera del ámbito estrictamente académico, al que haré referencia más adelante, la Asociación ha impulsado la firma de un importante convenio multilateral entre países hispanohablantes —el Convenio de

Bogotá (1964)— y ha patrocinado la Declaración de Cartagena de Indias (1994), en busca de mayor apoyo oficial para las actividades de las respectivas Corporaciones.

Hay que destacar, además, el ejemplar logro alcanzado primero por la Academia Colombiana: me refiero a la Ley de Defensa del Idioma, la 002, de 6 de agosto de 1960, y el subsecuente decreto estatutario de 1964, por el que esta Corporación se constituía en consultora oficial del Estado en todos los asuntos relativos al idioma. En esa misma ley se prohibía el uso de lenguas extranjeras en documentos oficiales y en los nombres de los establecimientos que ofrecieran servicios al público en general, desde instituciones educativas y culturales hasta hoteles y restaurantes.

La noticia de la ley colombiana fue recibida con júbilo por el Congreso de Academias celebrado en Buenos Aires, en el que se aprobó por unanimidad que las restantes Corporaciones hicieran peticiones semejantes a sus gobiernos. En la mayoría de las ocasiones las peticiones fueron respondidas favorablemente, de manera que en muchos países son las Academias respectivas las consejeras oficiales en materia idiomática.

AMÉRICA EN EL «DICCIONARIO» DE LA REAL ACADEMIA ESPAÑOLA

Desde el momento en que la Real Academia Española dio inicio a sus trabajos lexicográficos, América ha estado siempre presente en sus repertorios. El primero de ellos, publicado en seis volúmenes y conocido popularmente como *Diccionario de Autoridades* (1726-1739), cuenta con 127 ejemplos, el 0,33 por 100 de sus aproximadamente 1.400 provincialismos. Hasta la undécima edición solo aparecían con la marca general *Amér[ica],* pero a partir de la siguiente, de 1884, comienzan a manejarse marcas específicas de países y de algunas zonas supranacionales.

Hasta que no se fundaron las primeras Academias hispanoamericanas, en el último tercio del siglo XIX, la Corporación madrileña disponía únicamente de dos fuentes para informarse de los términos americanos: los diccionarios de regionalismos, serie fecunda que se inaugura con el trabajo de Esteban Pichardo para Cuba en 1836, y comunicaciones personales de algunos colaboradores. Ambos recursos, sobre todo el primero, han ido nutriendo, a veces con patrones muy curiosos, el *Diccionario* académico, pues el período de fundaciones de las Academias correspondientes va desde 1871, en que nace la Colombiana, la decana de las Academias de Hispanoamérica, hasta 1980, en que —como se vio— se une a la Asociación de Academias la Corporación norteamericana.

Tras la creación de la Asociación, gracias a su estructura y mediante los canales comunicativos que esta abría, se facilitó y agilizó el diálogo, siempre mantenido, entre ambas orillas. La principal colaboración sería dada en materia lexicográfica: si el *Diccionario de la Lengua Española,* que publicaba la Real Academia Española, debía reflejar la realidad del español —general, no solo el de España— era absolutamente necesario el concurso activo de las Academias hispanoamericanas (y el de la Filipina).

Aunque desde *Autoridades* América había estado presente en los recuentos lexicográficos académicos cada vez con mayor peso, se trataba de una presencia asistemática, no planificada; por lo tanto, sometida a vaivenes de todo tipo y a circunstancias enteramente fortuitas. Hoy las cosas han cambiado, y mucho. La incorporación de americanismos al *Diccionario* se hace de manera metódica y científica. También generosamente. Para que el lector pueda darse cuenta del volumen de tales incorporaciones, pondré el siguiente ejemplo, suficientemente elocuente. En 1916, cuando Augusto Malaret daba los últimos retoques a su manuscrito del *Diccionario de Provincialismos de Puerto Rico,* el repertorio académico recogía solo cinco palabras de aquel país; en la última, la de 2001, son 482. En poco más de tres cuartos de siglo se produjo un aumento extraordinario. ¿Cómo se ha llevado a cabo esta labor?

La propuesta de palabras nuevas que examino a continuación fue presentada por Washington Llorens, en nombre de la Academia Puertorriqueña de la Lengua Española, durante la celebración del IV Congreso de la Asociación, realizado en Buenos Aires. Estaba constituida por un total de 83 términos, 75 en el cuerpo de la comunicación y otros ocho aparecidos en apéndice. Sin embargo, puertorriqueñismos propiamente tales eran 51.

Como el Congreso, en su resolución LV, instaba a la Academia Española a examinar y, en su caso, acoger estas propuestas, empezaron a darse los pasos necesarios para su posible incorporación al *Diccionario* académico.

El primero de ellos era su análisis y aprobación por parte de la Comisión Permanente de la Asociación de Academias de la Lengua Española. El estudio de esos 51 puertorriqueñismos comenzó el 20 de mayo de 1966.

En la primera reunión se estudiaron los términos

acabe m. 'fiesta con baile que se hace después de la recolección del café';

arrimado m. 'agregado, el que cultiva terreno ajeno a cambio de parte de lo que produce'; y

¡ay bendito! Interjección con que se expresan diversos estados de ánimo: pesar, asombro, ponderación, etc.

En el caso de **acabe**, Washington Llorens se contentó con copiar la definición ofrecida por Francisco J. Santamaría, a la que añadió la de Charles E. Kany. La Comisión, a su vez, solo reelaboró ligeramente la redacción propuesta. En **arrimado** suprimió la etimología (de arrimar), seguramente por obvia, e hizo grandes cambios a la definición, que originalmente era 'acogerse a la protección de uno', sin duda gracias a la ayuda, imprescindible en este caso, del académico puertorriqueño Ernesto Juan Fonfrías, que formaba entonces parte de la Comisión. Esta elimina la información 'Ú. t. c. s.' provista por Llorens, y naturalmente la cita, que en este caso procedía de una obra del mismo Fonfrías. En la interjección **¡ay bendito!** también se modifica la definición: 'pena' se mantiene, pero tanto 'conmiseración' como 'súplica' de la propuesta puertorriqueña se cambian ahora a 'asombro' y 'ponderación'. Se elimina el ejemplo.

En la siguiente sesión, la del 3 de junio, se revisaron:

¡bendito! Interjección para expresar pesadumbre, conmiseración y súplica;

bocabajo 1) adv. 'boca abajo', 2) m. 'castigo de azotes', 3) m. 'servil, adulador';

cambímbora f. 'pozo cubierto de hierba'; y

coquí m. 'pequeño reptil que grita *¡coquí! ¡coquí!* con timbre tan sonoro como el de la voz humana'.

La interjección **¡bendito!** solo recibe retoques en la definición: la 'pena' del original se convierte en 'pesadumbre', seguramente para no ser reiterativos con respecto al **¡ay bendito!** anterior. En **bocabajo** se añade la marca de *adverbio* y se da el sentido de 'boca abajo'; en su valor de sustantivo masculino se conserva sin marca el sentido anticuado ('castigo de azotes'). Se recoge también el sentido de 'servil, adulador'. La definición de **cambímboras**, que la Comisión singulariza, se modifica sustancialmente: 'los hoyos enormes que hay en algunos sitios de esta jurisdicción', según el testimonio directo de Aníbal Díaz Montero, se cambia a 'pozos cubiertos de hierba', cambio curioso, puesto que en esa región dialectal un *hoyo,* por muy enorme que sea, no es nunca sinónimo de *pozo.* La Comisión no recoge el término **guajonales** con el que Díaz Montero identifica las **cambímboras.** La definición de **coquí** ya empezaba a producir problemas (que aún no han terminado); Llorens adelanta el nombre científico de una de las especies de coquíes, quizá la más conocida, y coloca un signo de interrogación tras la palabra 'anfibio' de su definición. La Comisión retoca ligeramente la definición enviada por Puerto Rico.

Las sesiones dedicadas a examinar estas propuestas léxicas se prolongaron hasta finales del mes. La Comisión Permanente suspendió entonces sus labores por las vacaciones de verano, y aunque sus actividades se reanudaron antes, no fue hasta la sesión del 24 de noviembre cuando se continuó con la revisión de las propuestas puertorriqueñas.

Las fiestas navideñas produjeron otro receso en las actividades de la Comisión Permanente. Los trabajos del nuevo año dieron inicio a principios de febrero de 1967, pero no se reinició el examen de las propuestas puertorriqueñas hasta la sesión del 31 de marzo. A finales de junio se había completado la revisión de la lista. El siguiente paso era la Comisión de Diccionarios de la Real Academia Española, que entonces, con delegación expresa del Pleno, aprobaba los materiales que pasarían a engrosar la nueva edición del *Diccionario.* Las propuestas de Puerto Rico fueron nuevamente estudiadas y enmendadas, además de adquirir la estructura lexicográfica propia de este *Diccionario.*

Para agosto de 1966, esta Comisión había aprobado definitivamente las propuestas de **acabe, arrimado, ¡bendito!, bocabajo,**

cambímbora, coquí y **cucubano.** En diciembre de ese mismo año salían en el *Boletín de la Real Academia* los términos **baba, buchipluma, culillo, encandilar** y **fatulo.** Para abril de 1967: **gandul, guayo, invernazo, jalda, jiguillo, jobillo, juey, jurutungo, leña, mabí** y **macacoa.** Y cuatro meses más tarde: **fufú, manilo, mascadura, matrimonio, mime, místico, mixta, ñangotado, ñangotarse, panel, parejero, pato, pestillo, pollina, sananería, sanano, sucusumucu (a lo), tusa, ¡unjú!, vianda, viejera** y **zafacón.** No aparecieron, sin embargo, los términos **chavo, guagua** y **guajana.** Las modificaciones que todos estos términos sufrieron, principalmente en sus definiciones, se recogen con posterioridad en las ediciones del *Diccionario.*

También el *Boletín de la Comisión Permanente de la Asociación de Academias de la Lengua Española* se hizo eco de tales aceptaciones. En el número 5 (enero-junio de 1967), páginas 6-11, se listaron todos los términos estudiados, sin excepción alguna.

Por fin llegaron al *Diccionario.* La primera vez aparecieron en el *Suplemento* de la edición de 1970, pues no hubo tiempo de incorporarlos al cuerpo del *Diccionario.* Ya en las siguientes ediciones, de 1984 y 1992, figuran en sus lugares correspondientes. También, por supuesto, en la última, de 2001.

Un análisis de estas incorporaciones evidencia que estos términos se han convertido en 12 artículos, 17 acepciones y 21 marcas, en tres casos —**chévere, fatulo, tusa**— con más de una acepción. Hay, además, tres exclamaciones (**¡bendito!, ¡ay bendito!, ¡unjú!**), y una frase: **irse de jobillos.**

A lo largo de las veintiuna primeras ediciones de este repertorio, la incorporación de americanismos ha sido incesante, aunque con diferentes ritmos. Esta labor de acopio, sin embargo, no había sido nunca acompañada de revisiones sistemáticas que eliminaran aquellos términos caídos en desuso por la acción del tiempo, o que al menos introdujeran para esos casos las marcas cronológicas adecuadas.

Para ejemplificar esta situación, que no solo atañe a los americanismos, examínense los siguientes datos sobre incorporación de venezolanismos:

INCORPORACIÓN DE VENEZOLANISMOS AL «DRAE»

Edición	Año	N	T
XII	1884	22	22
XIII	1899	45	67
XIV	1914	13	80
XV	1925	177	257
XVI	1936	48	305
XVII	1947	6	311
XVIII	1956	24	335
XIX	1970	78	413
XX	1984	49	462
XXI	1992	85	547

La última de las columnas, encabezada por T[otal], da cuenta del inventario acumulado de los venezolanismos; es, desde luego, el resultado de las cifras que muestra la columna N[úmero], esta con datos particulares por edición. Desde los 22 términos iniciales se ha pasado a 547, gracias a una labor de acarreo. Es evidente que la única operación que se ha practicado aquí a lo largo de los años es la de suma, como si las palabras tuviesen todas vida eterna.

La última edición del *Diccionario* de la Real Academia Española, la de 2001, trae muchas innovaciones importantes, la más destacada de las cuales es el estreno de la nueva planta que con tanto rigor ha sido elaborada por el Instituto de Lexicografía de la Casa, y discutida con ahínco por la Corporación madrileña y las correspondientes. Dentro de esta tarea general se inserta la revisión a fondo de los 13.758 americanismos (el 12 por 100 del total de 83.018 artículos) con que contaba la edición del Quinto Centenario, con la que se había dado inicio al examen que culminó con la última edición.

Para que las Academias correspondientes pudiesen llevar a cabo su trabajo se les envió una lista especial que contaba con todos los términos que llevaban marca del país en cuestión, más otras idénticas a estas, pero con marca de los países vecinos y, en los casos en que procedía, otra más con marcas supranacionales (*Á[rea de los] Andes, Á[rea del] Caribe*, etc.). Aunque en todos los casos las Academias enviaron —y siguen enviando— listas indiscriminadas, la Comisión Permanente se encarga, una vez estudiadas, de establecer la siguiente tipología: 1) supresiones; 2) enmiendas, y 3) adiciones. Sobre esta clasificación general se procede a subclasificar con mayor especificidad (en los casos 1 y 3) para facilitar las operaciones de incorporación a las páginas del *Diccionario,* primero para su estudio y aprobación por la Comisión del *DRAE,* y después, para su procesamiento electrónico automático. Aunque un estudio tipológico de las enmiendas sería de sumo interés, para estos propósitos prácticos, estas se han manejado como un todo indivisible.

1.1.   Supresión de marcas:

apestillar. ‖ **2.** *Argent.* y *Chile.* Asir a uno de modo que no pueda escaparse.

apestillar. ‖ **2.** *Argent.* Asir a uno de modo que no pueda escaparse.

1.2.   Supresión de acepciones:

chirola. f. *Argent.* Antigua moneda de níquel, de cinco, diez o veinte centavos. ‖ **2.** *Chile.* Moneda chaucha o de veinte centavos. ‖ **3.** fig. *Argent.* Poco dinero. Ú. m. en pl.

chirola. f. *Argent.* Antigua moneda de níquel, de cinco, diez o veinte centavos. ‖ **2.** fig. *Argent.* Poco dinero. Ú. m. en pl.

1.3.   Supresión de artículos:

letrón.

letrudo, da. (De *letra.*) adj. ant. Hombre de letras. Usáb. t. c. s. Ú. en Chile.

letuario.

2.   Enmiendas:

pescua. f. *Venez.* Árbol semejante al madroño, cuyas hojas secas son aromáticas y se usan para perfumar los templos esparciéndolas por el suelo, particularmente en Caracas.

pescua. f. *Venez.* Arbusto aromático de la familia de las ericáceas, con flores de color blanco rosáceo agrupadas en racimos cortos.

3.1.   Adición de marca:

almacenero. ‖ **3.** m. *Argent., Par.* y *Urug.* Persona que atiende un almacén.

almacenero. ‖ **3.** m. *Argent., Bol., Par.* y *Urug.* Persona que atiende un almacén.

3.2.   Adición de acepciones:

pescua. f. *Venez.* Arbusto aromático de la familia de las ericáceas, con flores de color blanco rosáceo agrupadas en racimos cortos.

pescua. f. *Venez.* Arbusto aromático de la familia de las ericáceas, con flores de color blanco rosáceo agrupadas en racimos cortos. ‖ **2.** Fruto de este arbusto.

3.3.   Adición de artículos:

pácul.

pacumuto. m. *Bol.* Asado de carne de res que se prepara ensartándola a un palo o hierro sobre fuego directo.

padecer.

Para llegar a hacer estas recomendaciones cada Academia se sirvió de diversos procedimientos: en unos casos, se preparó un equipo de investigación *ad hoc* que recorrió el país administrando una encuesta (Bolivia, Puerto Rico); en otros, la Academia consultó con sus correspondientes de provincias (Chile) y también con profesores universitarios (Argentina), y en otros, fueron la Comisión de Lexicografía y el cuerpo académico los encargados de revisar las listas. No faltaron los casos en que las Academias encomendaron la labor a uno de sus miembros más destacados en esta especialidad.

Uno de los fenómenos más relevantes es el de la mortandad lingüística, el relativo a aquellas palabras que han desaparecido de la vida del idioma. Examínense con cuidado los siguientes datos:

ÍNDICES DE MORTANDAD LÉXICA

	N	A	B	C	D	T	%
Guatemala	302	39	7	0	0	46	15,2
El Salvador	106	19	3	2	0	24	22,6
Nicaragua	294	13	1	0	0	14	4,7
Costa Rica	364	57	0	0	0	57	15,6
Panamá	144	21	3	0	0	24	16,6
Rep. Dominicana	195	24	3	0	0	24	16,6
Venezuela	547	74	23	9	5	111	20,3
Chile	1.566	145	102	64	4	315	20,1
Bolivia	311	75	7	9	4	95	30,5
Uruguay	733	70	3	1	1	75	10,2

La primera de las columnas indica el número total de las marcas con que cuenta, en la edición del *DRAE* de 1992, cada país de los examinados; le siguen otras cuatro, identificadas con las letras A, supresión de marcas; B, de acepciones; C, de artículos; y D, de fraseología. La columna T[otal] ofrece la suma de estas cuatro, y la última de ellas, el porcentaje de supresiones por país.

Se notará que la mortandad va desde un mínimo de 4,7 por 100 (Nicaragua) hasta un máximo de 30,5 (Bolivia); todo ello produce una media de 17,2, aunque es cifra que varía algo al compararla después con la información de todos los países americanos.

Como es de suponer, la última edición del *Diccionario* dejó de contar con estos cadáveres léxicos. Pero, a la vez, dio entrada a las muchas adiciones que han ido produciéndose. Véase en la página siguiente, a manera de ejemplo, lo ocurrido con los bolivianismos.

Si bien es cierto que las supresiones suman 95, las adiciones llegan a un total de 542, divididas estas en 272 marcas, 56 acepciones y nada menos que 214 nuevas entradas. Hechas las operaciones de resta y suma respectivas, surge un saldo favorable de 758, lo que indica que, con respecto a las unidades léxicas bolivianas, el aumento de la última edición ha sido el 143,7 por 100.

Queda claro que las revisiones de los americanismos del *Diccionario* no pueden terminar aquí. Se trata, no cabe duda, de operaciones que necesitan ser repetidas periódicamente, porque las causas

Bolivia de 1992 a 2000

DRAE-1992					T	
					311	
	A	B	C	D		
Supresiones Adiciones	75 272	7 56	9 214	4 0	95 542	
DRAE-2001					758	143,7%

de la mortandad no van a desaparecer con el año 2001. Serán las mismas u otras, pero la vida de la lengua lleva implícitas estas desapariciones junto con los nuevos nacimientos. Y el lexicógrafo debe ir dando cuenta puntual de todo ello, sobre todo si lo que se persigue es ofrecer una visión realista y actualizada de la norma léxica americana.

Cada día va siendo más y más importante el hecho de que sean muchos los hablantes que usen una palabra en cuestión. Es criterio que se va imponiendo, aunque con lentitud, para convivir con el antiguo de autoridades. Hace tan solo unos años bastaba con que la palabra hubiese sido empleada por un escritor de renombre; a pesar de sus constantes revisiones, el *DRAE* trae todavía ejemplos abundantes de regionalismos que solo figuran en sus páginas por el prestigio que les ha conferido algún escritor de talla, cuya autoridad en materia idiomática se ha logrado imponer. Aunque aún queda mucho camino por delante, el criterio de autoridad cede espacio al de frecuencia de uso. Es natural que así sea. Si el objetivo del *Diccionario* es reunir el léxico hispánico general, o al menos el de uso extenso e intenso en amplios territorios hispánicos, se comprende que la prioridad esté en el factor frecuencia. Nuestro *Diccionario* no puede ser un repertorio de curiosidades léxicas; para eso están los diccionarios de regionalismos, que ciertamente no escasean por todo nuestro mundo.

OTRAS TAREAS DE LAS ACADEMIAS AMERICANAS

La colaboración prestada a la Academia matriz por sus filiales americanas y filipina no termina en la labor lexicográfica, que no es tarea menor. Las otras grandes empresas, la ortografía y la gramática, solían ser obra exclusiva de la Academia Española, o más concretamente, de algunos de sus miembros más destacados en esos campos. Tratándose de una gramática, de un cuerpo de doctrina, habría podido parecer dificilísimo establecer una colaboración transatlántica, pero no ha sido así. Y no se ha tratado solo de atender a los usos americanos —donde la colaboración de las correspondientes estaría completamente asegurada—, sino de la colaboración codo a codo con aspectos teóricos de gran refinamiento y suma importancia.

Innovaciones constantes en cuestiones ortográficas las ha hecho siempre la Española con el beneplácito de las correspondientes. Pero en esta última edición, absolutamente panhispánica de acuerdo con la nueva política académica, han surgido discrepancias, a veces muy gruesas, pero en todas se ha llegado, no siempre con facilidad, a un feliz consenso, en el que no ha faltado el triunfo de las propuestas americanas. Lo que esto representa para la unidad de la lengua nunca será suficientemente subrayado.

También han sido llevados a cabo otros estudios. Sobresalen entre ellos los lexicográficos; más de la mitad de las Academias o miembros de ellas han producido diccionarios de regionalismos. Como era de esperar, esta nómina ofrece materiales muy desiguales, que varían de acuerdo a la formación metalexicográfica de sus autores, pero que en todo caso constituyen un acopio de información léxica del español hablado en territorios muy dilatados.

Otra importante línea de trabajo de las Academias hispanoamericanas, aunque no ya corporativa, es la labor de edición de textos, de crítica literaria y de historiografía literaria y cultural. Siguiendo patrones clásicos de la Real Academia, se han preparado ediciones de los grandes escritores del continente, se han elaborado antologías y se han escrito historias del quehacer literario de sus respectivas naciones. No siempre estas obras han sido empresas académicas, sino de sus miembros, pero no cabe duda de que el estímulo brindado aquí por las Corporaciones ha sido importante, sobre todo tras el excepcional y único ejemplo de Marcelino Menéndez Pelayo y su justamente famosa antología de poetas hispanoamericanos.

Claro que, al margen de estos trabajos, no es posible olvidar la muy destacada labor de difusión que llevan a cabo nuestras Academias del trabajo lexicográfico colectivo; sus boletines u otras publicaciones periódicas informan a la intelectualidad, a los medios de comunicación social y al público en general de cada país de las últimas novedades en materia ortográfica y en cuanto a nuevas palabras aceptadas. Estas campañas llegan incluso a la prensa diaria, a la radio y a la televisión, de la mano de reconocidos académicos. Los ejemplos aquí son muchísimos.

Hoy más que nunca el papel de las Academias americanas es muy importante. El cuidado del árbol común que es nuestra lengua es tarea de todos, y entre todos —los de allá y los de acá— debemos afrontar la responsabilidad de que cada día crezca más lozano y vigoroso. El reto ha sido aceptado con gusto.

7
EL LENGUAJE POLÍTICO-REVOLUCIONARIO DEL 98

«CUBA Y PUERTO RICO SON DE UN PÁJARO LAS DOS ALAS...»

La «siempre fiel isla de Cuba» y la no menos fidelísima de Puerto Rico, unidas desde el inicio de la historia colonial, reforzaron sus lazos de hermandad tras la proclamación de la independencia de las provincias continentales. El denominador común de esa unión fue el ansia de libertad política, provocada por la imposición de condiciones cada vez más asfixiantes desde la Metrópoli.

En 1878 se firma en Cuba la Paz de Zanjón, terminando así la llamada Guerra de los Diez Años. Fue el principio del fin, porque aunque era cierto que la campaña bélica que aspiraba a conseguir la independencia de la isla había llegado a término, nada mejoró con ello. En primer lugar, no la había respaldado la mayoría de los jefes de la insurrección, y en segundo, más que convenio, fue la aceptación por un grupo de rebeldes de un pliego de proposiciones de paz presentado por Arsenio Martínez Campos como general en jefe del ejército español. El documento, que fijaba los términos de la capitulación, incluía el «olvido de lo pasado».

Habría sido el momento propicio para que la Metrópoli concediese la autonomía, que, como en Puerto Rico, había sido larga y reiteradamente solicitada. Sin embargo, lejos de otorgarla, se recrudeció la política de dominación, y buena prueba de ello, entre otras cosas, fue el mantenimiento en aquellas posesiones de un gran ejército de más de doscientos mil hombres.

Una serie de errores en cadena, todos ellos protagonizados por Cánovas del Castillo, no permitieron ni que se cerraran las viejas heridas ni que se pudiera pensar en un futuro más halagüeño. Es sorprendente que un hombre tan brillante, con tantos triunfos a su espalda, como la difícil restauración borbónica, por ejemplo, hubiese actuado con tal ceguera política en el caso de las islas, tan fieles colonias siempre. Su feroz negativa a dar cualquier paso que pudiese redundar en la emancipación de Cuba y de Puerto Rico propició, en calidad de principal motor, el Grito de Baire, el 24 de febrero de 1895, con el que Cuba abría su última gran guerra.

El ansiado régimen autonómico llegó muy tarde, el 1 de enero de 1898, y para ello fue necesario que Sagasta sustituyese al asesinado Cánovas, gracias a la decisión de la reina regente María Cristina de Habsburgo. En un acto frío e intrascendente, el entonces capitán general de Cuba, Ramón Blanco y Erenas, daba posesión en La Habana al Consejo de Secretarios del nuevo gobierno autonómico, que había sido designado el día antes y cuyo presidente era José María Gálvez, jefe del Partido Autonomista.

Pero la decisión no tuvo fortuna entonces. Nadie pareció aplaudirla: ni el partido Unión Constitucional, que agrupaba a los elementos españoles más intransigentes, ni los militares, ni —por supuesto— el fatídico cuerpo de 'voluntarios' de Cuba, que tan flaco servicio prestaban a España con sus iracundas, frenéticas e irresponsables actuaciones. Tampoco fue bien acogida por el Gobierno de la República en Armas, crecido como se encontraba en aquel momento por los triunfos alcanzados en la guerra, auspiciadores de un final feliz y cercano.

Apenas mes y medio después de la instalación de la Autonomía, se produjo un hecho que haría cambiar la historia drásticamente: la explosión del acorazado *Maine* mientras se encontraba anclado en plena bahía de La Habana; habían pasado seis días escasos desde que Puerto Rico estrenara la suya, bajo la presidencia de Francisco Mariano Quiñones. Las varias detonaciones de la proa, las gigantescas llamaradas y aquellos 266 cadáveres, todo hábilmente manipulado por intereses espurios, llevó a la declaración de guerra de Estados Unidos a España. El vuelco que dio a las cosas este suceso es de sobra conocido, pero no está de más recordar que constituyó un grueso baldón para ambos contrincantes, Cuba y España, sobre todo para los combatientes cubanos y su ideal de independencia, que fueron forzados a ocupar segundos planos y a abandonar un espacio histórico que habían ganado con sangre.

Puerto Rico no corrió mejor suerte. El 12 de mayo la escuadra norteamericana bombardeaba San Juan, y dos meses después se producía la invasión de la isla. A pesar de la resistencia de la población, el ejército capitaneado por el general Nelson A. Miles completó su misión en poco tiempo. El 11 de abril de 1899, con la firma del Tratado de París, Puerto Rico se convertía también, junto a Cuba y a Filipinas, en posesión norteamericana.

EL REFLEJO DE LAS CORTES DE CÁDIZ

Muchos años antes de todo esto, la participación de Puerto Rico, en su calidad de provincia ultramarina, en las deliberaciones de las Cortes de Cádiz llevó a la isla nuevos aires en el vocabulario civil y político, emanados de los trabajos, del choque de ideas y el enfrentamiento entre *liberales* y *serviles.* Aquellos momentos hacían renacer valores desconocidos en una serie de palabras clave: *patria, compatriota, ciudadano, Estado,* y ponían de moda una fraseología diferente y desconocida: «*seguridad personal*», «la inestimable *existencia moral* del ciudadano», «su *empleo y subsistencia*», «el sagrado asilo de su *domicilio*», «el *derecho de la propiedad*», «el *primer magistrado* de la Isla», «la oposición de *facultades omnímodas* de los gobernantes», etc. Como es de suponer, aquellas palabras que recordaban al poder absolutista eran ampliamente postergadas: *Monarquía, Gobernador, Capitán General,* etc.

La prensa periódica del país, que apenas acababa de nacer, se hacía eco constante de la nueva forma de pensar, y adaptaba su prosa, igual que los poetas sus versos, a las nuevas circunstancias. Una breve ojeada a esos papeles nos hace encontrar a cada paso ejemplos como estos: «llama ardiente del *patriotismo*», «holocausto a la *libertad de la patria* que yacía en *opresión*», «heroica *revolución*», «un trono cimentado sobre las bases indestructibles de un *pacto solemne*», «aborreced *la tiranía* y despreciad a *los tiranos*», todos ellos precursores de un romanticismo literario que se avecinaba.

El entusiasmo que provoca en la isla el nuevo orden civil de España se trasluce también en la literatura, especialmente en la popular de ocasión. Circuló entonces con mucho éxito una copla que decía en lenguaje jíbaro:

> Jablando de leyes
> ¡qué güenas que son
> las que ha condusío
> la Costitución!

También se estrenan en San Juan por aquellas fechas varias piezas de teatro que llevaban títulos como *Mucén o El triunfo del patriotismo, Los amantes constitucionales, El juramento de la Constitución.*

Estas ansias de libertad y de innovaciones políticas tuvieron pronto su reacción, como era de esperar, entre elementos conservadores. Como contrapartida a las piezas anteriores, Pedro Tomás de Córdoba titula la suya *El triunfo del trono y lealtad puertorriqueña,* canto entusiasta a la monarquía absoluta y acre censura a la apertura política constitucionalista. Allí se critica sin ambages a «los planes inicuos y desorganizadores del Trono y del Altar a que tendían la Constitución y los decretos de los renegadores»; a estos renegadores los califica también de «horda de revolucionarios», «caterva de comuneros», «padillistas», «masones», «demagogos», «anarquistas», que iban en pos de «locas fantasías», nacidas en la lectura de «libros llamados filosóficos». No satisfecho con todo esto, se muestra contrario a la causa de la independencia en la antigua de Santo Domingo, que la ha llevado a la «desolación», al tiempo que elogia a Cuba y Puerto Rico porque «supieron precaverse y alejar de sus suelos esas terribles convulsiones políticas»; sus habitantes son espléndidos «modelos de firmeza» entre todos los vasallos de la Corona española.

LOS IDEALES INDEPENDENTISTAS DE PUERTO RICO

Pero aquellos «renegadores» eran muchos y habían intentado levantarse en armas contra la Corona en varias ocasiones. A los viejos levantamientos independentistas de 1835 y 1839, les había seguido, años más tarde, el más serio de 1867. Los veinte años que van desde 1876 a 1896 fueron terribles, tanto para Puerto Rico como para Cuba; con la restauración borbónica subió al poder el Partido Incondicional Español, que no tardó, bajo la batuta de Cánovas, en 'reajustar' las cosas. El general Sanz fue el encargado de suprimir las garantías constitucionales, clausurar el Instituto de Segunda Enseñanza, de echar a la calle a maestros, funcionarios y hasta a curas liberales y de encarcelar sin miramientos a los reformistas, incluso a los verdaderamente moderados. Todo ello fue fomentando la indignación popular, pero la gota que colmó el vaso fueron las torturas y encarcelamientos arbitrarios que sufrieron algunos líderes reformistas, en particular el autonomista Baldorioty de Castro, bajo la excusa de una conspiración inexistente.

El resultado de todo este estado de cosas fue la fundación del Partido Autonomista de Puerto Rico en 1887, la constitución de las secciones puertorriqueñas en la Junta Revolucionaria Cubana de Nueva York y la constitución en París de una Junta Autonomista, que dirigió Betances. Como en el caso de la isla hermana, la autonomía llegó demasiado tarde. Es cierto que los sagastinos hicieron todo lo que pudieron en pro de las reformas preconizadas por Maura, pero 1897 era ya una fecha impropia; por más que al año siguiente tomara posesión el flamante gobierno autonómico, ya subía al poder herido de muerte.

LA TRAYECTORIA DE JOSÉ MARTÍ

Las relaciones entre política y lenguaje han dado lugar a una bibliografía amplia y no exenta de superficialidades ni de polémicas. Hoy son difíciles de explicar tanto las primeras como las segundas, pues ya contamos con deslindes significativos. El primero de ellos hace alusión a la *perspectiva política,* en la cual el lenguaje se considera como uso lingüístico propio de las actividades llamadas 'políticas' (lenguaje *de* la política), y el segundo, a la *perspectiva del lenguaje,* en la que lo político se presenta como dimensión esencial del lenguaje mismo, dimensión que, a su vez, se manifiesta en —y determina— actitudes y actividades 'políticas' (política del lenguaje).

Aunque el léxico tiene sus cuarteles generales instalados en ambas perspectivas, existen algunas parcelas en las que actúa como único actor, y otras en las que su papel es muy destacado.

Dentro de la primera perspectiva —la de la política— se señala la existencia de tres sentidos diferentes: *a*) como léxico político; *b*) como modo de emplear los signos lingüísticos en la política, y *c*) como conjunto de procedimientos —quizá incluso, algunos propios— de los textos políticos. Con la etiqueta de 'léxico político' se hace alusión a la terminología relativa a las nociones e instituciones públicas, desperdigada en documentos de muy variado tipo, desde los muy oficiales, constituciones, cuerpos jurídicos, textos parlamentarios, etc., hasta los más populares.

De mucho mayor interés, también para historiadores, sociólogos y politólogos, es la segunda perspectiva: el modo de emplear las palabras *en* política. La variedad semántica y hasta la más flagrante oposición de significados de los mismos términos cuando estos aparecen en diferentes bocas y en distintas plumas ha llamado mucho la atención de los estudiosos, que han sabido relacionar ciertos contenidos semánticos con ciertas posturas o ideologías políticas; así, mientras que para un francés de hace veinte o treinta años parecía dura ironía llamar 'democrática' a la antigua Alemania del Este, a los rusos de esa misma época les parecía chocante ser tildados de comunistas cuando se encontraban aún en una etapa anterior llamada por ellos socialismo.

El análisis de los textos revolucionarios de José Martí que aquí se esboza no hará alusión a estos aspectos. Manejará más bien la etiqueta 'lenguaje político' en su tercer sentido, el de conjunto de procedimientos utilizados en discursos o textos políticos. Me apresuro a presentar aquí varias especificaciones. Aunque ya son famosísimas las palabras de Talleyrand de que en política el lenguaje no sirve para manifestar, sino para ocultar el pensamiento, de ahí las ambigüedades, las insinuaciones, etc., se trata de una aseveración muy parcial que no puede constituirse en constante del discurso político o 'de los políticos'. De todas formas, esta variada gama de recursos hay que inscribirla en el ámbito de la retórica, y aunque sin duda son estudios importantes, no logran competir con la hermenéutica del sentido. Es verdad que el propósito obligado de todo discurso político, su eficacia, podría llegar a conseguirse tan solo con refinado retoricismo, pero el oyente o el lector, aun el más discreto, esperaría encontrar argumentos de algún peso. Solo a estos últimos nos referiremos. Se tratará de unos comentarios filológicos, pero en su parcela de contenidos y no en otros aspectos que también interesan a la lingüística general del texto.

Sintetizar lo que fue el discurso político cubano del 98 o, mejor aún, que culminó en el 98, es tarea muy dilatada. Debido a ello, me detendré con algún pormenor en la producción martiana, y por otras varias razones. En primer lugar, se trata de la figura señera del discurso político en Cuba, y no solo del de esta época, figura apenas seguida, y de muy lejos, por unos pocos (Domingo del Monte, José Antonio Cortina, Rafael Montoro, Enrique Piñeyro, Manuel Sanguily, Fernández de Castro, Enrique José Varona, José de Armas y Cárdenas, y un largo etcétera, en el que es preciso incluir al andaluz Manuel Pérez de Molina); segundo, porque su discurso estuvo siempre apoyado en una biografía impresionante, de manera que acción y palabra eran un todo unitario.

Los textos políticos de Martí, todos de índole revolucionaria, empiezan a producirse cuando este apenas contaba quince años. En aquella primera ocasión se trataba del dramita en verso *Abdala,* publicado en un periódico estudiantil fundado por él y por varios condiscípulos y que llevaba el elocuente nombre de *La Patria Libre.* En esta obra de adolescencia el futuro prócer pone en escena la lucha del joven Abdala para defender la independencia de su patria, aquí la exótica Nubia, amenazada por el rudo conquistador. Con tono altisonante, muy al gusto de la época, Abdala arenga a sus hombres a la lucha. Era Martí realmente quien hablaba cuando el protagonista dice:

> Ni laurel ni corona necesita
> quien respira valor. Pues amenazan
> a Nubia libre, y un tirano quiere
> rendirla a su dominio vil esclava,
> ¡corramos a la lucha y nuestra sangre
> pruebe el conquistador que la derraman
> pechos que son altares de la Nubia,
> brazos que son sus fuertes y murallas!
> ¡A la guerra, valientes! ¡Del tirano

la sangre corra, y a su empresa osada
de muros sirvan los robustos pechos
y sea su sangre fuego a nuestra audacia!
¡A la guerra! ¡A la guerra! ¡Sea el aplauso
del vil conquistador que nos ataca,
el son tremendo que al batirlo suenen
nuestras rudas y audaces cimitarras!
¡Nunca desmienta su grandeza Nubia!
¡A la guerra corred! ¡A la batalla!
Y de escudo te sirva ¡oh patria mía!
el bélico valor de nuestras almas.

Pero los fervorosos sueños, infantiles casi, pronto se desvanecieron ante la cruda realidad: una carta, firmada por él y por Fermín Valdés Domínguez, en la que se recriminaba la traición al credo revolucionario de uno de sus compañeros, fue suficiente para que un tribunal militar lo condenara a seis años de prisión. Con cadena y grillete al pie, el asfixiante trabajo forzoso de las canteras hubiese acabado en poco tiempo con aquel muchacho endeble, si no hubiese sido por la intervención de José María Sardá, influyente arrendatario de aquellas canteras, catalán de pro y enemigo de la injusticia. Fue trasladado primero a la isla de Pinos, al sur de la provincia de La Habana, y después deportado a la España de sus padres, en la que estudió con ahínco Derecho y Filosofía y Letras.

En Madrid, con su lesión inguinal a cuestas, recuerdo del trabajo de las canteras, escudriñó el panorama político que lo rodeaba. Algunos de sus paisanos, también separatistas, ponían sus esperanzas en la azarosa vida gubernamental de la Metrópoli. Acababa de subir al trono Amadeo de Saboya y la situación general era de gran desconcierto. En medio de este clima de indecisiones publica Martí en Madrid, en pleno corazón de la tierra de los opresores, *El presidio político en Cuba,* contando y condenando sus horrores. De *El presidio* la crítica ha dicho que «se caracteriza por una prosa levantada, con imágenes fuertes, que busca conmover más por la exhortación que por el testimonio crudo... Si se considera que el texto está dirigido a los españoles, para que comprendan, para que conozcan, para que sientan como propia la situación de degradación de la justicia y del honor de España, hay que reconocer que *El pre-*

sidio político en Cuba se constituye en un verdadero alarde retórico construido por un equilibrio inestable entre decir y no decir, tematizar el odio negándolo, defender el derecho a la propia patria sin negar el derecho a la patria de otros».

La obrita venía precedida por un trabajo titulado «Castillo», publicado meses antes en *La Soberanía Nacional,* de Cádiz, que llevaba una pequeña introducción del periódico:

> Sin comentario alguno, porque realmente no lo necesita, pero con la profunda convicción de que el servicio más patriótico que hacemos a España es el de que se entere de la verdad de lo que pasa en Cuba, y con el objeto de llamar la atención del Gobierno, y del señor Ministro de Ultramar, insertamos a continuación el relato que se nos ha entregado y de cuya autenticidad no abrigamos la menor duda.

En 1873 se produce un momento de gran esperanza: Amadeo I abandona el cetro y se instaura la República. El joven Martí, cargado de nuevas ilusiones, escribe ahora un memorial, *La República española ante la revolución cubana,* que envía de inmediato, a los cuatro días de establecido el gobierno, a los nuevos mandatarios. El memorial, convertido ya en folleto impreso, llega a todos los hombres públicos de mayor relieve del momento. Pero el aldabonazo con que Martí quería despertar las conciencias de los hombres de buena voluntad no tuvo eco alguno. Insistió, esta vez desde la prensa sevillana, a través de un par de artículos que tituló «La cuestión cubana». Pero tampoco fue escuchado.

No se trataba de desdén ni de obstinación; la situación de aquel gobierno republicano, carente de estabilidad y sosiego, no permitía el menor análisis, y no solo de la «cuestión cubana». Figueras abandona la presidencia totalmente decepcionado, Pi i Margall apenas si puede asentarse en la poltrona, Salmerón y Castelar no tuvieron mandos más prolongados; en un año, el país había visto pasar, casi en tropel, a cuatro presidentes.

Con harta amargura, Martí comprende la inviabilidad del camino del diálogo y de la razón. Vuelve a América con firme decisión de lucha. Primero México, después Guatemala, y regresa a Cuba, tras el final de la Guerra de los Diez Años; nueva deportación a España, más tarde Venezuela y, por último, Estados Unidos. La actividad desplegada por él durante todos los años que precedieron a la creación del Partido Revolucionario Cubano y a la consiguiente preparación del conflicto armado fue extraordinaria, y aunque en su producción escrita siempre hubo espacio y tiempo, arrancados al sueño, para otras inquietudes (de esta época es su mejor producción poética, por ejemplo), su obra se centra cada vez más en un tema sobresaliente: la libertad de Cuba.

Los textos políticos de Martí revisten formas diversas: cartas, artículos, discursos, diarios de campaña. Son cientos de páginas especialmente dedicadas a lo político, y otras tantas en las que, aun siendo otro el tema, siempre emergen en ellas una y otra vez sus ideales patrios. Repárese, si no, en aquel flamante y encendido discurso con que honraba la memoria de Bolívar:

> Con la frente contrita de los americanos que no han podido entrar aún en América; con el sereno conocimiento del puesto y valer reales del gran caraqueño en la obra espontánea y múltiple de la emancipación americana; con el asombro y reverencia de quien ve aún ante sí, demandándole la cuota, a aquel que fue como el samán de sus llanuras, en la pompa y generosidad, y como los ríos que caen atormentados de las cumbres, y como los peñascos que vienen ardiendo con luz y fragor de las entrañas de la tierra, traigo el homenaje infeliz de mis palabras, menos profundo y elocuente que el de mi silencio, al que desclavó del Cuzco el gonfalón de Pizarro. Por sobre tachas y cargos, por sobre la pasión del elogio y la del denuesto, por sobre las flaquezas mismas, ápice negro en el pulmón del cóndor, de aquel príncipe de la libertad, surge radioso el hombre verdadero. Quema y arroba. Pensar en él, asomarse a su vida, leerle una arenga, verlo deshecho y jadeante en una carta de amores, es como sentirse orlado el pensamiento. Su ardor fue el de nuestra redención, su lenguaje fue el de nuestra naturaleza, su cúspide fue la de nuestro continente; su caída para el corazón. Dícese Bolívar, y ya se ve de frente el monte al que, más que la nieve, sirve el encapotado jinete de corona; ya el pantano en que se revuelven, con tres repúblicas en el morral, los libertadores que van a rematar la redención de un mundo. ¡Oh, no! En calma no se puede hablar de aquel que no vivió jamás en ella; ¡de Bolívar se puede hablar con una montaña

por tribuna, o entre relámpagos y rayos, o con un manojo de pueblos libres en el puño y la tiranía descabezada a los pies!

Elogio a Bolívar, sí; pero junto al panegírico, el lamento del desterrado americano que aún no ha podido entrar en América.

Los textos políticos martianos se estructuran todos en torno a tres grandes núcleos: la denuncia, la lucha y la libertad futura. Aunque casi nunca sea posible encontrarlos por separado, hay cierto predominio de algunos de ellos en determinados textos: *El presidio político en Cuba* es un buen ejemplo de ello; aquí, es la denuncia de la injusticia, el bárbaro rigor de la intransigencia, la más férrea negación de la libertad individual. *El presidio* está en línea con una larga y prolija tradición de textos políticos: la de la denuncia de los crímenes cometidos por el Estado contra el individuo. El que escribe es un joven de dieciocho años que acababa de sufrir (fue condenado a los diecisiete) el horror. La obra se abre con esta página impresionante:

Dolor infinito debía ser el único nombre de estas páginas.

Dolor infinito porque el dolor del presidio es el más rudo, el más devastador de los dolores, el que mata la inteligencia y seca el alma, y deja en ella huellas que no se borrarán jamás.

Nace con un pedazo de hierro; arrastra consigo este mundo misterioso que agita cada corazón; crece nutrido de todas las penas sombrías, y rueda, al fin, aumentado con todas las lágrimas abrasadoras.

Dante no estuvo en presidio.

Si hubiera sentido desplomarse sobre su cerebro las bóvedas oscuras de aquel tormento de vida, hubiera desistido de pintar su Infierno. Las hubiera copiado, y lo hubiera pintado mejor.

Si existiera el Dios providente, y lo hubiera visto, con la una mano se habría cubierto el rostro, y con la otra habría hecho rodar al abismo aquella negación de Dios.

Dios existe, sin embargo, en la idea del bien, que vela el nacimiento de cada ser, y deja en el alma que se encarna en él una lágrima pura. El bien de Dios. La lágrima es la fuente de sentimiento eterno.

Dios existe, y yo vengo en su nombre a romper en las almas españolas el vaso frío que encierra en ellas la lágrima.

Dios existe, y si me hacéis alejar de aquí sin arrancar de vosotros la cobarde, la malaventurada indiferencia, dejadme que os desprecie, ya que no puedo odiar a nadie; dejadme que os compadezca en nombre de mi Dios.

No os odiaré ni os maldeciré.

Si yo odiara a alguien, me odiaría por ello a mí mismo.

Si mi Dios maldijera, yo negaría por ello a mi Dios.

Al margen de la garra literaria de esta *opus iuvenile* martiana, puede descubrirse ya desde estos primeros momentos una línea de pensamiento que aparecerá y reaparecerá constantemente en sus escritos: hay dolor, pero no odio; hay tristeza, pero no rencor. El apóstol sabía muy bien que aquellas torturas eran cosa de hombres desalmados, no de una nación que, junto a aquellos bárbaros, había dado al mundo legiones de hombres buenos.

La lucha era irremediable; no parecía haber —no había— otra forma de liberación; todas las demás puertas se habían ido cerrando. Había que derribar el poder español porque era injusto, opresor, humillante, despótico. No hacemos la guerra contra los españoles, decía Martí. Tampoco contra España. Luchamos contra los malos gobiernos que nos laceran y nos oprimen, a nosotros con más tesón, pero también a ellos. Ellos también tendrían que emanciparse del yugo: España se desangra.

En su época de esperanza había escrito:

¿Cómo ha de haber republicano honrado que se atreva a negar, para un pueblo, derecho que él usó para sí? Mi patria escribe con sangre su resolución irrevocable. Sobre los cadáveres de sus hijos se alza a decir que desea firmemente su independencia. Y luchan, y mueren. Y mueren tanto los hijos de la península como los hijos de mi patria. ¿No espantará a la República española saber que los españoles mueren por combatir a otros republicanos?

Y más adelante:

Y si Cuba proclama su independencia por el mismo derecho que se proclama la República, ¿cómo ha de negar la República a Cuba su derecho de ser libre, que es el mismo que ella usó para serlo? ¿Cómo ha de negarse a sí misma la República? ¿Cómo ha de disponer de la suerte de un pueblo imponiéndole una vida en la que no entra su completa y libre y evidentísima voluntad?

Aunque desgranados, por todas sus páginas aparecen sus trabajos y sus esperanzas de futuro; una carta fechada el 16 de diciembre de 1887, y dirigida al general Máximo Gómez, se convierte en verdadero programa de acción. Faltan pocos años para su muerte.

1. Acreditar en el país, disipando temores y procediendo en virtud de un fin democrático conocido, la solución revolucionaria.
2. Proceder sin demora a organizar, con la unión de los jefes afuera —y trabajos de extensión, y no de mera opinión, adentro—, la parte militar de la revolución.
3. Unir con espíritu democrático y en relaciones de igualdad todas las emigraciones.
4. Impedir que las simpatías revolucionarias en Cuba se tuerzan o esclaviven por ningún interés de grupo, para la preponderancia de una clase social, o la autoridad desmedida de una agrupación militar o civil, ni de una comarca determinada, ni de una raza sobre otra.
5. Impedir que con la propaganda de las ideas anexionistas (a Estados Unidos) se debilite la pureza que vaya adquiriendo la solución revolucionaria.

Subráyense en este programa las palabras *igualdad* y *democracia;* ese era el futuro de libertad que Martí quería para Cuba.

Y llegamos al último Martí, el de los diarios de campaña. El letrado se convierte en soldado y se lanza a la lucha armada. Hay notas de intimismo, apadrinadas por los géneros autobiográficos, pero tanto el *Diario de Montecristi a Cabo Haitiano* como el *Diario de Cabo Haitiano a Dos Ríos* son mucho más que muestras de literatura personal e íntima, de reflexión honda y subjetiva. Es verdad que a cada paso, en medio de los hechos que se narran, aparece su otra voz, la del espíritu pacífico y tierno:

En el camino mismo del combate nos esperaban los cubanos triunfadores; se echan de los caballos abajo; los caballos que han tomado a la guardia civil: se abrazan y nos vitorean: nos suben a caballo y nos calzan las espuelas. ¿Cómo no me inspira horror la mancha de sangre que vi en el camino? ¿Ni la sangre a medio secar, de una cabeza que ya está enterrada, con la cartera que le puso de descanso un jinete nuestro?

En estas páginas vive el último latido del prócer, su gran esfuerzo personal por contribuir en la manigua a la libertad de su patria. Fue muy corto este momento.

No pudo ver el final de la contienda por la bala que segó su vida en Dos Ríos, pero, sin duda, habría estado satisfecho de saber que tras el triunfo de la independencia, aunque empañado por la presencia de extraños, cuando por fin en 1902 se izaba la bandera nacional de Cuba en el orgulloso torreón del castillo del Morro, el 80 por 100 de los españoles que entonces vivían en la isla no hicieron sus maletas para volver a la Metrópoli, sino que se quedaron para siempre en aquel antiguo territorio de la Corona, abrazados fraternalmente a los cubanos, sus hermanos, sus hijos, sus nietos. Cuba fue siempre hermana del vencido; por eso los fusiles se cambiaron pronto por manos francas, como quería Martí:

Cultivo una rosa blanca
en junio como en enero
para el amigo sincero
que me da su mano franca.
Y para el cruel que me arranca
el corazón con que vivo,
cardo ni ortiga cultivo;
cultivo la rosa blanca.

Y terminó la contienda, y empezó la paz y se reafirmó el amor.

8
LAS ZONAS DIALECTALES DE AMÉRICA

HISPANOAMÉRICA, IBEROAMÉRICA, LATINOAMÉRICA

Hispanoamérica' es el término adecuado para referirse al conjunto de países americanos que hablan español; se trata de una comunidad político-lingüística en la que nuestra lengua posee rango nacional y oficial (aunque unas pocas Constituciones no lo especifiquen expresamente). Algunas de estas naciones, además del español, poseen otra lengua oficial, pero son minoría: el guaraní en Paraguay, como hemos visto, y el inglés en Puerto Rico.

También la palabra 'Iberoamérica' está semánticamente bien delimitada; hace referencia a los países de aquel continente que hablan lenguas iberorrománicas. Aquí, dejando aparte el español, solo se da el caso del portugués, de manera que se habla de Iberoamérica cuando se quiere incluir a Brasil.

'Latinoamérica', en cambio, palabra inventada por los franceses hace ya varias décadas, tiene un contenido semántico algo confuso. Se supone que vaya dirigida a las naciones de América que hablan una lengua neolatina, francés incluido, naturalmente. Pero si sobre el mapa lingüístico del continente se hace una revisión del término, además de Iberoamérica, nos encontraríamos obligados a incluir al Canadá francófono, a la Guayana francesa, a Haití y a las islas antillanas que también hablan esa lengua. No se sabe bien qué utilidad pueda tener un término tan pintoresco como este. Porque la realidad es que no hace, ni puede hacer, alusión al conjunto de todos los países situados al sur de Estados

Unidos, ya que algunos de ellos, más ciertos 'territorios', hablan lenguas con orígenes ajenos al latín: holandés, inglés y una serie de criollos.

Solo en las Antillas, frontera norte del llamado Mediterráneo americano, Aruba, Bonaire y Curaçao hablan holandés y papiamento, un criollo de base española, y otras muchas islas, inglés británico o norteamericano, más lenguas criollas formadas por este idioma y por lenguas africanas de las llevadas allí por los esclavos africanos en los siglos coloniales. Es verdad que tanto en Curaçao como en Trinidad y en las islas Vírgenes (St. Thomas y St. Croix) existen enclaves hispanohablantes, pero son una minoría exigua y exótica. En los alrededores de este archipiélago, Belice, enclavado en el corazón de Centroamérica, es anglohablante (al menos, oficialmente), y la actual Surinam, la antigua Guayana holandesa, junto a las costas venezolanas, habla holandés y criollo. En todos estos casos, la lengua criolla es la variedad baja, popular, manejada por todos, y las lenguas europeas, cultas y sobreimpuestas, la variedad alta, a la que solo unos pocos tienen acceso.

¿ES UNIFORME EL ESPAÑOL DE AMÉRICA?

Con respecto a nuestra lengua, existe una premisa incuestionable —el español es hoy la segunda lengua de comunicación internacional— y de dos fuertes pilares (no los únicos, por supuesto) que la fundamentan: 1) nuestra lengua es hablada por multitud de individuos en muchos países diferentes, y 2) el español es una lengua relativamente homogénea dentro de su variedad, fáctica y deseable. Veamos el primero de estos argumentos.

Este primero no tendría demasiada importancia si todos esos hablantes —algo más de 400 millones— pertenecieran a una misma entidad político-administrativa (en realidad, el español es la cuarta lengua en el mundo por el número de sus hablantes), pero se trata de una amplia dispersión que abarca diecisiete países hispanoamericanos que la tienen como lengua oficial única, más España, y otros dos, en la que es lengua cooficial.

Los datos correspondientes a los dieciocho primeros son los siguientes:

	Habitantes	%		Habitantes	%
México	101.879.170	98,2	Cuba	11.184.023	98
Colombia	40.349.388	99	R. Dominicana	8.581.477	98
España	40.037.995	99,1	Bolivia	8.300.463	87,7
Argentina	37.384.816	99,7	Honduras	6.406.052	98,2
Perú	27.483.864	85,1	El Salvador	6.237.662	100
Venezuela	23.916.810	96,9	Nicaragua	4.918.393	87,4
Chile	15.328.467	90	Costa Rica	3.773.000	97,5
Ecuador	13.183.978	93	Uruguay	3.360.105	98,4
Guatemala	12.974.361	64,7	Panamá	2.845.647	77,4

La primera columna numérica trae datos demográficos por orden descendente desde México a Panamá, aunque la información verdaderamente relevante está en la segunda, es decir, en los porcentajes que indican la proporción de hispanohablantes por país. Por hispanohablantes se entiende: 1) hablantes de español como lengua materna, y 2) hablantes de otras lenguas que tienen el español como segunda lengua y que lo hablan con un grado aceptable de competencia.

Hay algunos datos sorprendentes, como el amplio margen de hablantes monolingües (o casi) de una o varias lenguas indígenas; los números que ofrecen Guatemala (35,3%), Panamá (22,6%) y Perú (14,9%), frente a los de México (1,8%), por ejemplo, son muy elocuentes, lo que demuestra que este último país ha tenido un éxito sin precedentes en sus campañas castellanizadoras de la segunda mitad del siglo XX. Los otros tres países señalados arriba no han hecho, ni hacen, el menor esfuerzo por convertir en bilingües a sus hablantes monolingües en una lengua indígena. Un botón de muestra por el aprecio gubernamental ante sus lenguas: en Guatemala, por ejemplo, la Academia de las Lenguas Mayas tiene un presupuesto estatal de trece millones de quetzales al año, mientras que la Academia Guatemalteca de la Lengua recibe 72.000 quetzales, cuando los recibe. La primera tiene una sede excelente (incluso elegante, la llamada Casa Crema), y la segunda, un apartamento estrecho y ruidoso en pleno centro de la ciudad. Caso curioso donde los haya, siendo el español la lengua oficial única y, además, cordón umbilical de las comunicaciones de ese país con el mundo exterior.

En el otro caso, el de países en los que el español es lengua cooficial, debería haberse añadido Perú, porque el decreto-ley que elevó el quechua a esa categoría, de 1975, no ha sido modificado. Pero ya vimos que la intentona fue un simple gesto de aquellos gobernantes.

	Habitantes	%	Otra(s) lengua(s)
Paraguay	5.734.139	55,1	guaraní
Puerto Rico	3.766.000	98,2	inglés

Existen diferencias muy significativas entre Paraguay y Puerto Rico: la gran mayoría de los puertorriqueños son hablantes nativos de español, con un bilingüismo que según las fuentes de información que se manejen van desde un 32 a un 16 por 100. En contraste, Paraguay posee casi la mitad de su población que solo habla guaraní, algunos junto a un curioso guarañol.

Entre los países de América que no tienen al español en ninguna de esas dos categorías sobresale Estados Unidos, con algo más de 32 millones, lo que es un buen porcentaje si se compara con los 40 millones de hispanos que viven en ese país; Belice, el pequeño enclave centroamericano, con casi 70.000 hablantes de español; las islas ABC (Aruba, Bonaire y Curaçao), con cerca de 195.000, y las islas Vírgenes, con unos 12.000. El otro país americano de nutrida inmigración de origen hispano, Brasil, no sobrepasa los 50.000 hablantes nativos.

Como era de esperar en una lengua hablada en tantos países y en lugares tan esparcidos por el mapa continental, en Hispanoamérica no se habla un español absolutamente homogéneo, como tampoco se habla en España; entre los hablantes de sus diversas regiones se encuentran diferencias, a veces ostensibles. Como las fronteras de los países obedecen fundamentalmente a razones ajenas a la lengua y a sus variedades, este criterio no es en absoluto el adecuado para tratar de establecer zonificaciones lingüísticas dentro del continente y de las islas; mientras hay naciones que cuentan con una gran extensión territorial y con variedades dialectales internas, otras, en cambio, muy pequeñas, comparten fenómenos de lengua con sus vecinos.

Aquí se está hablando de *dialectos* y de la disciplina que los estudia, la *dialectología*. Ninguno de estos términos, especialmente el primero, puede ser presentado sin que medien polémicas, discusiones, rechazos de propuestas epistemológicas ya muy asentadas y valoraciones conflictivas de parámetros especificadores. Debemos, sin embargo, partir de la base de que un dialecto es un sistema comunicativo virtual, pero realizable, circunstancia que lo aparta del concepto de *lengua*. Los dialectos son 'sistemas' y no conjuntos de fenómenos peculiares, y se oponen a la lengua en varios puntos: en primer lugar, tienen hablantes, de ahí que sean realizables. Luego todo hablante es un hablante dialectal; la lengua no la habla nadie. 'Hablar una lengua' significa realmente usar uno de sus geolectos o variedades geográficas: el español *de* México, *de* Buenos Aires, *de* Granada, etc., que, por supuesto, poseen elementos particulares, pero también una cantidad enorme de elementos comunes, que permiten una comunicación sin problemas. 'Lengua' es, sin embargo, una etiqueta útil para entendernos en nuestras conversaciones cotidianas, pero un concepto teórico muy elusivo.

LA INFLUENCIA INDÍGENA

Uno de los primeros intentos de establecer zonas dialectales en América, es decir, áreas geográficas cuyos hablantes coincidieran en una serie de fenómenos lingüísticos que los distinguiera de sus vecinos, se basaba en la influencia que las distintas lenguas indígenas de gran extensión habían dejado en el español de cada una de ellas. Así nació la primera propuesta, que establecía la existencia de cinco zonas: 1) México, incluido el estado de Nuevo México, en Estados Unidos, y una gran parte de la América Central, territorio en el que se suponía que había ejercido su influencia el nahua; 2) el Caribe, integrado tanto por las Antillas como por las regiones costeras de Venezuela y Colombia (en este último caso, la atlántica), en el que habían predominado el arahuaco y el caribe; 3) las tierras altas de América del Sur, Colombia, Ecuador, Perú, Bolivia y norte de Chile, la llamada zona andina, en la que el quechua había señoreado durante mucho tiempo; 4) el centro y el sur de Chile, zona en la que el mapuche (llamado araucano antiguamente) había dominado;

y por último, 5) los países del Río de la Plata, Argentina, Uruguay y Paraguay, con el guaraní al fondo.

Sin embargo, esta propuesta chocaba con varios inconvenientes. En primer lugar, parecía estar hecha con bases etnológicas, sociológicas o culturales, pero no realmente lingüísticas. Cada día que pasa se comprueba que la influencia de las lenguas indígenas en el español de América es, en realidad, muy reducida, si se piensa en los monolingües o incluso en los bilingües equilibrados; otra cosa es, desde luego, las transferencias que puedan advertirse en el español de hablantes indígenas que tienen una competencia escasa o imperfecta en la lengua dominante. Pero en este caso no puede hablarse de influencias de una lengua indígena en el 'español de' una determinada región. Por otra parte, cada una de estas cinco zonas, con las excepciones del Caribe y del centro y sur de Chile, son de por sí sumamente heterogéneas. Pensar, en el estado actual de nuestros conocimientos dialectales, que México y Costa Rica o Nicaragua puedan formar una zona compacta es una auténtica fantasía, como también lo es el creer que la amplísima zona quinta se nos presenta como un todo lingüístico indivisible, cuando las diferencias entre ellas, muy sobresalientes por cierto en el caso del Paraguay y algunas regiones argentinas, saltan a la vista. El criterio adolecía de una buena dosis de subjetivismo.

Aun suponiendo que las lenguas indígenas, estas mayores y otras que hubiesen podido señalarse, hubiesen dejado huellas importantes en el español de estas regiones, sería necesario revisar a fondo esta clasificación, pues a los idiomas aborígenes se les supone una extensión que en realidad nunca tuvieron. Pensar que el guaraní, por ejemplo, tuvo alguna presencia importante mucho más allá de las fronteras de la Argentina con el Paraguay es, cuando menos, desconocer la historia.

LOS ELEMENTOS DE PRONUNCIACIÓN

Otra alternativa a la propuesta anterior es el estudio de la pronunciación, pero no procediendo de manera impresionista, sino basándose en las llamadas isoglosas, es decir, en líneas que se trazan sobre el mapa y que señalan la extensión de cada fenómeno lingüístico. No se necesita tener demasiada experiencia americana para saber que los hablantes del otro lado del océano pronuncian el español de manera diferente entre ellos, y que sus respectivas entonaciones son, en ocasiones, muy distantes entre sí. Varios son los investigadores que han seleccionado este aspecto como base de sus propuestas. Los fenómenos más importantes que han servido para establecer la clasificación han sido: 1) el debilitamiento y pérdida de 's' en posición final de sílaba y de palabra; 2) la confusión de 'r' y 'l' finales; 3) la aspiración suave de 'j'; 4) la pronunciación de 'rr' como vibrante múltiple, la regular en español; 5) la presencia/ausencia de yeísmo; 6) el rehilamiento 'porteño', fenómeno conocido como žeísmo, y 7) pronunciación velarizada de 'n'. Cada uno de los estudiosos ha llegado a sus propias conclusiones, estableciendo entre un mínimo de cinco zonas y un máximo de veintitrés.

Los problemas que se presentan con todas ellas son, en primer lugar, la insuficiencia de datos confiables a escala continental, pues mientras algunas regiones están muy bien estudiadas, otras, en cambio, siguen a la espera de que se efectúen esos análisis. Pero, además, precisamente debido a este desconocimiento, algunas de las variables seleccionadas no son las más adecuadas para establecer zonas dialectales, bien porque su campo es muy general y, por lo tanto, discriminan poco, bien porque su extensión es realmente limitada. Pero, además, salvo casos excepcionales, las isoglosas suelen entrecruzarse sin ningún patrón aparente. Quizá haya sido esta circunstancia la razón de que México aparezca, en algunas propuestas, formando zona con la República Dominicana, propuesta absolutamente contraintuitiva; de que, mientras que algunas de ellas abarcan una extensión desmedida (casi todo México, las Antillas, costa caribe de Venezuela y Colombia, mitad oriental de Panamá), otras solo alcanzan a una pequeña región de Uruguay, y de que se rompa constantemente la contigüidad geográfica entre diferentes regiones de la misma zona.

Un planteamiento algo más aceptable es el que piensa en dos grandes zonas: la de 'tierras bajas' y la de 'tierras altas'. En las primeras se dan, casi sistemáticamente, los debilitamientos consonánticos (aspiración y pérdida de 's' final, confusión de 'l' y 'r', aspiración de 'j', velarización de 'n' final, etc.), mientras que en las segundas el consonantismo final es muy fuerte y mantenido. Uno de los más ilustres defensores de esta zonificación ha dicho con mucha jocosidad: «Yo las distingo, de manera caricaturesca, por el régimen alimenticio: las tierras altas se comen las vocales, las tierras bajas se comen las consonantes».

EL VOSEO

A los fenómenos fonéticos estudiados se ha unido un rasgo morfosintáctico: el voseo. Se trata de la conservación en ciertas regiones americanas de un viejo fenómeno del español, que fue desapareciendo paulatinamente ante el triunfo del tuteo. El tratamiento de *tú* entre iguales se impuso, debido al prestigio que le confería el habla cortesana, a costa del viejo *vos,* que fue quedando arrinconado en las zonas más periféricas. Así sucedió con la región rioplatense —Buenos Aires no se convirtió en virreinato hasta muy tarde— y con amplias zonas centroamericanas. El voseo es hoy el único fenómeno del español americano que no tiene paralelo en ninguna región española, pues tanto de la Península como de las islas Canarias desapareció hace ya varios siglos. La mayor parte de América es hoy tuteante; sin embargo, los restos de voseo son abundantes.

Esta situación explica sobradamente que el voseo no sea un criterio útil para el establecimiento de zonas dialectales, siendo un fenómeno minoritario en el continente, al menos no como factor único. Es verdad que el voseo no se ha conservado de manera uniforme, y que esa variedad sí podría arrojar algunos resultados más positivos. Son cuatro los tipos con que cuentan algunos dialectos de Hispanoamérica:

A. vos teméis
B. vos temís
C. vos temés
D. vos temes,

todos diferentes según la forma verbal que acompañe al pronombre personal. Esta diversidad ha demostrado tener una cierta utilidad en una diferenciación más afinada de zonas dialectales americanas.

El vocabulario

No han faltado tampoco los intentos de trazar esta zonificación atendiendo a las semejanzas y diferencias en el vocabulario. Uno de ellos se basaba en el léxico agrícola o relacionado con la vida rural; el ámbito semántico estaba integrado por las denominaciones del campesino, de las tierras de cultivo y de las baldías, de las labores agrícolas, los aperos de labranza, los tipos de habitación, de propiedades rurales y de fenómenos climatológicos relacionados con la agricultura. Se trata de léxico —184 palabras— procedente de España, pero que en América ha alcanzado una distribución específica. Las fuentes de información con las que se trabajó fueron los recuentos lexicográficos de americanismos, fuentes librescas, como se ve. De este análisis surgen cuatro zonas dialectales: 1) integrada por el sur de Estados Unidos, México, América Central, las Antillas, Venezuela, Colombia (exceptuando la zona andina) y la costa del Ecuador; 2) compuesta por los países andinos Ecuador, Perú y Bolivia; 3) a la que pertenecen las extensas llanuras del Río de la Plata y de Bolivia, y 4) que integra Chile, excepto su parte norte.

Las críticas a esta propuesta son muy contundentes. Desconocer en absoluto los demás fenómenos que integran la lengua (pronunciación, entonación, gramática) y trabajar únicamente con el léxico obliga a unir en una sola región dialectal a varias que presentan muy gruesas diferencias lingüísticas entre sí, incluso léxicas: en México y en el sur de Estados Unidos, se llama *charro* a lo que en América Central dan los nombres de *cimarronero, concho* y *campiruso;* en las Antillas, *guajiro, jíbaro* y *campuno,* y en Venezuela y Colombia, *llanero* y *sabanero.* Pero, además, basar toda esta propuesta en datos emanados de diccionarios de americanismos y no de encuestas *in situ* conduce sin duda a graves errores, debido a la metodología impropia que han seguido muchos de estos lexicógrafos.

Una última y muy reciente propuesta de división en zonas dialectales americanas, también de orden léxico, está basada en una gran encuesta especialmente diseñada para este propósito, cuyo cuestionario, integrado por 219 puntos, preguntaba por léxico urbano. Participaron doce ciudades americanas: México, Panamá, Santafé de Bogotá, Quito, Caracas, Lima, Santiago, Montevideo, Buenos Aires, Tucumán, La Habana y San Juan de Puerto Rico, más las españolas Madrid y Barcelona para establecer el contraste. Del análisis de estos materiales surgió una gran variedad léxica (por ejemplo [*palomitas, cabritas, pop corn, cotufas, pororó, copos de maíz, pochacle, canguil, cancha, canchita, rositas de maíz*] o [*cazadora, anorak, chamarra, parca, chumpa/chompa, jacket, campera, casaca*]), que se distribuyó a través de cinco zonas, cuatro americanas y una española. Las primeras fueron: 1) zona norte (México, Panamá); 2) zona andina (Santafé de Bogotá, Quito, Caracas, Lima); 3) cono Sur (Santiago, Montevideo, Buenos Aires y Tucumán), y 4) mar Caribe (La Habana y San Juan de Puerto Rico). El proyecto ha entrado en una nueva etapa, que, entre otras cosas, ha ampliado su muestra americana. Ya se verá si los nuevos datos corroboran o no esta división provisional.

LOS ATLAS LINGÜÍSTICOS

Es evidente que ninguno de estos intentos resulta convincente. Y en general puede decirse que es por falta de datos, pues algunos de estos planteamientos son básicamente correctos. ¿Podremos tener algún día una zonificación más aceptable? La respuesta que se dé a esta pregunta siempre estará en relación directa con el grado de desarrollo que llegue a alcanzar la elaboración de atlas lingüísticos en suelo americano.

Un *atlas lingüístico* es una colección de mapas en los que se colocan las variantes de los fenómenos estudiados. Sobre el mapa base se seleccionan los puntos de la encuesta; es la llamada red. En los atlas de pequeño dominio, como puede ser el de Puerto Rico, estas redes suelen ser muy estrechas, pero a medida que aumenta el dominio, las redes se amplían. Son trabajos muy costosos, ya que requieren de la aplicación de largos cuestionarios a diferentes individuos en cada uno de los puntos seleccionados. Su publicación requiere asimismo presupuestos importantes.

Hasta el momento, la situación de la investigación geolingüística en Hispanoamérica es muy heterogénea. Existen zonas, como Puerto Rico, que cuentan con trabajos minuciosos y hasta excelentes para su época (el levantamiento de los datos para este pequeño atlas se llevó a cabo en los años 1927-1928), mientras que otras se encuentran por completo inexploradas. Con excepción del gran atlas colombiano, producto del titánico organismo que es el Instituto Caro y Cuervo, con el de México, Costa Rica, la República Dominicana, Venezuela, Paraguay y Uruguay, ningún otro país de América cuenta todavía con un atlas nacional, porque el ejemplar trabajo hecho para la Argentina en 1964 no puede considerarse, en rigor, un atlas lingüístico. Hay también trabajos parciales, como el atlas del norte de Chile. Sería deseable que fructificaran las investigaciones geolingüísticas en otros puntos de gran interés, pero ahora es aconsejable esperar a la culminación del gran *Atlas Lingüístico de Hispanoamérica* y planificar los nuevos trabajos a partir de aquí, refinando y particularizando cuestionarios, estrechando redes y, por supuesto, aprovechando todas las técnicas informatizadas para el trabajo de cartografiado.

Este *Atlas* reviste una importancia sobresaliente; tal es así, que a pesar de trabajar con redes amplísimas —como corresponde a un trabajo de esta naturaleza— no son pocos los fenómenos del español americano inéditos hasta ahora que están haciendo su aparición; tampoco son desdeñables los casos de modificación total de antiguas isoglosas, trazadas un poco en el aire, sin fuerte apoyo empírico como en este caso. Nadie sabe aún qué sorpresas esperan al estudioso del español de la otra orilla del Atlántico con la culminación de este preciado atlas, ni qué fisonomía tendrá cuando esté concluido el riguroso peinado a que se está sometiendo al continente, en una obra sin precedentes en la cartografía mundial. Solo entonces podrán establecerse zonas dialectales en firme del español americano.

9
LA COMUNICACIÓN MARGINAL

AL MARGEN DEL ESPAÑOL

En América existen otros sistemas de comunicación al margen del español estándar. Es verdad que en todos los casos descubiertos y estudiados nuestra lengua forma parte, más o menos importante, de esos sistemas, que se caracterizan, unos, por su artificialidad, y otros, por ser resultado de situaciones de lenguas en contacto.

Los primeros son creaciones ex profeso, motivadas por ciertas necesidades sociales, casi siempre ligadas a ambientes delictivos o depauperados, y el principal motor de su creación es la ocultación de significados mediante formas inventadas o recreadas. Entre ellos están el lunfardo y el parlache.

Los segundos, en cambio, son desarrollos naturales, en los que dos lenguas en contacto confluyen en la formación de otro sistema comunicativo. Ambas se funden en una sola —a veces, ocasionalmente— que consta de elementos comunes, es decir, una lengua híbrida. Son las llamadas lenguas fronterizas. No se piense, sin embargo, que se trata siempre de fronteras político-administrativas; lo fronterizo puede tener también, y tiene, una dimensión social, alejada del concepto geográfico anterior. No es un contacto patrocinado por una frontera, el de unos vecinos que hablan una lengua con otros que manejan una distinta a esta, sino de otro tipo de vecindad idiomática, la social, de los inmigrantes llegados a una situación lingüística diferente —a veces, muy diferente— de la suya materna. Ejemplifica la interpretación geográfica el llamado fronterizo, mezcla de español uruguayo y de portugués de Brasil, aunque resulta más conocido por el término, de origen popular, portuñol. En el segundo caso, de entre otros ejemplos que pudieran aducirse, sobresale el cocoliche y, sobre todo, el llamado espanglish.

Hay también núcleos de hablantes de alguna lengua extraña al español —el alemán, por ejemplo— que forman auténticas islas dentro de aquella geografía, la chilena y la venezolana, pongamos por caso, pero se trata de casos muy distintos y universales.

EL LUNFARDO: DELINCUENCIA Y TANGO

El lunfardo, formado sobre la palabra *lunfas* ('ladrones'), nació en Buenos Aires como jerga de la delincuencia; se trataba de una lengua secreta, solo para los iniciados, que, usándola, evitaban que se descubrieran sus mensajes. La ocultación está basada exclusivamente en el léxico, que crean a base de diversos mecanismos: metáforas (llamar *tambor* al 'perro' por la alarma que puede producir), acortamientos de palabras españolas (*sario* por 'comisario'), voces patrimoniales que reciben otro significado (*ladrillo* por 'ladrón'), debido a la semejanza de su forma, y préstamos de lenguas extranjeras.

Pero hace ya mucho tiempo que el lunfardo perdió completamente esta característica, convirtiéndose en elementos del lenguaje popular porteño. Sin duda, la letra de los más famosos tangos (*mina, yira* y un largo etcétera) ha contribuido en no poca medida a desintegrar la función social que tuvo en sus inicios. Eran épocas, las primeras, en que el tango era música (y letra) exclusiva de las clases marginales de Buenos Aires, de los burdeles, en cuyo seno había nacido, con el barrio de La Boca como centro primordial. Ello explica sobradamente las múltiples transferencias léxicas del lunfardo a la infancia y primera juventud del tango.

Pero el tango ascendió en la escala social hasta llegar a ser prestigioso baile de altos salones de la sociedad. Este prestigio alcanzó también, aunque menos, a lo que iba quedando de lunfardo, hasta llegar a alcanzar la atención de los especialistas. Hoy se pueden consultar diccionarios de lunfardo, se estudia la influencia de dicho sistema comunicativo en el español porteño, y de aquí al de otras zonas lingüísticas de la Argentina, y cuenta con una importante Academia del Lunfardo, que trabaja en su supervivencia, su estudio y su prestigio.

EL PARLACHE: MARGINACIÓN Y DROGA

Nacido muy recientemente, lo que lo distingue de los sistemas comunicativos anteriores, que son ya casi históricos, el parlache es la lengua marginal creada y hablada por las pandillas de Medellín (Colombia) y otras ciudades (Cali, Pereira, Popayán) relacionadas con el tráfico de droga y la red subsidiaria de violencia que este engendra.

La jerga de estos *sicarios,* generalmente adolescentes y jóvenes, está basada únicamente en el léxico y en la fraseología. Ha logrado crear un vocabulario orillero y cruel, que se ha difundido con rapidez en el mundo de los violentos, los violentados y en el carcelario, aunque ha logrado irrumpir más allá de estos límites, entre la juventud colombiana.

Tiene también, como el lunfardo en sus orígenes, propósitos de ocultación y despiste. De ahí que se creen palabras —*traqueto,* con el sentido de sicario; *amurado,* que significa 'desesperado por falta de droga' y 'encarcelado'— y frases —*pasar al papayo,* 'asesinar', o *cagar la lápida,* 'estar condenado a morir'—; otras son palabras existentes en español que alcanzan otro contenido semántico gracias al parecido gráfico y fonético —*Abraham* (abrirse), que sirve como orden de escapar: ¡abrirse del parche!, ¡largo de aquí!—. También sigue el viejo recurso de la inversión silábica, el llamado *verse* (por revés) como *trocen* (por centro), *jaive* (por vieja), etc.

EL FRONTERIZO: ESPAÑOL, PORTUGUÉS Y PORTUÑOL

Entre los sistemas mixtos formados sobre dos lenguas estándares sobresale, por la atención que ha recibido de los investigadores, el fronterizo o *fronteiriço.* En este caso la mezcla se produce entre la variedad uruguaya de español y la variedad portuguesa de Rio Grande do Sul, en muchos casos, incomprensible para uruguayos y brasileños monolingües. A todo lo largo de los puntos más importantes de la frontera —Rivera y Livramento, Rio Branco y Jaguaro, equidistantes ambos de Montevideo y de Porto Alegre— se encuentran hablantes del fronterizo, mezclados con otros capaces de manejar una de las lenguas de contacto, además de este. En la parte uruguaya existe otra zona intermedia entre el fronterizo y el español regular en la que se maneja una gran cantidad de portuguesismos léxicos y algunos morfosintácticos, pero la fonética, en general, es española. Hay, por lo tanto, dos fronterizos, el de base portuguesa (pronunciación y léxico de este origen) y otro de base española, aunque con algunas transferencias: *fecha a ventana/cierra a janela; nós tenía/nosotros tinha.* Se señala también que se ha ido produciendo una paulatina selección entre sinónimos, manteniéndose solo aquella palabra que está más cerca de las dos lenguas: entre el español *cerdo*, *pueco*, *chanco*, los brasileños prefieren *puerco* (port. *porco*), y entre *traje*, *trajo*, *terno,* los uruguayos prefieren *traje* porque se asemeja más al término español.

Las dificultades de comprensión para aquellos que no sepan español y portugués se incrementan porque cada uno de estos dos fronterizos dispone a su vez de dos variedades distintas: la de Artigas, que cubre la mayor parte de este departamento; la tacuaremboense, que se extiende por los cauces del río Tacuerembó; la melense, que comprende la parte occidental del departamento de Cerro Largo, y la yaguaronense, que bordea el río Yaguabón hasta su desembocadura.

EL COCOLICHE: INMIGRACIÓN Y POBREZA

El cocoliche es una lengua mixta producto del contacto entre el español y el italiano en algunas zonas de la Argentina y en el Uruguay. Desde mediados del siglo XIX hasta finalizar la tercera década del XX, esta zona sudamericana recibió un enorme contingente de inmigrantes europeos, cantidad solo superada por Estados Unidos. Para 1869, el 49,4 por 100 de la población porteña era de origen extranjero; en 1895, el porcentaje sube al 51,6. De todos estos grupos (italianos, franceses, ingleses, alemanes, rusos y, por supuesto, españoles), los italianos constituían la gran mayoría. Para esas fechas, casi la tercera parte de la población de Buenos Aires era de este origen (aunque de diversa procedencia dialectal).

La caracterización del cocoliche no es empresa fácil, y ello debido a dos razones primordiales: la primera, porque se trata en realidad de un *continuum* lingüístico que va desde el italiano llevado por los inmigrantes al español hablado en el Río de la Plata (son, por lo tanto, muchos y diferentes los estadios que pueden encontrarse entre estos dos polos), y la segunda, porque entra en juego la notable variación dialectal de los emigrados. El cocoliche no es una tercera lengua que vive junto al español y al italiano, sino una lengua de transición entre una y otra. Con el paso del tiempo, una vez que se ha debilitado la emigración italiana, el cocoliche ha perdido mucha vigencia.

EL ESPANGLISH: ¿UNA NUEVA LENGUA?

El llamado espanglish ha sido objeto de vigorosas campañas mediáticas y publicitarias en estos últimos años: declaraciones públicas, entrevistas de prensa, polémicas encendidas, artículos periodísticos, coloquios divulgativos, etc. Toda esta actividad ha estado acompañada por la publicación de tres diccionarios, algún ensayo, al menos dos muestras textuales, un libro de conjunto y revistas como *Latina Magazine* y *Generación Ñ,* más testimonios de la presencia del espanglish en la televisión, el cine, el teatro y la prensa de Estados Unidos.

Es verdad que casi el 90 por 100 de estas actividades ha sido firmado o protagonizado por una misma y única persona, el incansable profesor del Amherst College Ilan Stavans. Y también lo es el hecho de que todo ello está urgentemente necesitado de análisis serio y cuidadoso, que permita deslindar los datos reales de sus interpretaciones partidistas y calibrar el verdadero significado de esta presencia en medios tan variados.

A pesar del despliegue señalado, la definición de espanglish, y mucho menos su caracterización lingüística, son tareas que nunca han sido emprendidas. Sigue, pues, sin respuesta científica la pregunta clave y básica de ¿qué es el espanglish? Es asunto que no atañe solo a él; también a sus paralelos, el pocho, el chicano, el tex-mex, etc. La razón de tal desatención es, sin duda, el hecho de que quienes se han dedicado al tema con mayor entusiasmo son aficionados amables sin formación alguna en lingüística teórica y, aún menos, en sociolingüística.

:Parece ser el sino de este término, pues es algo que viene sucediendo desde su nacimiento, en Puerto Rico, a finales de la década de los sesenta del pasado siglo, cuando el periodista y escritor festivo Salvador Tió acuñó el término en un artículo de prensa. Todavía hoy, la revisión de los trabajos hechos por los supuestos 'especialistas' nos deja sumidos en grandes dudas. Por una parte, se nos habla del espanglish como una lengua (varias instancias de Stavans y en el título de su libro *Spanglish: The making of a new American Language*)*;* por otra, de *pidgin* o de criollo, confundiendo calamitosamente ambos conceptos. No faltan los que identifican el espanglish con un fenómeno específico, la alternancia de códigos.

Lo único que parece quedar claro en esos textos es que se trata de un 'idioma híbrido', de una 'mezcla de español e inglés', y expresiones similares, que comparten la misma vaguedad conceptual. ¿Sería posible 'traducir' esto a lenguaje científico? Veamos.

A pesar de que no existe aún una teoría de la decadencia y la mortandad lingüísticas disponemos del suficiente apoyo empírico para trazar ciertas etapas del proceso. En el terreno léxico, la decadencia empieza con el trasplante de material abundante, usado como palabras-cita, es decir, con poca o ninguna adaptación fonética o morfológica. Si a esto se añade el préstamo de sufijos y la sustitución de los autóctonos hasta el punto de que estos dejen de funcionar, el estado es más grave. Un paso más se consigue cuando quedan afectadas las reglas de formación léxica, que en estados avanzados de deterioro quedan inutilizadas; cuando la lengua influida no crea palabras nuevas siguiendo sus patrones habituales, amplias parcelas de su lexicón quedan seriamente afectadas: los campos semánticos referentes a la tecnología, a la cultura (incluso la material), a la moda, etc., campos de por sí muy dinámicos, quedan en manos del vocabulario de la lengua fuerte, al menos en boca de aquellos hablantes que son responsables de la creación de neologismos, adaptándolos y sancionándolos.

Esta es una situación que se da —y con mucha abundancia en algunos casos— entre grupos de hispanohablantes inmigrados a Estados Unidos. No valdría la pena insistir sobre el particular si no fuera porque en el proceso hacia la mortandad del español se pueden producir —y de hecho se producen— etapas que pudieran ser clasificadas de espanglish.

Las unidades léxicas pasan también de una lengua a otra, pero aquí las posibilidades son más amplias. Pueden pasar conservando la fonética y la morfología originales, pero también adaptadas a los patrones de la pronunciación española (según la variedad dialectal propia del hablante) y a veces a las pautas morfológicas de esta lengua: *faxear, formatear,* y así en todo el paradigma verbal español, por ejemplo, y muchas más como *baica, cora, daime, ganga, lonche, loquear, troque,* etc. En estos casos, se puede hablar de préstamos, siempre y cuando estos términos compitan con otros de la lengua materna: *printear/imprimir, fríser/nevera, zíper/cremallera, riqui,* etc., con alguna frecuencia estimable. Si estos terminan asentándose, bien porque desplazan definitivamente a la palabra materna original, bien porque nunca la hubo (se trata de una etiqueta léxica nueva que nombra una realidad también nueva, al menos en esa lengua), ya no podemos hablar, *sensu stricto,* de préstamo, a menos que se piense en perspectiva diacrónica. Son palabras integradas al sistema (no importa cuál haya sido su origen), y su uso pasa a ser obligatorio.

Las lenguas pueden atribuir contenidos semánticos procedentes de otro sistema lingüístico a palabras suyas: *aplicación* 'solicitud', *realizar* 'darse cuenta', etc., y también existe la posibilidad de traducir literalmente una palabra o un sintagma: *ratón, salón de belleza, rascacielos,* etc., ejemplos estos, por cierto, integrados ya al español —al menos a muchos de sus dialectos— desde hace algún tiempo.

La última de las situaciones lingüísticas que aquí interesa mencionar es la alternancia de códigos, etiqueta conflictiva, no por el hecho en sí, que es algo incuestionable, sino por las motivaciones que se le atribuye. En pocas palabras: mientras que unos creen que la alternancia de dos lenguas en el mismo discurso del mismo hablante implica un profundo conocimiento de ambas lenguas, otros atribuyen este hecho precisamente a lo contrario: el hablante no conoce bien los dos idiomas que maneja. La discusión seguirá para siempre, primero, porque no se parte de un consenso conceptual sobre lo que debe entenderse por alternancia de códigos, y segundo, porque nunca se relativiza el asunto: es blanco o es negro. Hay buenas razones para pensar que los hablantes necesitan poseer una amplia competencia en ambas lenguas para poder saber sin equivocaciones cuáles son los límites sintácticos que permiten la alternancia. Este análisis sintáctico instantáneo no sería posible en modo alguno de no disponerse de unas gramáticas interiorizadas, suficientemente desarrolladas, que lo patrocinaran.

En los trabajos sobre el espanglish, el plano léxico, que es el más asiduamente mencionado (recuérdese la presencia de tres diccionaruios). En ellos se señalan los siguientes fenómenos:

1) *baica, cora, daime, guachar, loquear, printear, saine, traila, troque,* que son —o quizá hayan sido— préstamos adaptados morfológicamente (y con mucha probabilidad, en la fonética) procedentes de *bike, quarter, dime to watch, to lock, to print, sign, traill* y *trock.* Excluyo, desde luego, palabras como *ganga* y *yarda,* que desde hace muchísimo tiempo pertenecen al español estándar;

2) palabras inglesas que se han incorporado a muchas variedades del español: *closet, ziper, tenis, mol, friser,* solo con adaptación ortográfica; *chequear, dona, lonche,* adaptados a la morfología española;

3) un préstamo semántico: *aplicación;*

4) *migra* por inmigración, con el sentido de 'policía de inmigración de Estados Unidos', una combinación de aféresis con apócope, de las que abundan en el español general. Para estos autores, por lo tanto, el espanglish es una cuestión léxica en exclusiva, aunque bajo esta etiqueta agrupe indiscriminadamente fenómenos diversos;

5) topónimos ingleses pronunciados con fonética española: *Jersisiti;*

6) derivaciones hispanizadas sobre bases inglesas: *amigoization, borderígena, nerdear, parisero, rentero, ringuear, roliar, singlista;*

7) gentilicios neológicos: *californio, chicano, kanseco, nuyorriqueño, ñero;*

8) neologismos perfectamente hispánicos: *atejanar, bastardear,* y

9) hasta palabras españolas usadas normalmente en muchas variedades de nuestra lengua: *biciclo, bife, cibernauta, fle-*

tear, gringo, manflor, parqueo. Las mezclas tipológicas no pueden ser mayores.

Esporádicamente, la bibliografía menciona también ciertos calcos sintácticos: *llamar para atrás, tomar un viaje,* etc.

Al margen de estos aspectos léxicos, también se citan profusamente los casos de alternancia de lenguas: 'Yo quiero Taco Bell', 'Yo soy el Army', 'Hasta la vista, baby', y otras muchas de parecida estructura.

Queda claro que estamos ante una indefinición perfecta, sin conceptualización posible, lo que sin duda ayuda a colocarnos en un plano de sorprendente indigencia informativa. Eso sí, sabemos —ya nos lo ha dicho el maestro de Amherst— que 'el inglés golpeado' (como el que habla el actor español Antonio Banderas, añade), ininteligible, no es, por supuesto, espanglish. Si esto es así, resulta muy difícil acercarse a otras cuestiones relacionadas, como la unidad y vitalidad actual del espanglish, las actitudes que suscita y las creencias que las fundamentan, el prestigio o desprestigio de que disfruta ante la comunidad local y la internacional hispánica, y un etcétera que, si bien no es muy largo, sí es de sumo interés. Se precisa dar respuesta contundente a preguntas como: ¿Qué es realmente el espanglish? ¿Hay un solo espanglish o existen variedades dialectales? ¿Cuál es el soporte demográfico del espanglish? ¿Se dan situaciones diglósicas en las que el espanglish sea la variedad baja y el inglés la alta? Claro que a nada de esto podrá responderse sin las investigaciones adecuadas. Algo de esto barruntaba el profesor Stavans cuando escribió: «Mientras mejor lo entendamos [al espanglish], más rápidamente sabremos de dónde viene y adónde va».

De momento, parece que la única respuesta posible a la primera pregunta es que espanglish es una etiqueta utilizada para señalar un español muy transferido, sobre todo en el plano léxico, por el inglés, y además, a situaciones de alternancias de códigos entre español e inglés. Es decir, un 'castellano fallido', como dice Stavans. Son instancias que, aunque parecen compartir un pequeño número de elementos comunes, utilizan una gran variedad de recursos diversos. No existe, por lo tanto, un 'sistema' lingüístico, sino situaciones comunicativas específicas, en las que cada hablante actualiza e incluso crea expresiones *ad hoc*. No existe, por lo tanto, un sistema lingüístico uniforme y sistemático, que constituya una unidad idiomática.

Lejos, muy lejos, pues, la posibilidad de enfrentarnos con un espanglish estándar, si lo que poseemos es un conglomerado de fenómenos que cambian de sujeto a sujeto, de contacto comunicativo a contacto comunicativo y de tema a tema de la conversación. Causa mucha sorpresa encontrar en esa bibliografía expresiones como 'hablaba un espanglish impecable'. ¿Cuál es el espanglish impecable? ¿Contra qué criterios de corrección idiomática se puede contrastar un espanglish determinado para considerarlo bueno, malo o impecable? O esta otra de que un determinado actor 'habla un espanglish más o menos estable'. Si entre hablante y hablante de una misma comunidad de habla no hay unidad lingüística con respecto al espanglish, ¿qué podremos esperar tan pronto como nos movamos a otra?

Basados en estas realidades, ¿es posible intentar unas traducciones al espanglish? ¿Al espanglish de quién, en qué ocasión y en qué momento comunicativo? No conozco la 'traducción' de *Romeo y Julieta* hecha por una maestra de The Monroe Academy for Visual Arts and Design, en el Bronx, pero sí la de las noticias sobre el jugador Nomar Garciaparra publicada por el apóstol del espanglish (¡para no hablar de la traducción del primer capítulo del *Quijote*!), y me pregunto si estos ejercicios de fantasía, hechos, en el mejor de los casos, sobre un modelo teórico imaginado, tendrán algún valor ajeno al propagandístico. No está de más señalar aquí, en palabras textuales, lo escrito en una ocasión por el apóstol mismo: «El espanglish neutral o estandarizado es un mero artificio»; y en otra ocasión: «... es un código de comunicación oral, de espíritu libre, que desafía toda normalización».

Otro punto de sumo interés es el soporte demográfico del espanglish. En otras palabras, ¿quiénes y cuántos hablan alguna de estas múltiples variedades del espanglish? Hasta el momento no se dispone de datos estadísticos fiables. Las afirmaciones hechas son todas, por lo tanto, impresionistas y de una frivolidad notable. Según Stavans, son 37 millones la totalidad de hispanos que él cree que viven en Estados Unidos: «De los 37 millones, la enorme mayoría son gente pobre, trabaja día y noche y no tiene tiempo de aprender gramática y sintaxis». No es necesario desmontar argumentalmente afirmación tan peregrina. Pero sí parece ser cierto que los supuestos hablantes de espanglish tienen un denominador sociológico común: pocos recursos, empleos modestos y escolarización limitada.

Un contraejemplo importante de todo esto podrían ser los sus-criptores o compradores de *Latina Magazine,* una revista pensada y escrita para jóvenes mujeres hispanas, nacidas en Estados Unidos, bilingües, profesionales, con grados altos de escolaridad y de clase media-alta. Pero un análisis de esos textos nos convence de que se trata de artículos escritos en inglés con alguna que otra palabra en español, más los resúmenes en español de cada uno de ellos. La profesora Betti ha descrito bien las características de esta alternan-cia de código tan particular: se trata, sobre todo, «de la introduc-ción de lemas sueltos en español, sea para enfatizar el contenido del texto, sea por la necesidad de poner términos (o frases) en el texto que no se puedan traducir porque pertenecen exclusivamente a la cultura latina *[sic],* sea porque existe una intensa participación emotiva por parte del autor mismo (o de los autores) que, por eso, tiene la necesidad de utilizar palabras que son propias de su cultura y de su mundo interior y personal». Se refiere a términos específi-cos como *Nochebuena, Cinco de Mayo, tamalada, pastelada,* o más generales, como *familia, español, abuelos, cultura, árbol genealógico,* etcétera. Es decir, un intercambio de código pasado por agua.

En el caso anterior, puede que esas características (pobreza, in-cultura, etc.) de estos hablantes haya sido trasladada, parcial o total-mente, al espanglish mismo. Puede que la comunidad en general mantenga hacia el espanglish una actitud negativa. De momento, puedo informar de que una investigación llevada a cabo con la co-munidad cubana del sur de la Florida dejó en claro que las actitudes hacia el espanglish han arrojado cifras muy negativas; el rechazo es general, aunque es cierto que a medida que se va del grupo que ha llegado a Estados Unidos con dieciocho años cumplidos o más hacia el otro extremo del parámetro, el de los que han nacido ya en suelo norteamericano, los resultados se suavizan, aunque siempre dentro de la actitud negativa. Es curioso observar que incluso aquellos que en su actuación lingüística presentan rasgos que, según se mire, po-drían ser considerados hablantes de espanglish, exhiben una clara actitud de rechazo. La situación no es sorprendente.

De una parte, porque esa población presenta índices muy altos de escolarización, y el modelo lingüístico que se presenta, desde los estudios primarios hasta la universidad, es el español estándar, si bien con matizaciones regionales de carácter culto. Además de la escuela, esa comunidad está en reiterado contacto con unos medios de comunicación pública —periódico, radio y televisión (ocasionalmente, cine y, cada vez más, Internet)— que manejan en exclusiva un español panhispanoamericano muy cercano a la norma culta.

Por otro lado, un análisis de veinte horas de grabación de programas de Radio Mambí, la estación bandera de los cubanos del Gran Miami, indica que en las noticias, en los programas de opinión, en las tertulias y debates y en los anuncios comerciales salen topónimos, marcas registradas, nombres de empresas, tiendas, etc., en inglés, con pronunciación muy cercana a la nativa floridana; pero, salvo auténticas excepciones, no hay desvíos de la norma lingüística cubana de prestigio. Están sin analizar las entrevistas y los programas de micrófono abierto, en los que con seguridad habrá más variación. Es más, un reiterado criterio de corrección idiomática (que allí significa alejarse de las influencias del inglés cuando se habla español) es muy palpable. Por ejemplo, en cuñas breves que Radio Mambí inserta en su programación, hay una que dice: «Tenemos que estar conscientes del buen uso de las palabras»; y un presentador, fiel a esta consigna de la estación radiodifusora, fue protagonista de este momento: «Aunque no tengo el *release*... —déjenme hablar en español—, aunque no tengo la autorización de X para hablar de este asunto».

Esta preocupación no es solo en la radio, sino también en la prensa. Aquí, dada la premura que exige la improvisación, se cuelan algunos préstamos inútiles, calcos flagrantes (tanto en el léxico como en la fraseología) y transferencias sintácticas. Nada de esto, sin embargo, suele pasar inadvertido, ni para los que escriben las columnas de 'crítica idiomática', que se encargan de censurarlos y de ofrecer las soluciones ortodoxas, ni para los lectores de estas columnas que, a juzgar por las cartas que llegan a las redacciones, son muy numerosos. Se necesitan réplicas de esta investigación floridana en otras zonas del país.

Otras preguntas que quedan pendientes con respecto al espanglish tienen que ver con predicciones de futuro: ¿Ampliará el espanglish su número de usuarios? ¿Ganará contextos comunicativos que ahora le son negados? ¿Podría exportarse a núcleos hispánicos monolingües? Pero sin datos certeros para el presente nada puede adelantarse sobre estos temas.

10
AMÉRICA EN SUS PALABRAS

ESPAÑA Y AMÉRICA SE DAN LA MANO:
EL VOCABULARIO COMPARTIDO

Hace ya muchos años que se viene echando en falta un repertorio léxico del español general; sin ese inventario, la clasificación de los materiales obtenidos en una investigación dada se hace imposible, puesto que nunca sabremos a ciencia cierta si se trata de términos generales, panhispánicos, o si, por el contrario, estamos ante un vocabulario propio de una determinada zona dialectal. Como la elaboración de un repertorio general no puede llevarse a cabo sin contar con una amplia base de estudios particulares, estamos ante un auténtico círculo vicioso. Por otra parte, el concepto mismo de 'léxico general' no está exento de interpretaciones diversas. Puede tratarse de: 1) el conjunto de *todos* los elementos de *todas* las variedades del español, en otras palabras, de *todos* los vocablos que pertenezcan a la lengua, independientemente de que solo existan en una zona específica del mundo hispanohablante, y 2) el conjunto de aquellos elementos que sean *patrimonio común* de todas las variedades del español, definidas estas según criterios uniformes.

Satisfacer los requerimientos de la primera conceptualización está todavía lejos de nuestro alcance, aun cuando no han cesado de elaborarse vocabularios regionales desde que en 1836 se publicó la primera edición del *Diccionario de voces cubanas* de Pichardo, cuyo ejemplo fue seguido muy pronto a ambos lados del Atlántico.

Esto que podría llegar a ser un repertorio ingente tiene pocas probabilidades de realizarse, al menos, de manera exhaustiva. Lamentablemente, las razones para tal afirmación son muy abundantes: hay muchísimas zonas para las que no contamos con la menor información; en otros casos, los datos de que disponemos son de todo punto insuficientes, o su recogida y presentación adolecen de graves inconvenientes metodológicos, o responden a épocas muy alejadas entre sí, con lo que algunos adquieren una inconveniente dimensión temporal, que impide o limita el análisis contrastivo, o los estudiosos utilizan un sistema de marcas sociolingüísticas o pragmáticas, si las emplean, que no pueden compararse, y un largo etcétera.

La esperanza que subsiste es que los atlas lingüísticos ya realizados, que son muy pocos en América como hemos visto, y los proyectos en marcha puedan llenar todos estos vacíos o, al menos, una buena parte de ellos.

Quizá más importante que esta tarea sea la búsqueda de ese subconjunto léxico común a todas las variedades lingüísticas hispánicas, un vocabulario no marcado geográficamente, que en este sentido podría catalogarse como 'neutro'. Tampoco es fácil realizar este trabajo, aunque no faltan muestras diversas de lo que debiera ser una investigación más abarcadora.

En 1991 se publicaron los resultados de una investigación que manejó los datos arrojados por el *Cuestionario* del «Estudio coordinado de la norma lingüística culta de las principales ciudades del Mundo Hispánico»; el material que centró el análisis fue solo el referido al campo del cuerpo humano. La muestra que sirvió de base a este estudio eran sujetos de La Habana, Santiago de los Caballeros, en la República Dominicana, y San Juan de Puerto Rico.

La parte analizada del *Cuestionario* estaba integrada por 331 entradas (de la 001 a la 330, con la 024 desdoblada en *a*) y *b*); la producción total de palabras fue de 12.605, de las cuales 2.408 eran vocablos diferentes. Del total de estos últimos, 302, es decir, un altísimo 91,2 por 100, eran comunes a las ciudades de las tres Antillas; solo 12 (3,7%) ofrecían discrepancias parciales, y 17 (5,1%), discrepancias totales. Las coincidencias absolutas alcanzaron a 78 términos:

esternón, caspa, peinarse, afeitarse, cara, sudor, sudar, sienes, cejas, ojos, [ojos] claros, párpados, arrugas, verruga, lunar, poros, nariz, estornudo, estornudar, mocos, mocoso, boca, labios, barba, patillas, saliva, escupir, lengua, dientes, encías, morder, comer, hambre, hipo, bostezo, oídos, orejas, sordera, sordomudo, mudo, dormir, dormilón, garganta, amígdalas, hombros, pulmones, respiración, corazón, espalda, médula espinal, cosquillas, pezón, cintura, caderas, ombligo, hernia, hígado, riñones, sangre, venas, bazo, vejiga, brazo, antebrazo, codo, muñeca, manos, dedo índice, dedo anular, palma de la mano, muslos, piernas, rodillas, pies, planta del pie, talón, tobillo, juanete.

Otros trabajos similares, aunque con diferentes campos léxicos y muestras más abarcadoras, han ofrecido información adicional. Es verdad que en el caso de una de esas investigaciones el propósito fundamental no era la búsqueda del vocabulario hispánico común, sino más bien lo contrario, el léxico discrepante; pero de sus datos es posible entresacar alguno muy significativo. El objetivo aquí era descubrir cuáles eran las coincidencias y las diferencias entre el léxico usado predominantemente en las grandes zonas urbanas de Hispanoamérica y en Madrid.

Su instrumento de investigación está constituido por una selección de preguntas del *Cuestionario* del «Estudio coordinado», ya citado, agrupadas en muy diferentes campos semánticos (el cuerpo humano, la alimentación, el vestuario, la casa, la familia, el ciclo de vida, la salud, la vida social, diversiones, la ciudad, el comercio, transportes y viajes, los medios de comunicación, comercio exterior, política nacional, sindicatos y cooperativas, profesiones y oficios, mundo financiero, la enseñanza, la Iglesia, meteorología, el tiempo cronológico, el terreno, vegetales, agricultura, animales y ganadería). Fueron dos las condiciones que guiaron esta selección: por una parte, que se tratara de conceptos que no presentaran ninguna dificultad a sujetos de niveles culturales medios, y por otra, que ofrecieran cierta garantía de variación en el ámbito hispánico. Debido a este último requisito no fueron seleccionados aquellos términos que las investigaciones anteriores declaraban comunes a todas las colectividades estudiadas (*esqueleto, cráneo, hotel, fruta, pantalón, camisa, arquitecto, albañil,* por ejemplo).

Aunque esta circunstancia alejaba el estudio de nuestro propósito actual, es útil consignar que, no obstante, las coincidencias en las palabras en uso alcanzaron un 32,2 por 100. Téngase en cuenta, además, que aquí se habla de uso *predominante,* lo que no excluye que, si bien la voz preferida de alguna ciudad hispanoamericana sea otra, no se conozca y se use también la que en Madrid resulta más frecuente. Como es fácil de suponer, las cifras de coincidencias léxicas, de uso predominante o no, aumentarían de forma considerable.

Más recientemente, a una amplia muestra de ciudades hispanoamericanas, más Madrid y Barcelona, se aplicó un cuestionario léxico de 219 puntos, confeccionado especialmente para esta investigación. La condición establecida para la selección de estos términos es que pertenecieran al vocabulario urbano moderno. Como el objetivo del proyecto es descubrir las semejanzas léxicas entre zonas para poder determinar sus límites y establecer una agrupación de estas, aunque fuera provisional, los datos relativos al léxico panhispánico pasan a un segundo plano.

Del total de unidades léxicas encuestadas, 64 (29,2%) son generales, aparecen en todas las zonas establecidas. El porcentaje deja de parecer pequeño tan pronto como se piensa en la naturaleza del vocabulario encuestado, en el que pierden oportunidad de aparecer los términos patrimoniales; debe recordarse, además, que el estudio trabaja con nómina activa, por lo que no toma en consideración el hecho de que ciertos términos que habitualmente no se usan en una región determinada sean comprendidos allí con toda normalidad.

Mientras que los estudios anteriores trabajan con cuestionarios tradicionales, estos otros que ahora revisamos han manejado el marco teórico-metodológico de la disponibilidad léxica. Se trata de pruebas asociativas en las que un estímulo dado, por ejemplo, 'profesiones y oficios', produce en cada sujeto una serie de términos relacionados que se encuentran en su lexicón mental. De esta forma experimental el sujeto actualiza un vocabulario que solo produciría si el tema del discurso se lo permitiera. A diferencia de las palabras de gran frecuencia, estas otras —generalmente, sustantivos— poseen contenidos semánticos muy concretos, por lo que son poco usadas.

Cuatro investigaciones previas de léxico disponible, las de Puerto Rico, Madrid, la República Dominicana y Las Palmas de Gran Canaria, sirvieron de base para una primera aproximación al tema. Se trataba de entresacar de estas listas el léxico compartido por estas comunidades.

Gracias a un complejo andamiaje estadístico se pudo determinar que los grados de compatibilidad eran mucho más bajos que los esperados. De los totales del vocabulario disponible de estas cuatro comunidades (Puerto Rico, 6.059; Madrid, 6.267; República Dominicana, 5.143, y Las Palmas, 8.810), solo 1.237 vocablos fueron comunes, cifra que arroja unos porcentajes muy pobres: entre Madrid y Las Palmas el grado de compatibilidad era del 22,02 por 100; entre Madrid y Puerto Rico, del 14,80, y entre Madrid y la República Dominicana, del 17,21; entre Las Palmas y Puerto Rico, del 18,97, y entre Las Palmas y la República Dominicana, del 23,70; entre Puerto Rico y la República Dominicana, la compatibilidad era de solo un 24,18 por 100.

El autor, sin embargo, nos advierte que si las listas originales se hubiesen depurado, en el sentido de extraer las frases y los compuestos falsos, se hubieran podido buscar más objetivamente los valores de compatibilidad. Una segunda investigación, insatisfecha con estas conclusiones, retomó la cuestión.

La base del trabajo está constituida por los mismos datos de Puerto Rico, Madrid y la República Dominicana manejados en la investigación anterior, más los de México capital y la ciudad chilena de Concepción. Las estadísticas se basan en las primeras cincuenta palabras de las listas de cada comunidad (en total, 250), producidas en tres centros de interés o campos léxicos: *a)* el cuerpo humano; *b)* medios de transporte, y *c)* alimentos. Sus conclusiones son muy diferentes, puesto que los índices de compatibilidad léxica aumentan considerablemente.

En 'el cuerpo humano' cada dialecto comparte 32 palabras con los otros cuatro, lo que representa una compatibilidad del 64 por 100. Aquí el número de unidades de léxico común es significativamente elevado:

> *boca, brazo, cabeza, cara, ceja, cerebro, corazón, cuello, dedo, diente, estómago, hígado, hombro, intestino, lengua, mano, muñeca, muslo, nariz, oído, ojo, oreja, pelo, pestaña, pie, pierna, pulmón, riñón, rodilla, tobillo, uña, vena.*

Otros siete términos son comunes a cuatro comunidades *(codo, esófago, espalda, hueso, pecho, pene, tronco)* y otros nueve a tres de ellas *(antebrazo, cabello, cadera, cráneo, garganta, labio, músculo, páncreas, tórax)*.

El autor nos advierte que no debe pensarse que las restantes dieciocho palabras de cada conjunto ofrecen diferencias cualitativas entre las zonas estudiadas; por el contrario, el examen de esos términos revela que *todos* sin excepción están presentes en *todos* los dialectos analizados, con la única diferencia de su valor en la escala de disponibilidad; mientras que *cintura,* por ejemplo, aparece en la posición 50 en Puerto Rico, está en la posición 55 en Madrid, en la 59 en Concepción, en la 62 en la República Dominicana y en la 126 en la Ciudad de México.

En los otros dos centros la situación se repite, aunque varíen las cifras de los primeros cincuenta lugares de las listas: 'medios de transporte', 40 por 100; 'alimentos', 28 por 100.

El reducir el análisis a estas proporciones —los primeros cincuenta grados de disponibilidad— ofrece una ventaja innegable, que la misma investigación se encarga de subrayar: constituyen el léxico más representativo dentro de cada centro de interés. Esto evita que se integren al examen los elementos totalmente ocasionales, producidos por unos pocos sujetos y, en ocasiones, solo por uno de ellos, lo que resulta inevitable si se manejan listas completas. Es verdad que, por otra parte, no se acaba de tener una idea exacta de todo el léxico común, pues son muchos los vocablos que quedan fuera de las nóminas al aparecer en rangos inferiores al límite establecido.

Un trabajo posterior basa su análisis en el conjunto de palabras que constituyen el 75 por 100 del índice acumulado de cada lista; de esta manera se asegura de que solo los vocablos que forman parte de la norma léxica de las comunidades estudiadas, Puerto Rico y Gran Canaria, son tomados en consideración, dejando fuera las menciones fortuitas o con muy bajos rendimientos estadísticos. Los términos discrepantes no sobrepasan el 9 por 100, lo que indica que el coincidente es abrumadoramente mayoritario. Los 88 vocablos presentes en las listas puertorriqueñas que no tienen paralelo en las canarias son los siguientes:

02: *brassiere, pantaloncillos*

03: *laundry*

04: *gabinete, componente, juego de comedor, tablillero, chinero, juego de sala*

05: *gandul, guineo, jugo de china, hamburger, china, camarón, malta, vianda*

07: *gabinete, picador*

08: *bulto, maquinilla*

09: *abanico, frío, aire, claridad, sol, switch, flashlight, fresco, aire central, compresor, botón*

10: *condominio, caserío, tapón, colmado, pueblo, plaza de mercado, tránsito, estacionamiento, motora, bonita*

11: *quebrada, café, guineo, china, cabro, grama, yautía, mangó, coquí*

13: *desyerbar, cortar grama, recortar grama, recoger café, regar planta, sembrar flores, cortar caña, ordeñar vacas, regar agua, arreglar flores, coger café, arar tierra, rociar, sembrar plantas, regar abono*

14: *lagartijo, cabro*

15: *sofball, chinisse-checkers, atari, pista y campo, ver televisión, güija, esconderse, ir a la playa, india, correr bicicleta, handsball, topo, pac-man*

16: *plomero, trabajador social, hojalatero, contador, terapista, enfermería, maestra*

Sin embargo, estas 88 palabras quedan reducidas a 79, debido a que los protocolos de edición utilizados en ambos casos varían ligeramente, y así mientras que Puerto Rico cuenta por separado *maestro, maestra*, Gran Canaria las coloca bajo el mismo lema. Además de este caso, debe tenerse en cuenta otro aspecto metodológico: expresiones como *ver televisión, ir a la playa* y *correr bicicleta* aparecen en los materiales canarios bajo los sustantivos respectivos. Otro factor que también obedece a discrepancias de método es el grado de especificación que se dio a los centros de interés (aunque estos fueron los mismos); el hecho de que en el centro 09 hayan salido en Puerto Rico palabras como *claridad, sol, aire fresco* y *frío* está directamente relacionado con que no se puso de manifiesto que el centro 'Iluminación y aire acondicionado' se refería solo a medios *artificia-*

les de iluminar y airear un recinto. Ya en otro orden de cosas, es fácil explicarse que a medida que aparecen expresiones superiores a la palabra (*regar planta, sembrar flores, ordeñar vacas,* etc.) disminuyen las posibilidades de coincidencias entre los listados. Si se tiene en cuenta todo esto, las diferencias se reducen a 68. Y, con todo, hay que especificar que algunos términos son los mismos, pero aparecen en inglés en la isla caribeña y en español en Canarias, y que otras palabras, con el mismo significado, aparecen en centros de interés diferentes, luego son conocidas. Todo ello reduce la cifra inicial a 57 palabras verdaderamente discrepantes, que son, como cabía esperar, americanismos, puertorriqueñismos y anglicismos propios de aquel dialecto antillano, aunque muchos de ellos tengan una difusión mayor.

De los trabajos anteriores, considerados sus objetivos y consiguientes posibles limitaciones para nuestro propósito, parece desprenderse una conclusión general: una buena parte del léxico usado en nuestros días en las muy diversas zonas del mundo hispánico es común a todos los hablantes. Muchas palabras corresponden al dominio léxico activo; sin duda serán más las que integren las nóminas pasivas, aunque aún estemos lejos de disponer de datos concretos.

Tal conclusión no es sorprendente, si se advierte un rasgo innegable de la cultura actual, su creciente internacionalización. La homogeneidad léxica que palpamos es el resultado —y lo será más— de la nivelación que va produciéndose por el vertiginoso crecimiento de las comunicaciones. Hay facetas de la cultura tradicional destinadas a refugiarse en zonas rurales, o quizá a perecer, con la consiguiente mortandad léxica. En cambio, muchos de los extranjerismos que por fuerza se aclimatan entre nosotros presentan una tendencia centrípeta, es decir, a la uniformación. Solo los neologismos autóctonos seguirán produciendo en el futuro diferenciaciones léxicas de importancia.

LOS PROCESOS DE MORTANDAD LÉXICA

Las palabras nacen, unas para quedarse durante varios siglos, y otras para morir, ya ancianas o jóvenes aún. Son procesos importantes dentro del capítulo de 'mortandad lingüística' en general. El proceso que suele seguirse en estos casos es: *a*) pérdida creciente de frecuencia; *b*) circunscripción a los inventarios pasivos, es decir, solo se comprenden pero no se usan, y *c*) desaparición total, ni se usan ni se comprenden. La primera de las etapas es, sin duda, la más compleja, pues hay que tomar en cuenta la variación estilística de los hablantes, en aquellos casos, naturalmente, en que la palabra en cuestión se maneje en varios registros lingüísticos (espontáneo, neutral, cuidadoso). Que un término comience a ser usado muy esporádicamente, que su presencia se limite a un estilo de habla particular, que se comprenda, pero que no se actualice nunca en el discurso oral o escrito, son etapas de debilitamiento que suelen conducir a la tumba.

El español, como todas las lenguas, está lleno de ejemplos antiguos *(yantar, yacer),* menos antiguos (los centenares de indigenismos americanos que llenaron los textos cronísticos y literarios de los siglos XVI y XVII) y los más recientes *(aeroplano, nevera).*

Es verdad que no todos los términos que desaparecen se avejentan al mismo ritmo y, lo que es más importante, en los mismos lugares del ámbito hispánico; palabras muy usuales en algunas regiones americanas han dejado de usarse en zonas peninsulares hace siglos. Y aun sin salir del territorio español, hay diferencias fundamentales entre Madrid, centro lingüístico innovador, y regiones alejadas de él en otras épocas, como Canarias.

Durante la época colonial sobre todo, las ondas léxicas emanadas de la Corte se extendían por la Península, los archipiélagos y el territorio americano; sus caminos no eran otros que los mismos por donde transitaban los hablantes, directos y expeditos en algunos casos, tortuosos y lentísimos en otros. Una palabra como *grifo,* por ejemplo, no llegó a América porque había nacido tarde, en el siglo XVIII, cuando ya en aquellas tierras se habían impuesto otras más antiguas: *llave, pila, pluma, caño, chorro, canilla.* Hoy todos estos términos viven en América con mucha lozanía, pero en España (donde triunfó *grifo),* si acaso se mencionaran, sonarían probablemente a auténticas antiguallas. Son ya arcaísmos españoles.

Las razones por las que ciertos vocablos mueren son muy variadas, pero quizá la más notable sea la desaparición de las cosas que ellos designan. Los avances sociales, los nuevos inventos, los progresos (para bien o para mal) de la humanidad en general, producen cambios de importancia: se modifican las costumbres, las labores, las instituciones, las técnicas, los utensilios, la vestimenta, los medios de transporte, las profesiones. Y se olvidan las palabras, ya obsoletas, con que se hablaba de todo ello, y nacen otras con que bautizar el nuevo orden de cosas.

Un análisis de los datos arrojados por una encuesta hecha en el pueblo de Salinas, al sur de Puerto Rico, nos dejó ver, entre otras cosas, que el grueso del vocabulario desaparecido desde la década de los treinta hasta la de los noventa del pasado siglo pertenecía a la fauna y a la flora: son 129 vocablos, de un total de 278 (46,4%). De ellos, 91 corresponden a nombres de árboles, arbustos, hierbas, enredaderas, tubérculos, raíces, tallos y flores: *angelón, bijao, palo borracho, cajuil, cardenala, chiribita, mañoca, maravedí, palmitoria, palo ramón,* etc. Los 38 restantes nombraban aves, peces, reptiles, insectos y un cuadrúpedo, *cuchinato,* para el cerdo de pocos días. De esta nómina de desapariciones, lo que más sorprende es encontrar en ella quince nombres de peces, siendo Salinas pueblo marinero y, en otros tiempos, punto pesquero de alguna importancia: hoy son totalmente desconocidos el *aguají,* el *bonasí,* el *catalufa,* la *cherna,* el *macabí,* la *manjúa,* el *matejuelo,* el *ojón,* la *paguala,* etc.

En orden decreciente de frecuencia sigue en este léxico muerto una serie de calificaciones adjetivas, referidas a personas mayormente y, en ocasiones, a animales y a cosas. Algunos de estos términos designan virtudes y vicios humanos (*amarrado* por 'tacaño'); los demás modificadores son aplicables a animales (*pajarero,* aplicado al caballo, 'brioso'), y unos pocos, a cosas (*celoso, -sa,* referido a armas de fuego, trampas y resortes, 'que se disparan con demasiada facilidad'). Estas calificaciones adjetivas suman 40 (14,3%).

Examinadas las causas que pudieron haber motivado estas muertes, se observa en primer lugar que se trata de términos que nombran objetos, acciones, costumbres, desaparecidas ya desde hace tiempo de la vida de Puerto Rico. Aquí hay que tener en cuenta no solo la historia común a todos, sino también los avatares propios de la isla, que a partir de los años cincuenta del pasado siglo protagonizó un trascendental tránsito de una sociedad rural y tradicional a una comunidad industrializada. Aun en Salinas, que aunque conectado con la capital por una gran autopista es un pequeño pueblo, se ha sentido ese impacto. Una buena parte de este léxico desaparecido está estrechamente ligado a la forma de vida anterior: casi la mitad de él nos habla del agro, de ríos y de mares, de cosas y quehaceres campesinos.

Otro tipo de unidades léxicas o de expresiones que suelen desaparecer son las creaciones festivas, ciertas metáforas populares, juegos de palabras y deformaciones fonéticas intencionadas; es un vocabulario que se caracteriza por su existencia pasajera. La fraseología popular, a diferencia de la paremiología, cambia velozmente, y más en nuestros días en que la propaganda publicitaria lo invade todo. Pero el precio de tal popularidad es una vida efímera. Lo mismo sucede con el chiste, la broma: valen para una época, un momento, pero sus resultados verbales no perduran.

Por último están las palabras que pierden la batalla al estar sometidas a competición. Aquí hay que manejar una amplia casuística: una mayor precisión, una utilidad superior para la comunicación actual, una aureola de modernidad, una preferencia estética, unas actitudes positivas basadas en el factor prestigio social y un buen número de explicaciones, casi todas subjetivas, hacen que la sociedad prefiera, en un momento determinado, una a otra.

LOS NEOLOGISMOS

Existen algunos problemas teóricos a la hora de determinar el concepto de 'neologismo', a pesar de que en todas las definiciones propuestas prive el aspecto de novedad: lo nuevo, lo que antes no existía, o no existía con el mismo significado. Lo que sucede es, por una parte, que en ocasiones resulta muy difícil poder datar esos nacimientos, y por otra, que no hay acuerdo para establecer fechas límite. Todos creemos que términos como *hemoptoico* o *gammaglobulina,* casi recién inventados, son neologismos, pero ¿lo es *penicilina,* introducida en el *Diccionario* de la Real Academia Española hace ahora casi cincuenta años?

De los neologismos, lo que más interesa es: *a)* su procedencia; *b)* su idoneidad semántica; *c)* su adaptación lingüística; *d)* su necesidad comunicativa; *e)* su difusión geográfica dentro del ámbito hispánico, y *f)* su legitimación social.

La procedencia de los neologismos es hoy, como siempre, muy variada. Pero a medida que nos alejamos del vocabulario de la vida cotidiana, donde los problemas son otros, y nos acercamos a la terminología técnica y científica, aumentan los neologismos llegados en lo fundamental desde el inglés. Nuestros tecnolectos están llenos de anglicismos léxicos y fraseológicos de todo tipo, y en una buena parte de las ocasiones, absolutamente crudos, es decir, sin adaptación fonética ni morfológica alguna. Son los llamados 'préstamos'. Solo que cuando estos préstamos dejan de ser ocasionales en el discurso y su manejo se convierte en indispensable, terminan por incorporarse al sistema comunicativo general. Por principio, no hay que asustarse ante los neologismos: muchos de ellos eran llamativos y sorprendentes en épocas pasadas, y hoy, en cambio, son moneda de uso común: *fútbol, bar, bisté, grill, whisky,* y otros más jóvenes, como *buque-tanque, aeroespacial, cascos azules, francófono,* por ejemplo. Al margen de los préstamos propiamente tales, están los 'calcos', traducciones directas al español: *salón de belleza* (< beauty parlor), *rascacielos* (< skyscraper) y el inefable *hora feliz* (< happy hour).

Por supuesto que no todos los neologismos son de procedencia extranjera. Los de origen español pueden ser completamente novedosos, pero en muchas ocasiones se añaden nuevos contenidos semánticos a viejos términos patrimoniales: *agujero, búho, canguro, corbata, egoísta, fontanero, ratón* y *reptil,* por ejemplo, no significan hoy (solo) lo que han significado siempre, aunque es verdad que alguna relación semántica entre significados viejos y nuevos siempre está presente.

Parecería sensato incorporar únicamente aquellos neologismos que resultaran necesarios para la comunicación actual porque no existiera ninguna palabra española para llamar a algo particular; en estos casos, o se crea una nueva de carácter autóctono, o se llena de nuevo contenido semántico una ya existente, o se echa mano de un extranjerismo. Esta condición de 'necesidad' comunicativa es, sin embargo, muy elástica. Los académicos que incorporaron *estrés* y *estresado* al *Diccionario* no creían —es evidente— que *tensión* y *tenso* fueran paralelos semánticos de estos términos, ni tampoco los tecnicismos de la psicología, *ansiedad, ansioso.* De momento, se piensa que *existencias* es lo mismo que *stock,* aunque la moda esté arrumbando cada día más al viejo hispanismo. ¿Hasta cuándo perderá el anglicismo la batalla académica?

Para la unidad de la lengua lo verdaderamente importante es que los neologismos sean comunes a todos los hablantes. No son plausibles dicotomías como *computadora* frente a *ordenador* o, hablando de teléfonos, *celular* frente a *móvil*. No es tarea sencilla, sobre todo, tratándose del mundo hispánico, tan dilatado a través de una enorme geografía.

LOS VERDADEROS AMERICANISMOS

Los que abogan por una caracterización etimológica en exclusiva esgrimen requisitos ontológicos al parecer imprescindibles: son americanismos los términos que han nacido en suelo americano. Las peripecias ulteriores de ese vocabulario, su expansión transatlántica hispánica e incluso más allá de las fronteras de nuestro idioma, son circunstancias que carecerían de importancia. Es este un criterio eminentemente histórico. Se trata de una posición muy estrecha que llevaría a identificar a los americanismos con los indigenismos. Los que rechazan esta posición lo hacen porque no consideran adecuada la designación de 'americanismo' para términos que son moneda común en todas partes: *cancha, canoa, chocolate, hamaca, maíz,* etc.

La posición contraria defiende otro criterio, el de uso, que puede manejarse de dos formas diferentes, con carácter general y con delimitaciones diferenciales. El primero de ellos —es el caso de los llamados 'léxicos básicos' y 'léxicos disponibles'— recoge indiferenciadamente el vocabulario usado en una determinada comunidad, en este caso americana, no importa que se use también en España con idéntico sentido. Queda claro que esta versión no puede satisfacernos. Cuando pensamos en una diferenciación, entonces entra en juego la contrastividad.

Los problemas que acarrea el establecimiento de la contrastividad con España, no diremos ya entre las diversas zonas hispanoamericanas, son de gran magnitud. Claro que siempre puede acudirse al *Diccionario* académico, pero no es necesario insistir en lo inseguro de esta fuente. Se han escrito ya varios miles de páginas para demostrarlo. Y por si ello fuera poco, los atlas lingüísticos de pequeños dominios han demostrado el uso abundante de palabras a las que el *Diccionario,* por diversos motivos, les ha negado la vida. Parece evidente que no serán americanismos los términos que vivan tanto en una banda como en la otra del Atlántico con idéntico sentido, pero sí aquellos vocablos que, siendo españoles, se usan en América con acepción nueva o diferente a la de su origen: «Una voz que nació quién sabe dónde, que lo mismo se usa aquí que en España, pero que en América tiene acepciones distintas, o distinta grafía o distinta fonética, es también americanismo», decía el lexicógrafo mexicano Santamaría; al grupo de las que han cambiado su significado pertenecerían, por ejemplo, *ante, comadreja, estancia, hacienda, lagarto, laurel, perezoso, playa,* entre otras, que hoy significan cosas diferentes aquí y en América.

Otro importante ejemplo de estas diferencias de significado entre España y América son las palabras 'malsonantes' y algunos de los términos 'sustitutos'; nos referimos a aquellas que en el español europeo tienen significados 'inocentes' y que más allá del Atlántico han alcanzado unos contenidos sexuales o escatológicos, que constituyen hoy día los focos más frecuentes de tabuización. Claro que este mecanismo también funciona a la inversa: términos comunes en América que en España quieren decir cosas indecorosas.

Repárese, por ejemplo, en el caso de *pene,* órgano sexual masculino o miembro viril. Por una parte, nos encontramos con términos de origen americano, que normalmente desconoce el hablante español: *camarón,* 'gamba'; *collofe,* del mapuche *collofi,* 'especie de alga comestible'; *virote,* 'utensilio, herramienta'; *cuca,* 'especie de gusano'; *chaira,* 'acero cilíndrico para afilar cuchillos'; *chile,* 'pimiento rojo', y su derivado *enchilada; chilillo,* 'látigo'; *chimbo,* 'pieza de carne'; *choclo,* 'espiga de maíz'; *choto* o *chota,* 'niño de pecho'; *chuto,* 'rabo corto', y muchas otras.

Constituyen, sin embargo, capítulo aparte los términos conocidos en España pero no con este sentido: *bicho* o *bicha, cabezón* o *cabezona, cicuta, corneta, daga, dedo sin uña, fierro* o *hierro, gusano, paloma* o *palomita, pepe, pico, sable, tortolito, tripa, virtud, bastardo, cabeza de gato, mosquete, pescuezo, rienda, cabra, pata, verdura,* etc.

Estas voces, inofensivas para los hablantes españoles *(coger,* 'hacer el amor'; *concha,* 'órgano sexual femenino'; *bicho,* 'órgano sexual masculino', etc.), pero malsonantes y hasta muy groseras para muchos hispanoamericanos, pueden provocar al otro lado del Atlántico situaciones comunicativas difíciles e insultantes. Pero los problemas no acaban aquí. Como son impronunciables estas voces, al menos en ciertos contextos, los hablantes echan mano de palabras sustitutas, llamados eufemismos, que en muchas ocasiones nos resultan enteramente desconocidas con el significado especial que se les ha asignado; podemos estar oyendo hablar de *araña, bacalao, bagre, cabra, chiva, chucha, gallina, ganado, ganso, gaviota, guajolota (pava), jíbara, lagartija, leona, loba, oveja, polilla, sapo, vaca,* por ejemplo, y no enterarnos de que son designaciones eufemísticas de *prostituta*.

Los juegos verbales a que algunas de estas palabras han dado lugar hacen la comprensión de los mensajes mucho más difícil aún. En verdad que juegos del tipo *Vergacruz,* por Veracruz, apenas si presentan problemas, pero no es el caso general: *sipotenciario,* formado sobre 'plenipotenciario', oculta su semejanza con *cipote; tripagofría,* sobre 'tipografía', con *tripa; picaporte,* con *pico,* y doblemente críptico sería *paraguay,* con el sentido de 'parársele a uno' [el pene], basado en el sentido americano de *pararse,* 'ponerse de pie'.

Pero hay más. Existen ciertas palabras que no han cambiado su sentido original, pero que en España han dejado de usarse hace mucho tiempo. Constituyen dos grandes grupos, los llamados 'arcaísmos', supuestamente desconocidos en el español general de España, pero que fueron usados profusamente en épocas pretéritas *(durazno, carozo, pollera, recordar* 'despertar', *cachapear,* etc.), y los 'marinerismos en tierra', aquellos pertenecientes al tecnolecto de la marinería, que pronto durante la colonización, sobre todo en las zonas portuarias, empezaron a utilizarse con un contenido semántico más general, desconocido en la Metrópoli: *amarrar,* 'atar'; *botar,* 'tirar, echar'; *palo,* 'árbol'; *virar,* 'girar', etc.

Algunos estudiosos detienen aquí el análisis contrastivo, quizá añadiendo a la contrastividad semántica de más bulto otras, como las morfológicas *(preciosidad/preciosura; profesional/profesionista; inversor/inversionista),* etc.

Pero este último criterio, de uso y contrastivo, sin duda el preferido por la lexicografía dialectal actual, presenta algunas dificultades teóricas. Un conocido lexicógrafo de principios del siglo XX decía: «No porque una voz [nacida en Chile] se use en otros países deberá proscribirse como chilenismo. Siguiendo esa norma de exclusión, llegaría el caso de que pasara a 'res nullius'. Cuando más, por consiguiente, le afectaría la nota de argentinismo y chilenismo a la vez, ponemos por caso». Y en épocas más recientes, otro especialista nos recordaba que el nahuatlismo *tiza* se usa hoy en todo el mundo hispánico menos en México, donde ha logrado imponerse el helenismo *gis,* y que esta situación podría llevarnos a calificar a la palabra *tiza* de todo menos de mexicanismo.

El concepto de *americanismo* se enfrenta también a otros problemas. Si llegara a entenderse por tales solo aquellos términos que se usaran en toda América y que no fueran conocidos en ninguna parte de España, es muy posible que no existieran. Lo que generalmente ocurre es o bien términos comunes a toda Hispanoamérica y conocidos en partes de España, o bien palabras usadas solo en ciertas zonas del continente americano. La cuestión entonces es distinguir entre *americanismos* propiamente tales y regionalismos *(argentinismos, bolivianismos*, etc.).

Todas estas discusiones parecen partir de la confusión entre dos planos, el teórico y el aplicado de la lexicografía. La conceptualización teórica de lo que es un americanismo solo puede fundarse en su origen; otra cosa diferente son los 'usos americanos' de tal o cual palabra.

LA DIVERSIDAD LÉXICA AMERICANA; UN EJEMPLO: EL VOCABULARIO DE LA EDIFICACIÓN

Las investigaciones hechas hasta la fecha sobre el léxico del español americano dejan entrever un vastísimo y complejo panorama que nos es abundantemente desconocido. Es cierto que, en general, varios proyectos en marcha se proponen ir deshaciendo nuestra mendicidad informativa; son todos ambiciosos y, por lo tanto, de ejecución demorada, pero es reconfortante saber que múltiples equipos se dedican a la colecta léxica, unos a lo largo y ancho del continente, otros a través de todo el mundo hispánico.

En el primer caso están las encuestas del gran *Atlas Lingüístico de Hispanoamérica;* el vocabulario por el que pregunta el cuestionario arrojará un impresionante caudal de datos continentales obtenidos con una metodología homogénea, que permitirá todo tipo de análisis contrastivo. El *Atlas* ya tiene en su haber los puntos correspondientes a las Antillas, a América Central, al sudoeste de Estados Unidos, a Venezuela, a Paraguay, a la Argentina, a Uruguay y a Chile, y en diverso grado de recolección, los del resto del continente.

El otro gran proyecto, esta vez específicamente lexicográfico, es el conjunto de diccionarios regionales americanos, que constituirán la base del futuro *Diccionario de Americanismos,* trabajo entusiasta, coordinado y patrocinado por la Universidad de Augsburgo. El Instituto Caro y Cuervo de Santafé de Bogotá aportó a la empresa, al menos en sus orígenes, su auspicio editorial: los diccionarios colombiano, uruguayo y argentino ya pueden consultarse; también el cubano, que esta vez ha sido publicado por una editorial madrileña. Por su parte, la Asociación de Academias de la Lengua Española ha dado ya los primeros pasos para la preparación de un *Diccionario Académico de Americanismos.*

Los otros proyectos a los que deseo hacer también referencia sucinta son de características muy diferentes: uno es de El Colegio de México; lo dirige Raúl Ávila, y estudia la lengua de la radio, la televisión y la prensa de todo el ámbito hispánico. Su componente léxico es muy relevante, por lo que es lícito esperar de él abundante información, sobre todo en el campo de los neologismos, sean estos técnicos o no. «El español en el mundo» es el sugestivo título de un proyecto japonés que coordina Hiroto Ueda desde la Universidad de Tokio; es exclusivamente léxico, y dentro de este nivel de lengua atiende con preferencia al vocabulario urbano. Trabaja con un conjunto de cuestionarios, alguno de ellos pictográfico.

La Asociación de Lingüística y Filología de la América Latina llevó a cabo encuestas léxicas a través de un cuestionario (el llamado de la «Norma Culta») de 4.452 preguntas, clasificadas en veintiún campos. Ya se han publicado los volúmenes correspondientes a México, San Juan de Puerto Rico, Santiago de Chile y Madrid. Está listo para publicación el de Las Palmas, y aunque la ciudad de Granada no forma parte oficial del proyecto, ha publicado también el léxico de su norma culta, siguiendo el cuestionario común.

Sin considerar aquí otros esfuerzos muy monográficos como el LIRD (Léxico Ictionímico de la República Dominicana), que se realiza en Quebec, pequeña rama del gran proyecto canadiense de «Estudio del léxico de la alimentación en la América Latina», y «El léxico industrial de Puerto Rico», la actividad desplegada en nuestros días y los logros obtenidos ya por estas importantes investigaciones hacen adoptar una actitud optimista en relación con el futuro inmediato de nuestros saberes sobre el léxico hispanoamericano.

Lamentablemente, para los interesados en concreto en el léxico de la edificación —me refiero al grupo de trabajo Bante (Banco de términos de la edificación usados en los países de habla española)— el resultado de todas estas investigaciones tendrá muy poco que ofrecer. El cuestionario del *Atlas Lingüístico de Hispanoamérica* cuenta con escasas preguntas sobre estos temas, y el proyecto de «El español en el mundo» va a la búsqueda de términos sobre vestuario, alimentación, objetos de la casa, etc. Se sospecha que la colecta será igualmente escasa en el estudio de la lengua de los medios de comunicación pública.

El Cuestionario de la Norma Culta, en cambio, sí aporta datos de interés: uno de los veintiún campos léxicos de que consta, el cuarto, se refiere a 'La casa', y, dentro de él, seis de sus temas recogen términos de la edificación: el A, dedicado a la construcción; el B, a los materiales de construcción; el C, a la madera para la construcción; el D, a las herramientas de mayor uso; el E, ocupado en los tipos de trabajo que se realizan en la edificación, y el G, en las partes de la casa. Todas estas preguntas conforman un total de 138 entradas. Son, en realidad, muy pocas, si se las compara con otros instrumentos de investigación.

Otra esperanza puede estar cifrada en los diccionarios, tanto el de Augsburgo como el de la Asociación de Academias, pero es un escrutinio que no se ha hecho aún en los repertorios publicados.

El léxico de la edificación es riquísimo y muy variado. Recuérdese, por ejemplo, y aun sin salirnos del léxico patrimonial hispánico, el caso de *espita* de agua: un conjunto de términos antiguos y bien documentados, como *canilla, caño, chorro, llave, pila, pluma* y, al parecer, el argentinismo *pico,* formado en esa región americana, sobre el pico de las aves, debido a sus similitudes formales; junto a ellos, la palabra moderna *grifo,* que solo vive entre nosotros desde el siglo XVIII, que apenas si ha logrado extenderse más allá de las fronteras españolas.

¿Qué factores son los que causan tal diversidad terminológica en Hispanoamérica? En primer lugar, desde luego, la geografía, factor que apenas necesita de explicación, dada la muy amplia extensión de sus dominios. Pero también, y mucho, la historia, tanto la antigua como la reciente, y, por supuesto, la sociología.

La dispersión geográfica trae aparejada, como es de sobra sabido, una serie de condiciones de altura, clima, tipo de superficie, fenómenos atmosféricos, etc. Todo ello conjuntamente determina el tipo de edificación, la estructura, la forma, la decoración (cuando la hay) y, consecuentemente, los materiales, las técnicas, las herramientas y los constructores necesarios para levantarlas. La consonancia con el entorno ha determinado cuándo se construyen entramados desmontables y cuándo se levantan tapias, por ejemplo.

Pero son las circunstancias históricas, por otra parte, las que determinan dónde se levanta una fortaleza o un palacio y dónde se fabrican viviendas humildes, cuándo siguen en uso las técnicas autóctonas y cuándo se cede a la invasión de la modernidad, procedente del extranjero en la mayoría de las ocasiones. Por otra parte, el grado de desarrollo alcanzado por una sociedad determinará también el tipo de edificación, y permitirá atender (o no) a la vivienda de los más necesitados, por ejemplo, la construcción de barrios obreros o los eufemísticos 'residenciales públicos', y dominar, con cierto grado de éxito, la temperatura ambiente, con la creación de climas artificiales, y también contrarrestar los efectos de catástrofes atmosféricas, como huracanes, inundaciones y terremotos.

La variedad que la conjugación de todos estos factores produce se ve reflejada en la lengua con bastante fidelidad. Aquí ayudan tanto la variación léxica patrimonial como el vocabulario indígena, parte de él conservado hasta hoy, y las diversas influencias de las lenguas modernas que han andado en contacto con la nuestra en el continente americano, y que aun sin contactos directos han exportado nombres de técnicas y adelantos.

La pervivencia de indigenismos en los dialectos hispánicos de América es asunto insuficientemente estudiado aún. Es verdad que no faltan los diccionarios especializados y que aun los generales recogen un considerable número de ellos; sin embargo, la consulta lexicográfica no siempre garantiza que se esté ante un término en uso. Lo común en los diccionarios de indigenismos es que sus autores actúen movidos por un propósito singular: la exhaustividad. La argumentación que está detrás de esta decisión suele ser —cuando se expresa explícitamente— de colores muy diversos, y en la mayoría de las ocasiones esperables, completamente ajenas a la lingüística. Pero lo cierto es que casi nunca hay coincidencia, ni siquiera aproximada, entre el número de entradas de la macroestructura de un diccionario y el número de indigenismos vivos en la comunidad de habla en cuestión.

El estudio del influjo indígena en la terminología de la edificación debe tomar en consideración dos situaciones muy distanciadas entre sí. Hay formas indígenas conservadas pero que han cambiado de *designatum:* es el caso del *bohío* antillano, que ahora equivale a 'casa humilde', 'choza', y que pervive, aunque débilmente, en la disponibilidad léxica de la región, si bien con fuertes condicionamientos, debidos al tema del discurso; no forma parte ya, por ejemplo, del *Léxico básico de Puerto Rico* ni del corpus oral de la norma culta de San Juan.

Frente a estos casos se encuentran aquellos que perviven con el significado ordinario. Se trata siempre de zonas poco favorecidas por la marcha del progreso, en las que el subdesarrollo económico obliga a seguir las técnicas ancestrales de la edificación popular. Es también posible encontrar indigenismos, aunque no sea el caso, en situaciones en las que las nuevas técnicas hayan incorporado algún elemento especial. Únicamente las encuestas *in situ* nos revelarán esta información.

Queda claro que no se hace aquí la menor referencia al indigenismo arqueológico, aquel que todavía hoy es preciso utilizar cuando se habla del pasado histórico, pero estos términos han pasado a engrosar los vocabularios especializados de ciencias y disciplinas diversas. Pertenecen, de cualquier forma, a la 'historia' de la terminología de la edificación. Son capítulo aparte.

La influencia que pudieran haber ejercido en este léxico los núcleos de esclavos negros desplazados a América es prácticamente *terra incognita*. O faltan estudios, o su presencia en este aspecto fue completamente nula, como parece ser el caso de las Antillas. Al menos en esta zona, de mucha presencia étnica africana, es la termino-

[100] Cosmético con que se pinta los labios de mujer.

1. barra de carmín; 2. barra de labios; 3. colorete; 4. crayón;
5. crayón de labios; 6. labial; 7. lápiz de labio; 8. lápiz
de labios; 9. lápiz labial; 10. maquillaje; 11. pintalabio;
12. pintalabios; 13. pintura de labios; 14. rouge; 15. ruch.

91. Otro:_____; 92. No lo he visto; 93. No sé.

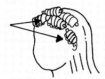

[101] Objeto que se utiliza para rizar el cabello de mujer.

1. bigudíes; 2. pachas; 3. rizadores; 4. roles; 5. rolos;
6. rollos; 7. rollos para el pelo; 8. ruletos; 9. rulos; 10. tubos.
91. Otro:_____; 92. No lo he visto; 93. No sé.

[104] Arcilla blanca terrosa utilizada para escribir en la pizarra.

1. gis; 2. tiza; 3. yeso;

91. Otro:_____; 92. No lo he visto; 93. No sé.

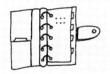

[105] Agenda con hojas cambiables y tapas gruesas.

1. agenda; 2. agenda con recambio; 3. agenda dietario;
4. agenda movible; 5. agenda recambiable; 6. archivador;
7. binder; 8. bloc; 9. bloc de anillas; 10. bloc de notas;
11. carpeta; 12. cartapacio; 13. cuaderno con espirales;
14. dietario; 15. exfoliador; 16. folder.

91. Otro: _____; 92. No lo he visto; 93. No sé.

[106] Mueble para archivar documentos.

1. archivadero; 2. archivador; 3. archivero; 4. archivo;
5. bibliorato; 6. cajonera; 7. credensa; 8. fichero; 9. gavetero; 10. mueble archivador.

91. Otro:_____; 92. No lo he visto; 93. No sé.

Fragmento del cuestionario pictográfico del proyecto *Varilex* (Variación léxica del español en el mundo), coordinado por Hiroto Ueda desde la Universidad de Tokyo. (Figura 9)

I. Regiones bilingües del sur y suroeste de Estados Unidos, México y las Repúblicas de América Central.

II. Antillas españolas, costa y llanos de Venezuela y norte de Colombia.

III. Región andina de Venezuela, interior y oeste de Colombia, Ecuador, Perú, la mayor parte de Bolivia y norte de Chile.

IV. La mayor parte de Chile.

V. Argentina, Uruguay, Paraguay y sureste de Bolivia.

Zonas dialectales según Henríquez Ureña, 1921. (Figura 10)

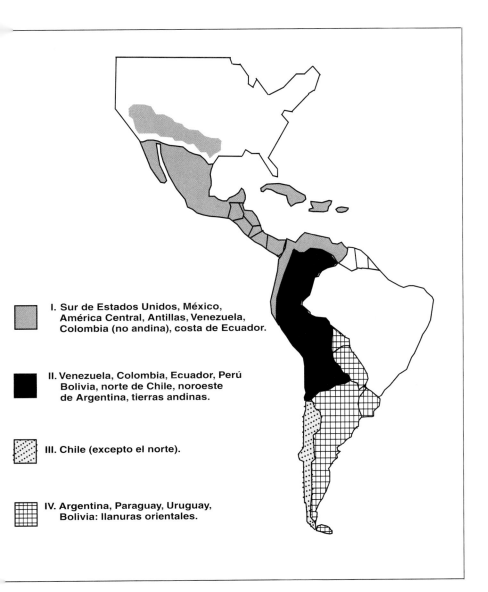

I. Sur de Estados Unidos, México,
América Central, Antillas, Venezuela,
Colombia (no andina), costa de Ecuador.

II. Venezuela, Colombia, Ecuador, Perú
Bolivia, norte de Chile, noroeste
de Argentina, tierras andinas.

III. Chile (excepto el norte).

IV. Argentina, Paraguay, Uruguay,
Bolivia: llanuras orientales.

Zonas dialectales según Cahuzac, 1980. (Figura 11)

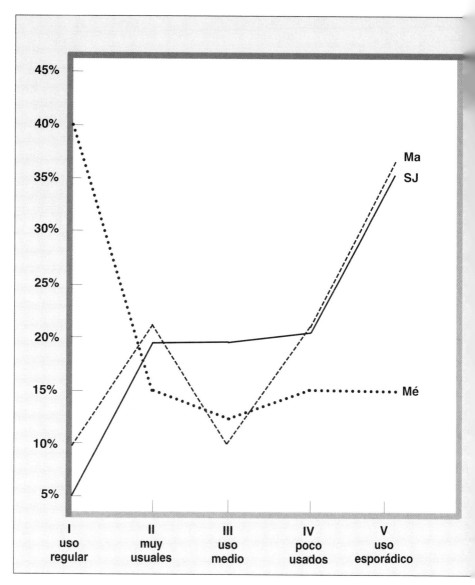

Uso de anglicismos en la lengua culta de San Juan, Ciudad de México y Madrid. (Figura 12

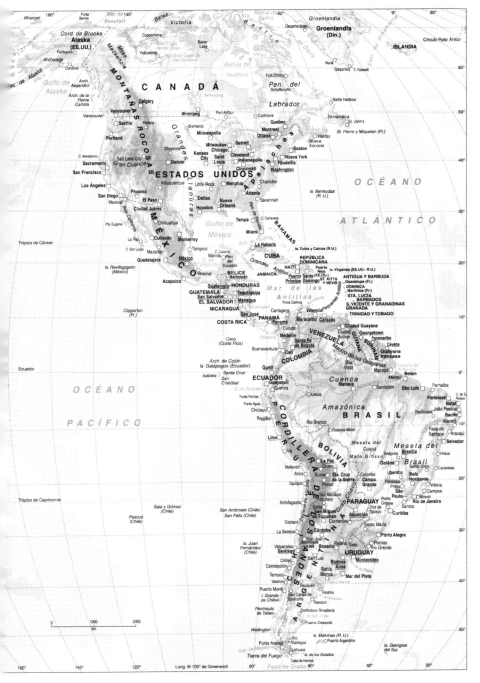

Mapa del continente americano. (Figura 13)

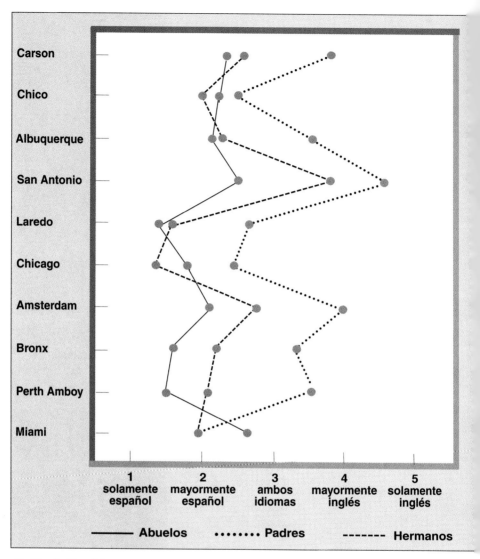

Gráfica 1: Uso del español y del inglés para comunicarse con miembros de la familia en las die:
localidades. (Figura 14)

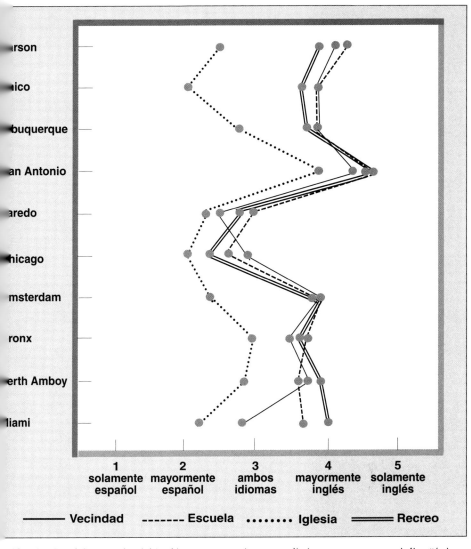

Gráfica 2: Uso del español y del inglés para comunicarse en distintos contextos sociolingüísticos en las diez localidades. (Figura 15)

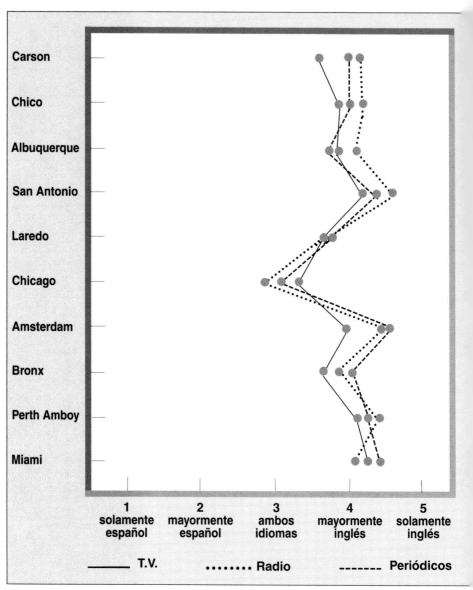

Gráfica 3: Mensajes recibidos en español e inglés a través de los medios de comunicación en la diez localidades. (Figura 16)

logía indígena la que va cediendo ante el avance de las técnicas españolas. De nuevo la lengua reproduce la historia.

También hay léxico arqueológico de tipo patrimonial: la construcción de murallas, fortalezas, fortines y demás edificaciones que fueron sembradas en muchas costas de los nuevos dominios llevaron consigo un vocabulario que ya solo recogen los libros de historia del arte.

Pero, dentro de este léxico patrimonial, la variación es rica y obedece a causas múltiples. Por una parte, vocabulario antiguo conservado en algunas zonas en contraste con otras, en las que términos más modernos han desplazado a las viejas palabras: *altozano, zaguán* y *postigo,* por ejemplo, abandonados en amplias zonas hispánicas, pero mantenidos con elevada frecuencia en otras. Son los llamados 'arcaísmos'. Cada región tendrá así sus propios arcaísmos, términos que fueron usados con normalidad en un momento de la historia de la lengua (en un determinado lugar) y que han sufrido un intenso desgaste, bien —como *zaguán*— porque desaparece la cosa designada y la palabra designadora también se arcaíza, bien porque queda vencida por otra u otras palabras nuevas o no, como *ventana, ventanita, pequeña ventana,* etc., *puerta falsa, puerta pequeña, puerta de una sola hoja,* etc., para *postigo,* y *atrio* para *altozano.*

Las comparaciones geográficas que suelen manejarse tienen por fuerza que dar prioridad a determinados lugares o a etiquetas muy imprecisas lingüísticamente, como el llamado 'español general de España', que esgrimen con constancia quienes ven el español americano como un conjunto de variedades arcaizantes, porque allí todavía se manejan términos que se supone hayan desaparecido completamente del 'español general de España'. Por supuesto que *a posteriori* podrán establecerse las comparaciones que se estimen oportunas y construirse mapas de variantes que indiquen aquellos puntos, digamos 'conservadores', que por fuerza cambiarán con cada uno de los términos examinados. Pero lo que queda claro es que *zaguán* no será un arcaísmo americano porque es palabra que ya no pertenece al 'español general de España'. Si esto fuera cierto, estaríamos frente a un arcaísmo español, peninsular o insular, pero no americano; al menos, no de toda América. En realidad, las lenguas —todas las lenguas— son un tipo especial de palimpsesto; tanto historiadores como descriptivistas lo saben muy bien porque lo han comprobado una y otra vez en sus estudios.

Junto a esta fuente de variación están los nuevos y diversos significados que muchos términos patrimoniales adquieren en algunas zonas americanas: el sentido original español de *pavimento, mampostería, azotea, empañetar,* por ejemplo, no es el mismo que tienen hoy en distintas zonas americanas. Es un fenómeno muy conocido en la historia de las lenguas: viejas palabras con nuevos significados. A este tipo de variación léxica, en el que contrastan los sentidos ortodoxos y los innovados, es necesario añadir la amplísima gama de posibilidades debidas a la diversificación dialectal, muchas veces heredada (de nuevo Sevilla frente a Madrid): *azulejear, azulejar,* frente a *alicatar,* o producida ya en el propio escenario americano: *empañetar,* frente a *repellar; balcón,* frente a *terraza,* etc.

Y todavía quedarán por investigar a fondo las voces de creación popular, riquísimo acervo caracterizador donde conviven la expresión metafórica, el símil, la creación festiva, la burla y otros tantos mecanismos que proporcionan una amplia cosecha en los más variados campos léxicos: *torta, placa, gorro, virar* (el cemento), *viga madrina, poner la bandera, albañil de media cuchara, perfil, triángulo,* etc. Este camino no es fácil de recorrer, pero ofrece múltiples alicientes al investigador.

En cualquier caso, el amplio banco de datos que se está reuniendo en Valladolid llegará a decirnos algún día cuánto de este léxico patrimonial es compartido por todo el mundo hispánico: suponemos que será mayoritario, formando así un elemento de cohesión muy notable.

Una pequeña cala de muestra: cotejando el léxico de la norma culta de Madrid, México, Santiago de Chile y San Juan de Puerto Rico, desde el punto 1.072 al 1.109 [que incluye: *a*) términos generales de edificación; *b*) materiales de construcción; *c*) herramientas de mayor uso; *d*) trabajos que se realizan], arrojó lo siguiente:

1. Existe un conjunto de términos completamente coincidentes *(solar,* 'terreno donde edificar'; *arquitecto, maestro de obras, albañil, peón, piedra, cal, arena, cemento, mezcla, ladrillo, bloque, hierro, madera, viga, nivel, plomada, pico, llana, techar);* son minoría, aunque hay otros comunes a más

de una sintopía, lo que sin duda favorece la comunicación intrahispánica.

2. En el otro extremo del parámetro están los términos exclusivos, que pertenecen a una sola comunidad de habla; en el caso de México: *albañil de media cuchara,* para ayudante de albañil; *chalán,* para obrero de la construcción; *revoltura,* para argamasa; *tabique,* para ladrillo; *tablón, polín, trabe* y *cimbras,* para el madero y también para el travesaño; *mono, marco* y *escuadra,* para la cumbrera; *andamio* y *garrucha,* para el cabrio; *escantillón* y *moldura,* para terraja; *hacha, zapapico* y *piolet,* para alcotana; *cichara, plana, aplanador* y *paleta,* para llana; *espátula* y *charola,* para palustre; *mezcladora, removedor* y *azadón,* para batidera; *enlosar,* para poner el piso; *enjarrar,* para enlucir, y *encalichar,* para repellar.

3. Típicos de Puerto Rico: *foreman,* para maestro de obras, y *empañetar,* para repellar, más un gran conjunto de ausencias léxicas; no aparece voz alguna para los puntos que preguntan por ayudante de albañil, argamasa, adobe, madero, travesaño, cumbrera, solera, cabrio, terraja, alcotana, enlucir y alicatar.

4. Solo presentes en Santiago de Chile: *terreno baldío, contratista, constructor civil, operario, jornalero, yeso,* para la entrada de cal; la variante fonética *fierro, diablillo,* para alcotana; *platacho,* para llana; *embaldosar* y *poner flixoflex,* para poner el piso, y *estucar,* para enlucir. Vacío léxico para cumbrera, solera, cabrio y batidera.

Naturalmente que estos resultados deben ser tomados con extrema cautela. En primer lugar, porque muchos de ellos no son exactamente comparables entre sí, dadas las diferencias de objetivos y, en consecuencia, de metodologías que se han empleado en su obtención: no es lo mismo preguntar a especialistas (arquitectos, por ejemplo, puesto que se trata de norma culta) que a sujetos cultos pero que no tienen relación con el mundo de la edificación, ni tampoco es igual recoger solo las respuestas espontáneas que insistir ante el sujeto (no sabemos con qué argucias) hasta obtener la respuesta. Estas parecen ser —al menos, parcialmente— las razones que explican las diferencias entre la colecta efectuada en San Juan y la de otros lugares. Puerto Rico ofrece un ejemplo de la 'norma' léxica de su capital, y allí las personas cultas (médicos, abogados, historiadores, profesores universitarios, etc.) no saben lo que son *cumbreras, soleras, cabrios, terrajas* y otras extrañas cosas. Entre la norma lingüística de la comunidad y el tecnolecto de la edificación puede haber, como se ve, notorios hiatos.

Desde luego que estas no parecen ser las únicas razones de la provisionalidad de estos datos. En un mundo urbano de rascacielos, ¿qué pintan las cumbreras, las soleras y los travesaños? Quizá el cuestionario (que está destinado especialmente a ciudades) debió haber preguntado por otra cosa, o mejor, por otras cosas, además de estas. Poco aportan, por lo tanto, a un estudio a fondo del 'sistema' (no de la norma) del léxico hispanoamericano de la edificación.

El tercer y último gran foco de variación —sin duda, cada día más poderoso— es el de los extranjerismos. Parece que, salvo excepciones, el capítulo de galicismos e italianismos está definitivamente cerrado en Hispanoamérica, aun en regiones del cono Sur, donde la influencia del francés y sobre todo del italiano ha dejado importantes huellas en otras parcelas de la lengua. El anglicismo, sin embargo, que empezó a hacerse sentir desde el siglo XIX, traído de la mano de los europeos y de sus grandes empresas, sobre todo ferrocarrileras, continúa con una creciente influencia, ahora potenciada por Estados Unidos.

No cabe duda de que el estudio del anglicismo dentro del vocabulario de la edificación necesita ser insertado en un contexto cultural mucho más amplio. Aquí serán factores medulares la presencia de las grandes compañías multinacionales, la importación de materiales y equipo de Estados Unidos, la formación de arquitectos e ingenieros en universidades norteamericanas, el traslado a las facultades y escuelas de arquitectura e ingeniería de estructuras académicas del vecino del Norte y la bibliografía utilizada en aquellos centros, principalmente los libros de texto o libros-guía.

Estos parámetros (y sin duda otros que podrían añadirse) aparecen conjugados en muy distinta proporción, según países y regiones supranacionales. Aunque es difícil establecer con precisión esos grados de influencia, no parece que quepan serias dudas de que hay territorios, como Puerto Rico y quizá Panamá y parcialmente México, donde este influjo es muy concreto, y otros, más alejados de la esfera de acción estadounidense, como Bolivia y Paraguay, pongo por caso, donde sea mínimo o inexistente.

Las investigaciones preliminares llevadas a cabo en Puerto Rico, como parte de un gran proyecto de estudio del léxico industrial de la isla, presentan un panorama sumamente diáfano. Es verdad que del léxico de la edificación solo se ha examinado lo relativo a los materiales estructurales básicos (acero, plásticos, hormigón y compuestos). De las diecinueve entradas sobre acero (modalidades del acero, uniones, terminaciones y acabados), solo seis no obtuvieron respuestas anglicadas: 0124 *acero fundido,* 0129 *acero forjado,* 0135 *pinturas,* 0137 *acabados metálicos y plásticos,* 0139 *planchas corrugadas* y 0141 *marcos;* de las siete entradas para plástico (tipos y utilidad), solo una, *plástico prensado,* arrojó respuesta española; de los veinte puntos dedicados a hormigón, catorce (la mayor proporción) dieron respuestas españolas: 0151 *moldes,* 0153 *mezcla,* 0154 *grúas,* 0155 *andamios,* 0157 *paneles aligerados,* 0158 *paneles sólidos,* 0160 *paneles de agregado ligero,* 0162 *paneles de hormigón postesforzados,* 0164 *mesa* o *cama,* 0166 *vibrado,* 0167 *regleado,* 0169 *separación del molde,* 0170 *encofrados transversales* y 0171 *longitudinales;* en el apartado *compuesto,* las dos entradas produjeron anglicismos.

Aunque los datos de que disponemos para otras zonas americanas no nos permiten establecer ninguna comparación, por mínima que sea, un caso aislado como el de *concreto* por 'hormigón', presente en los materiales hispanoamericanos con que cuento, me hace sospechar que puede haber otros muchos.

El hecho de que los anglicismos puedan imponerse uniformemente, constituyendo así una fuerza centrípeta, podría hacer temer el desplazamiento de términos hispánicos, sobre todo los de alcance muy local, y aun los más generales, especialmente en los casos de terminología referida a técnicas y a materiales muy modernos.

Los términos de la edificación, como los de otros tecnolectos, están sin amparo oficial de ningún tipo, pues nuestro mundo hispánico carece de comisiones científicas efectivas para ofrecer sinónimos españoles y unificar nomenclaturas a través de su ancho y dilatado territorio.

HACIA UN NUEVO DICCIONARIO DE AMERICANISMOS

La creación, diseño y ulterior desarrollo del *Diccionario Académico de Americanismos* constituye un conjunto de tareas de gran complejidad. La decisión de emprenderlo requiere la revisión exhaustiva de las propuestas que han sido hechas a lo largo de los años, de las bases que las sustentan y de su actualidad. Si este examen no desemboca en la necesidad de llenar un notable vacío, de superar con creces nuestros conocimientos actuales, no se sostiene que recorramos un camino ya trillado que nos lleve siempre a lugares muy frecuentados con anterioridad.

La elaboración de un diccionario académico de americanismos ha sido solicitada desde antiguo por la misma Academia Española, que, a pesar de sus esfuerzos, se ha visto siempre desbordada e insegura con respecto a los términos americanos que incluía en su *Diccionario*. Un gran recuento de estas voces, realizado con técnicas lexicográficas actuales, confiable en sus materiales y en sus marcas, solucionaría una gran parte de sus preocupaciones acerca de la correcta representatividad americana de nuestro léxico mayor, tanto en cuanto a sus inclusiones como a sus exclusiones. Con un instrumento como este en la mano se podrían aplicar unas normas coherentes y satisfactorias a la entrada de americanismos.

Cuando se escriba una historia detallada de la recepción de los americanismos en el *Diccionario* académico, se verán con facilidad las vicisitudes de la Corporación madrileña para la obtención de información confiable sobre América, sobre todo —pero no únicamente— durante el período anterior a la fundación de las Academias correspondientes. Hoy, la Asociación de Academias tiene esa responsabilidad como una de sus principales misiones.

La misma Asociación, desde el momento de su fundación, en 1951, ha venido manifestando su deseo de que se llevaran a cabo los trabajos necesarios para la elaboración de un diccionario general de americanismos. El I Congreso de Academias de la Lengua resolvió:

> Encomendar a la Comisión Permanente nombrada por el mismo, que arbitre las medidas y emprenda los trabajos necesarios para realizar, lo más pronto posible, la formación de un Diccionario de Americanismos.

Aunque en otros congresos también surgió la misma petición, nunca se había pasado más allá de presentar manifiestos de buenas intenciones. Todo pareció encauzarse satisfactoriamente cuando el académico puertorriqueño Ernesto Juan Fonfrías informó de la creación en San Juan del Instituto de Lexicografía Hispanoamericana Augusto Malaret, cuyo principal objetivo sería precisamente la confección del ansiado diccionario. El Congreso de Quito de 1968, ante el que esta oferta se propuso, no solo resolvía:

> Que es conveniente proceder lo más rápidamente a la edición de un Diccionario de Americanismos...

sino que, además, recogía con beneplácito el ofrecimiento de Fonfrías:

> El Instituto de Lexicografía Hispanoamericana «Augusto Malaret» tiene como fin primordial el estudio de los americanismos en el idioma español y la elaboración y publicación de un Diccionario de Americanismos, aprovechando los léxicos hasta ahora publicados y el material que se recoja de la lengua hablada.

Todavía el Congreso de Caracas de 1972 decidía, con júbilo:

> Expresar su complacencia por la iniciación de las labores del Instituto de Lexicografía «Augusto Malaret», establecido en el seno de la Academia Puertorriqueña de la Lengua, con el fin primordial de estudiar los americanismos en el idioma español, y elaborar y publicar un *Diccionario General de Americanismos...*

al tiempo que insistía en:

> Recomendar a las Academias asociadas su diligente colaboración en dicho Instituto de la Academia Puertorriqueña, a través de la Comisión Permanente de la Asociación de Academias de la Lengua Española, estatuida como órgano de comunicación entre ellas mismas y con la Real Academia Española.

La siguiente reunión de Academias, celebrada en Santiago de Chile en 1976, insiste, pensando en el Instituto sanjuanero, en:

Recomendar a las Academias Asociadas que intensifiquen los trabajos de sus respectivas Comisiones de Lexicografía sobre las hablas de su país, a fin de apresurar la recolección del material para el Diccionario de Americanismos.

Pero, a pesar de que la propuesta fue acogida en Quito con beneplácito casi general, de que el recién fundado Instituto dio algunas muestras de vitalidad inicial, y de que en reuniones sucesivas se seguía pidiendo la colaboración de las Academias para la pronta elaboración del diccionario, fue muy raquítico el saldo que dejó tras de sí este Instituto, antes de convertirse, muy pronto por cierto, en una simple estructura de papel.

La petición de las Corporaciones descansaba en una serie de razonamientos de peso, de los que no estaba excluida la inexistencia de materiales adecuados. Cuando se da inicio a estas propuestas quedaban ya muy lejos los artículos que escribía desde París Miguel del Toro Gisbert, y el clásico *Diccionario de americanismos* de Francisco Javier Santamaría, a pesar de contar solo con nueve años de vida pública, era muy anterior, pues el tabasqueño, en el caso de los abundantes mexicanismos, aprovecha materiales procedentes de las listas de García Icazbalceta, que se remontan al siglo XIX; su propio trabajo original le llevó cerca de treinta años, tiempo suficiente como para que algunos de sus materiales hubieran adquirido pátina antigua. El *Diccionario de americanismos* de Augusto Malaret, sin embargo, había sido publicado por tercera —y última— vez en 1946, tan notablemente enriquecido con respecto a las dos primeras ediciones, que podría muy bien hablarse de una obra diferente. Pero, a pesar de los múltiples elogios que recibió este diccionario, debió de parecer entonces insuficiente.

Si los Congresos anteriores al de Lima, celebrado en 1980, seguían insistiendo sobre este punto, era porque para entonces hasta el Malaret mostraba amplias grietas, producidas por el correr del tiempo, y porque, además, el panorama editorial, en cuanto a lexicografía americana general se refiere, era casi desértico.

Durante los diecisiete años transcurridos entre la reunión fundacional mexicana y la ecuatoriana solo se había publicado, en 1966, la primera edición, porteña, del *Diccionario de americanismos* de Marcos Augusto Morínigo, obra al fin de un lingüista profesional.

Los méritos de este trabajo, así como los de sus predecesores, Santamaría y Malaret, han sido puestos de manifiesto de forma reiterada; también sus insuficiencias, esperables por lo demás en obras eminentemente personales, por más que Morínigo hubiese disfrutado de la colaboración constante de su hijo, a quien correspondió después la triste tarea de continuar él solo con la revisión de la obra.

Hasta el Congreso de 1976 (Santiago de Chile) no se contó con otra novedad editorial: el diccionario de Alfredo Neves. Sin embargo, salvo los académicos argentinos y unos poquísimos más, los congresistas no tenían noticia de la obra, publicada muy poco antes en Buenos Aires. Para 1980, fecha de la reunión de Lima, ya se había anunciado el ambicioso proyecto de la Universidad de Augsburgo, dirigido por los infatigables lexicógrafos alemanes Günther Haensch y Reinhold Otto Werner. El reto que este proyecto significaba —y significa— no fue percibido entonces en toda su magnitud, pues apenas alcanzó eco alguno en ese encuentro académico.

El Congreso costarricense, celebrado en 1989, se enfrentaba a un panorama completamente diferente. En 1982 habían salido de las prensas del benemérito Instituto Caro y Cuervo los dos volúmenes del primer tomo, correspondiente al léxico, de una obra de dimensiones excepcionales —que llevaba por título *El español de América*—, preparada por un equipo de investigadores rumanos; y, aunque de mucha menor envergadura, la Editorial Sopena sacaba ese mismo año el volumen de *Americanismos* de su famoso *Diccionario Ilustrado*. Dos años después, en 1984, José Luis de Pardo Villarroya publica en Madrid un librito mimeografiado, *Americanismos,* cuyo objetivo era la revisión de los términos americanos aparecidos en el *Diccionario* académico (hasta su decimonovena edición de 1970), aunque con aportes personales de extraordinaria utilidad; se reimprimió al año siguiente. En 1985 sale a la luz la segunda edición del Morínigo, y poco después, en 1987, el tomito de *Americanismos* del *Diccionario Everest,* de carácter temático, preparado por Miguel Ángel Arias de la Cruz.

Sin embargo, quizá más interesante que todo este nuevo caudal bibliográfico fuera el breve pero sustancial artículo de Guillermo Araya, publicado por primera vez en 1982 y reimpreso al año siguiente, «El diccionario de americanismos», en el que propone una serie de pautas que, a su juicio, deberían servir de base a un futuro diccionario de estos términos. El trabajo, sin duda polémico, ha dado ya lugar a varias puntualizaciones en contra, pero ofrece facetas muy fructíferas y prometedoras, que no convendría olvidar.

El encuentro académico de Madrid (1994), que conoció de varios proyectos lexicográficos nacionales, vio aumentar la nómina de diccionarios de americanismos con la obra de Brian Steel, aparecida en 1990, y una nueva versión del diccionario de Morínigo (1993). Pero, de mayor importancia aún, constató cómo iba cobrando cuerpo el Proyecto de Augsburgo, con tres de sus diccionarios particulares —el de Colombia, el de Uruguay y el de Argentina— en circulación desde hacía un año. Lo que para algunos fuera utopía desmedida, se hacía ahora realidad. Con posterioridad a este Congreso, además de la reedición del Morínigo, se ha publicado, en 1997, una nueva obra: el *Diccionario de Hispanoamericanismos* coordinado por Renaud Richard.

Si, a pesar de todo ello, las Academias insistían en la elaboración de un diccionario de americanismos, aunque con menor entusiasmo desde 1980, era porque lo consideraban necesario, pues nada de lo publicado hasta entonces podía sustituir al gran repertorio léxico en el que se pensaba, aunque de manera algo imprecisa.

Al decidir la Comisión Permanente recoger estas inquietudes y propuestas, que durante años se habían ido sucediendo, emprendimos la difícil tarea de preparar un primer borrador de planta de lo que entonces llamamos *Gran Diccionario de Americanismos*. Durante tres meses estuvimos dedicados a esta tarea; en este punto intervino también, a petición nuestra, el Instituto de Lexicografía de la Academia Española, al que debemos no pocas y valiosas sugerencias. El borrador se envió a las Academias para su estudio, y fue examinado minuciosamente durante los cuatro días de trabajo de la reunión de Montevideo, celebrada en octubre de 1996, con representantes de la mayoría de las Corporaciones. Del consenso alcanzado en el encuentro uruguayo surgió un segundo borrador, que fue a su vez distribuido entre los participantes del encuentro por si surgían propuestas ulteriores. El tercer borrador fue producto de los poquísimos añadidos y retoques formales hechos al segundo, más algunas propuestas tardías, procedentes de Academias que no habían podido estar presentes en Montevideo.

La planta consta de una serie de propuestas técnicas, que tratan de acercar lo más posible nuestro proyecto a las exigencias metalexicográficas actuales. Han sido puntos muy discutidos, lo que demuestra el vivísimo interés de todos los que con entusiasmo genuino nos hemos subido a esta nave. Otras propuestas de base, que determinarán el carácter de nuestro diccionario, fueron aceptadas de forma consensuada, sin voces discrepantes, evidencia contundente de que los que participamos directamente en el proyecto estamos en una misma sintonía.

De aquel encuentro uruguayo, animado por una cordialidad fraterna, salió la idea de realizar ciertos trabajos preparatorios en pequeñas reuniones monográficas. Alfredo Matus, director de la Academia Chilena, hizo suya la idea con entusiasmo, y propició este encuentro, en el que la Corporación de Santiago acogió a los lexicógrafos generosamente para tratar un candente y espinoso problema: el sistema de transliteración española de los extranjerismos, principalmente, galicismos e italianismos, con el fin de dar cumplimiento a una de las propuestas de la planta, que pide doble entrada para los extranjerismos: una, hispanizada (donde se colocará toda la información lexicográfica), y otra, en ortografía original (que remitirá a aquella). Otros dos encuentros, en Buenos Aires y en Lima, revisaron el protocolo de transliteración de anglicismos, y estudiaron el programa informático que serviría de base al proyecto.

A nadie se le oculta que mientras los préstamos de lenguas extranjeras recibirán soluciones satisfactorias y sistemáticas, lo relativo a las etimologías indígenas, y las respectivas transliteraciones al español de esas lenguas, salvo los casos del nahua y del maya, aún andan, dentro de nuestro proyecto, en una situación de desvalimiento. Es imprescindible la creación de al menos otra subcomisión que estudie todo lo referente al quechua. Para las demás lenguas autóctonas americanas (chibcha, aimara, guaraní, mapuche, etc.) se cuenta con el concurso particular de algunos especialistas, de confirmarse la suposición de que estos elementos léxicos serán menores en número.

Las entradas, que constituirán el grueso del volumen de nuestra obra, provendrán de fuentes variadas:

a) Materiales originales, que por su naturaleza no deben ser recogidos en el *Diccionario* académico, proporcionados por algunas Academias con destino específico a nuestro gran inventario: son los casos, por el momento, de El Salvador, Honduras, Puerto Rico y Uruguay.

b) Materiales elaborados e impresos por las Corporaciones o por algunos de sus miembros, recomendados por ellas como representativos y actualizados de la norma léxica del país: Argentina, Bolivia, Chile, Ecuador, México y Venezuela.

c) Materiales procedentes de diccionarios de alcance nacional de reconocido crédito científico, publicados en las últimas décadas, sobre todo (pero no únicamente) para regiones en que no se dispone de *a)* ni de *b)*.

d) Materiales sacados de la amplia bibliografía de los llamados *hidden glossaries* (glosarios escondidos) con que cuenta Hispanoamérica.

e) Materiales procedentes del «Corpus de Referencia del Español Actual» (CREA) de la Real Academia Española. Hasta el momento consta de setenta millones de palabras para consulta inmediata, de las cuales unos treinta corresponden a América. Como la Academia Española trabaja incesantemente en este corpus, se espera disponer para nuestro continente de los cien millones estipulados dentro de pocos años.

f) Materiales procedentes de una serie de consultas especiales hechas a las Academias; por ejemplo, terminología de la graduación militar, de las unidades político-administrativas del país, de los gentilicios, etc.

g) Información léxica perteneciente a otros proyectos no lexicográficos, previo permiso expreso: los atlas lingüísticos, en particular el *Atlas Lingüístico de Hispanoamérica,* que dirigió Manuel Alvar; el proyecto japonés Varilex (Variación léxica urbana en el mundo hispánico), cuyo director, Hiroto Ueda, ha accedido a prestarnos su colaboración; el material recopilado en los léxicos básicos y en los léxicos disponibles ya realizados, etc.

h) Glosarios de términos aparecidos en obras literarias.

El penúltimo de los Congresos académicos, el de Puebla de los Ángeles de 1998, aprobó todos los asuntos contenidos en la documentación presentada —planta, plantillas de definición de fauna y flora y los protocolos de transliteración de italianismos, galicismos y anglicismos— que constituía la base de nuestro diccionario.

En la actualidad, un equipo de lexicógrafos españoles e hispanoamericanos trabaja incansablemente en este ansiado proyecto, que verá su culminación a finales de 2008 o a principios del año siguiente.

11
ESPAÑOL E INGLÉS EN EL PUERTO RICO ACTUAL

«ESTADO LIBRE ASOCIADO» FRENTE A «COMMONWEALTH»

En 1898, en medio del contencioso bélico entre España y Estados Unidos, se produce la invasión norteamericana de Puerto Rico. Aunque poco después la firma del Tratado de París da carácter de legalidad al asunto, la isla permanecerá durante dos años como territorio ocupado militarmente. Con la cesión absoluta de todos los poderes y todos los derechos que hizo España en París, Puerto Rico perdía su recién estrenado estatuto autonómico, conseguido de la Metrópoli tras largos años de fatigosa negociación, y se convertía en una colonia del coloso del Norte. Es cierto que en ningún momento se utilizó este término en los documentos oficiales emanados de Washington. La historia de Estados Unidos, una nación que conquista su independencia, que deja de ser colonia tras una cruenta guerra, por una parte, y su tradición democrática, por otra, eran factores que chocaban con violencia con el coloniaje; no era concebible que la otrora colonia y ahora defensora de las libertades pasara a convertirse en metrópoli colonial.

El término empleado entonces fue el de *territory, U. S. territory.* En realidad, se trataba de un eufemismo, pues técnicamente un territorio no incorporado, como era entonces Puerto Rico, era una exacta equivalencia semántica de 'colonia'. Así consta explícitamente en el Diccionario *Webster:* «a geographical area (as a *colonial* possession) dependent upon an external government but having some degree of autonomy» [una zona geográfica (como posesión colonial) dependiente de un gobierno externo, pero con algún grado de autonomía]. Pero 'territorio' sonaba más aceptable, puesto que también había otros territorios —estos, incorporados— miembros ya de la Unión o en proceso de serlo.

El Acta Foraker, firmada el 12 de abril de 1900, da a Puerto Rico su primer gobierno civil bajo el nuevo *status*. La isla sería dirigida por un gobernador nombrado por el presidente de Estados Unidos y confirmado por el Senado, y contaría con dos Cámaras: la de Delegados, cuyos miembros serían elegidos en Puerto Rico, y el llamado Consejo Ejecutivo, compuesto por miembros nombrados desde Washington. La estructura bicameral propuesta para Puerto Rico (pero no para Hawai ni para las islas Vírgenes) parecía ser una réplica de la organización gubernamental española de la isla, pues entonces los miembros de la Cámara de Representantes también eran elegidos, y el Consejo de Administración —que así se llamó a lo que después se convertiría en Senado— elegía a ocho de sus miembros, que llevaban a cabo su labor junto a otros siete nombrados por el Rey.

Un gran paso de avance autonómico se produce en 1917, al firmarse la Ley Jones, conocida también como Carta Orgánica. Ahora el Senado se integraría con individuos elegidos mediante sufragio popular, igual que la Cámara Baja, y los miembros del gabinete serían nombrados por el gobernador de la isla, previo consentimiento del Senado de Puerto Rico; los puertorriqueños recibirían la ciudadanía norteamericana. El gobernador seguiría siendo nombrado por el presidente de Estados Unidos.

El tema del gobernador electo por los puertorriqueños se discutió durante muchos años. Por fin, en 1947, treinta años después de promulgada la Ley Jones, Washington aceptaba que el pueblo de Puerto Rico eligiera a su gobernador. Un año después resultó electo Luis Muñoz Marín por una aplastante mayoría. Comienza ahora una etapa nueva y decisiva.

En 1950 se deroga la Ley Jones y se autoriza la elección de una Asamblea Constituyente para redactar la Constitución del país. Es indudable que el punto crucial para todos era salir de la condición de 'territorio'. Por fortuna, con el presidente Truman soplaban aires liberales en la Casa Blanca; su postura con respecto al caso de la

India había sido clara y enérgica. En 1952 la flamante Constitución fue sometida a referéndum y aprobada por el pueblo de Puerto Rico. Es cierto que al pasar a Washington el Senado hizo varias enmiendas, pero quedó también aprobada. El carácter de 'convenio' entre la isla y Estados Unidos que estipulaba la famosa Ley 600 —la que derogaba la Ley Jones y permitía la elección de la Constituyente— hacía necesario que ambos pueblos aprobasen todo el texto y todas las enmiendas. Aquellos fueron los años de las urnas. Constantes votaciones para refrendar la totalidad del documento. Por fin, el 25 de julio de 1952 se promulga oficialmente la Constitución y, con ella, el nacimiento del Estado Libre Asociado de Puerto Rico. El gobernador Muñoz Marín escogió personalmente la fecha del 25 de julio, día de la invasión norteamericana, como desagravio a Puerto Rico y a España.

Ahora bien, la pugna lingüística en torno a la determinación del nombre del nuevo cuerpo político creado por la Constitución tiene dos historias. La externa puede leerse en la resolución número 22 de la Convención Constituyente; en esa resolución, «Para determinar el nombre en español y en inglés del cuerpo político creado por la Constitución del pueblo de Puerto Rico», se presentan los siguientes porcuantos:

POR CUANTO, esta Convención Constituyente, de acuerdo con el mandato recibido del pueblo, ha de adoptar la Constitución a cuya virtud quedará organizada políticamente la comunidad puertorriqueña;

POR CUANTO, es necesario designar adecuadamente, en los idiomas inglés y español, el cuerpo político así creado;

POR CUANTO, la palabra *commonwealth* en el idioma inglés y en el uso contemporáneo, significa una unidad política organizada, es decir, en sentido genérico, un estado en el cual el poder público reside inapelablemente en el pueblo, y así es un estado libre, pero vinculado a un sistema político más amplio, en asociación federativa o en otra forma que la federal, y por lo tanto, no vive independiente ni separadamente;

POR CUANTO, dicha palabra *commonwealth,* según su uso presente, define claramente por sí sola el *status* de cuerpo político creado a virtud del convenio concertado entre el pueblo de Puerto

Rico y los Estados Unidos, o sea, el de un estado que está libre de autoridad superior en el ejercicio de lo que le es privativo, pero que, estando vinculado a los Estados Unidos de América, es parte de su sistema político en forma armónica con la estructura federal del sistema;

POR CUANTO, no hay en el idioma español un vocablo que sea exactamente equivalente al vocablo inglés *commonwealth* y para traducir *commonwealth* al español es preciso recurrir a una expresión compuesta, con palabras suficientes para expresar el concepto de estado y el de libertad y el de asociación de estado;

POR CUANTO, en tal virtud, la más adecuada traducción al español del vocablo inglés *commonwealth* en el caso de Puerto Rico, es la expresión 'estado libre asociado', pero no sería propio traducir del español al inglés 'estado libre asociado' por 'associated free state', puesto que, en lenguaje corriente, el concepto *state* significa en Estados Unidos uno de los estados que integran la Unión;

POR TANTO, *Resuélvase por la Asamblea Constituyente de Puerto Rico:*

Primero: Que el nombre en español del cuerpo político creado en virtud de la Constitución que por esta Convención se adopte para someter al pueblo de Puerto Rico, habrá de ser 'Estado Libre Asociado', usando tal frase como equivalente y traducción adecuada en nuestro caso del vocablo inglés *commonwealth*.

Segundo: Que por consiguiente, el cuerpo político creado por nuestra Constitución se denominará en el idioma inglés 'The Commonwealth of Puerto Rico' y en el idioma español 'El Estado Libre Asociado de Puerto Rico'.

Tercero: Que así se instruya a la Comisión de estilo de esta Convención para que, al someter en uno y otro idioma dicho documento en tercera lectura, use las antedichas denominaciones en cada uno de ambos idiomas, respectivamente.

Cuarto: Que esta resolución sea publicada en español y en inglés como una declaración explicativa y determinativa del término *commonwealth*, así como el de 'Estado Libre Asociado', usados en la Constitución; y que sea ampliamente distribuida conjuntamente con la Constitución para conocimiento del pueblo de Puerto Rico y del Congreso de los Estados Unidos.

La historia interna es otra. A la Constituyente asistieron tres de los cuatro partidos políticos: el Popular Democrático, mayoritario, del gobernador Muñoz Marín; el Estadista, con sus ideales de anexión a Estados Unidos, y el Socialista, este último, de muy escasa representación. El Partido Independentista se abstuvo.

Los trabajos de la Constituyente comenzaron el 17 de septiembre de 1951 y se extendieron hasta febrero del año siguiente. Las primeras sesiones se caracterizaron por el detalle y la minuciosidad con que los delegados abordaban la menor cuestión. A medida que pasaba el tiempo, el idealismo inicial era sustituido por la necesidad de negociar con el fin de conseguir los votos para aprobar el documento; ya para el 4 de febrero, fecha en que se presentó la resolución número 22, «la atmósfera era de bazar árabe».

Pero la obligatoriedad de negociaciones, las divisiones internas dentro del Partido Popular y el temor al conservadurismo del Senado de Estados Unidos habían iniciado desde bastante antes el proceso conciliador, y lo relativo al nombre del nuevo ente político no fue una excepción.

Antes de que comenzara a funcionar oficialmente la Constituyente ya se habían confeccionado algunos borradores iniciales de Constitución, preparados para uso exclusivo del gobernador y su grupo de asesores. Dos fueron los más importantes anteproyectos: el de Fortas-Trías Monge y el de Friedrich.

El primero de estos anteproyectos (art. II, sección 200), escrito en inglés, bautizaba el nuevo cuerpo político como *commonwealth,* pero no sugería ni recomendaba nombre alguno en español. Por su parte, el texto preparado por Carl J. Friedrich, también en inglés, hablaba de 'The Free Commonwealth of Puerto Rico' o de 'The Free People of Puerto Rico'.

El nombre de la nueva entidad estaba indefectiblemente unido a las declaraciones que constituyeran el Preámbulo a la Constitución. Había dos redacciones de este sobre la mesa de trabajo del gobernador: una de ellas, 'anodina', que seguía el patrón típico de muchas constituciones estatales de Estados Unidos, utilizaba el nombre *commonwealth,* 'nombre neutro', para designar a la naciente entidad. La otra, más revolucionaria y autonomista, hablaba de Estado Libre Asociado. En ambos casos, el nombre estaría determinado por las palabras definitorias sobre el *status* político del nuevo ente, básicamente el tipo de relación con Estados Unidos. Y aquí las disidencias no eran exclusivas de los partidos políticos entre sí; en el seno de los populares había cuando menos cinco o seis facciones, inscritas en un amplio espectro, que iba desde una posible estadidad condicionada hasta una autonomía casi total. Los primeros favorecían que el Preámbulo señalase claramente que el nexo que unía a la isla con Estados Unidos era de *unión;* los últimos, en cambio, eran partidarios de términos como *asociación* y *vinculación.* Incluso algunas voces del primer grupo insistieron en que el sustantivo *unión* recibiese la modificación de *permanente.* Los más autonómicos pedían la redacción de 'asociación libre', a lo sumo; como concesión extraordinaria, admitían los adjetivos *continuada* y *perdurable.* Mientras estos últimos deseaban la presencia del adjetivo *libre,* los otros pretendían eliminarlo de todos los contextos.

Después de muchas deliberaciones triunfó el nombre de 'Estado Libre de Puerto Rico' (en inglés, 'The Free State of Puerto Rico') en el anteproyecto final, resultado exitoso para todos aquellos que deseaban alejar a la isla de la estadidad. Cierto que, a cambio de borrar 'asociado' del original, el Preámbulo debería decir no solo *unión,* sino *unión más perfecta.* Nombre y Preámbulo quedaron aprobados por Muñoz Marín.

Sin embargo, al llevar este texto a debate, una de las primeras enmiendas presentadas fue la de añadir *permanente* al texto del Preámbulo, con lo que pasaría a leerse *unión más perfecta y permanente.* La enmienda consiguiente no se hizo esperar: introducir nuevamente el adjetivo *asociado* al nombre de la entidad política. Los más autonomistas quedaron en franca minoría y terminaron aceptando ambas enmiendas como única solución posible para lograr la aprobación de todo el documento.

Ahora bien, la traducción adecuada de 'Estado Libre Asociado' era, sin duda, la de *'Associated Free State'.* Los estadistas fueron los primeros en oponerse con tenacidad a esta designación inglesa, más que nada por la presencia del adjetivo *free,* que parecía conspirar contra su ideal de convertir a Puerto Rico algún día en un estado más de la Unión americana. Por esa vía no se lograría el consenso necesario. Por otra parte, un nutrido grupo del Partido Popular comenzó a albergar sospechas de que este adjetivo pudiese obstaculizar en Washington la buena marcha de todo el proyecto y, con ello, del nuevo futuro del país. Ante este temor, la decisión recayó sobre *commonwealth,* que, en términos generales, satisfizo a todos.

Es cierto que *commonwealth* significa todo lo expresado en la resolución número 22 de la Constituyente, pero también es cierto que esa palabra, en Estados Unidos, era prácticamente sinónimo de *state;* algunos de los estados que componen la Unión norteamericana llevaban y llevan por nombre oficial el de *commonwealth: The Commonwealth of Pennsylvania,* por ejemplo, era *de facto* expresión paralela a la de *The State of Pennsylvania.*

La denominación 'The Commonwealth of Puerto Rico' era una especie de compromiso que propiciaba el consenso, y por eso se adoptó. Satisfacía a los populares porque en su contenido semántico quedaban especificados los términos de una asociación libre; satisfacía a los estadistas porque en la práctica era como decir 'The State of Puerto Rico', ideal largamente acariciado por los anexionistas. Las explicaciones contenidas en los porcuantos de la resolución citada son ociosas, al menos lingüísticamente; la Constituyente toma como base de la operación el término inglés y va en busca de una traducción adecuada. Tenía razón al declarar que *commonwealth* no se deja trasladar fácilmente al español, al menos con una sola palabra, pero la objeción, al parecer de orden semántico, a *associated free state* no logra mantenerse, pues aunque el sustantivo *state* tenga de por sí la significación que tenga, aquí aparecía doblemente modificado. Ninguno de los estados de la Unión era para entonces *associated* y mucho menos *free.* La confusión a la que temían los hombres de la Constituyente, al menos sobre el papel, no tenía mucho sentido.

Así nació lo que popularmente se llamó ELA, la sigla formada por las iniciales de Estado Libre Asociado.

Desde el primer momento el Gobierno del ELA estuvo particularmente empeñado en mantener la identidad cultural que unía a Puerto Rico con el mundo hispánico. Este empeño se manifestaba con ahínco en la preocupación lingüística de que el español se mantuviese libre de contaminaciones del inglés. Samuel R. Quiñones, Ernesto Juan Fonfrías, Jorge Font Saldaña, F. Sierra Berdecía, A. Fernós Isern, Jaime Benítez y J. Trías Monge fueron hombres de la Constituyente que pertenecían a la Academia Puertorriqueña de la Lengua Española, lo que sin duda habla elocuentemente de sus in-

213

tereses lingüísticos. El propio gobernador tomaba parte activa en la cruzada. Un famoso discurso suyo, conocido popularmente como «el discurso de Agapito» (en el que criticaba el nombre anglicado de *Agapito's Bar*, puesto a su negocio por un *jíbaro* o campesino del interior de la isla), es uno de los más contundentes ejemplos de esta actitud. Con respecto a la lengua de la calle, no se ganaron todas las batallas, pero no se perdió la guerra.

A pesar de esta actitud lingüística prohispánica, el ELA dejó escapar algunos anglicismos en la nomenclatura utilizada en la estructura de gobierno.

Dicha estructura, al igual que toda la documentación emitida por el ELA, debía estar en ambas lenguas; una oficina especial se encargaría de las traducciones. Cuando se revisa esa nomenclatura, aun sin mucho detenimiento, se advierte que el cuidado desplegado en la misión ha dado amplios frutos. Hubiese sido ingenuo esperar, sin embargo, que aquella estuviera totalmente exenta de anglicismos y de calcos de esa lengua. No ha sido así.

El poder ejecutivo está constituido principalmente por el gobernador y su gabinete. Este está integrado a su vez por una serie de secretarios (<*secretaries), ayudados estos por subsecretarios. Cada secretario está al frente de un Departamento (<*Department). El ejecutivo cuenta, además, con una serie de agencias públicas (<*public agencies), de autoridades (<*authorities) —Autoridad de Acueductos y Alcantarillados, Autoridad de Autobuses Metropolitanos, etc.—, de corporaciones (<*corporations) —Corporación para el Desarrollo Rural, etc.—, de servicios (<*services) —Servicio de Bomberos, etc.— y de programas (<*programs) —Programa de Libertad bajo Palabra, etc.—. Todas estas oficinas constan de divisiones (<*divisions) —División de Conservación de Equipo, etc.— y de áreas (<*areas) —Área de Servicios al Consumidor, etc.

En la rama legislativa solo se conserva el anglicismo *speaker* (el *speaker* de la Cámara), pero, salvo en los textos periodísticos, casi nunca llega a la lengua escrita, que prefiere 'portavoz de la mayoría'. En cuanto al poder judicial, solo es posible apuntar, y no sin ciertas reservas, el término *corte*: la Corte, la Corte Suprema, etc. Claro que el término *corte* es de antigua raigambre española; lo que no parece posible determinar sin un estudio histórico pormenorizado es si el actual uso de *corte*, preferido mayoritariamente a *tribu-*

nal, es una pervivencia del término patrimonial u obedece al influjo del inglés *court*.

Es notable, y además curioso, que en algunos casos la nomenclatura oficial se haya mantenido fielmente hispánica cuando la lengua de la calle se ha inclinado por el anglicismo. El término *comité* (< *committee),* de intenso uso en todo el país (y en todas las esferas, incluyendo la universitaria), se ha replegado ante el hispanismo *comisión:* Comisión de Cultura, Comisión de Hacienda, etc., y el calco *transportación,* por 'transporte', estampado incluso en las puertas de los vehículos de ese Ministerio, no llega al título oficial, que es el de 'Departamento de Transportes y Obras Públicas'.

Es posible que una pesquisa minuciosa logre arrojar nuevos términos anglicados, pero, aunque la cosecha sea más fructífera que la muestra que ahora señalamos, es evidente que los anglicismos constituyen la minoría. La preocupación lingüística de los hombres que integraron la Constituyente y los primeros gobiernos del ELA dio amplios resultados.

Una entidad política tan peculiar como es Puerto Rico, con una autonomía limitada en ciertas esferas, debe por fuerza crear ambigüedad en ciertos términos del lenguaje político. El ejemplo más sobresaliente que puede darse es el del sustantivo *nación* y, consecuentemente, el adjetivo *nacional*. Para muchos, Puerto Rico es un estado y la nación —la gran nación del Norte— es Estados Unidos. Para otros, en cambio, no. En el estudio del léxico del habla culta de San Juan se trabaja un campo semántico 'Gobierno, política nacional', que consta de varias entradas, cuyos resultados son aquí muy elocuentes. En la que pregunta por 'Gobierno nacional', tres de los doce sujetos dijeron que este era el de Puerto Rico; para los demás, la etiqueta hacía referencia al Gobierno de Estados Unidos. Recorriendo las entradas de esta parcela del cuestionario encontramos otras dos en muy parecidas circunstancias: 'Congreso Nacional' y 'presupuesto nacional'; la ambigüedad semántica es completa.

Como se ve, la historia reciente de Puerto Rico no es solo política; es, en parte, lingüística, semántica a veces, sobre todo, en el difícil parto del ELA; después: lucha contra el anglicismo. Pero esa historia no ha terminado aún para nadie. Los estadistas confían en que algún día Puerto Rico sea un estado más de la Unión, una nueva estrella, la 51, en la bandera de las barras y las estrellas. Aunque los dirigentes de esa postura política aseguran una y otra vez que la cultura hispánica de Puerto Rico 'no es negociable' (se hacen siempre referencias concretas al español) y hablan incluso de una 'estadidad jíbara', no sabemos las implicaciones lingüísticas que tal paso, de darse alguna vez, acarrearía.

Los independentistas esperan conseguir, por su parte, la total independencia del país. Junto a algunos grupos de populares, ven con cierto resquemor la tradición cultural hispánica, quizá pensando en la antigua Metrópoli colonial, y hacen malabarismos para darle algún peso a la cultura indígena precolombina en el Puerto Rico actual, de la que solo es posible encontrar topónimos y escasos restos arqueológicos.

También para los populares el *statu quo* es paso y no término, y trabajan en la consecución de una más amplia autonomía, por ejemplo, en el plano de las relaciones internacionales, como sería la representación en la OEA (Organización de Estados Americanos), etcétera. No cabe duda de que, cualquiera que sea la solución política por la que opten los puertorriqueños, su influencia lingüística no se hará esperar. Y en ese nuevo juego de metáforas y eufemismos, de léxico cargado de connotaciones especiales, de dialéctica discursiva comprometida, se encontrarán nuevos materiales para examen y análisis.

Español e inglés, lenguas cooficiales

A partir de 1902, Puerto Rico contó con el estatuto oficial de estado bilingüe. Desde hace ya varias décadas dispone de dos designaciones, como hemos visto: una en español, Estado Libre Asociado de Puerto Rico, y otra en inglés, The Commonwealth of Puerto Rico, con todas las implicaciones políticas que ello conlleva.

La cooficialidad español-inglés quedó rota entre 1991 y 1993, en que la comunidad tuvo una sola lengua oficial: el español. El 5 de abril, el entonces gobernador de la isla, Rafael Hernández Colón, firmó la Ley número 4 que derogaba la oficialidad del inglés, circunstancia esta que le valió al pueblo de Puerto Rico el premio Príncipe de Asturias de las Letras. Al ganar las elecciones el Partido Anexionista, cumpliendo una promesa de campaña del candidato a la Gobernación, una de las primeras medidas de Pedro Roselló fue la reinstauración de la vieja ley de cooficialidad. A pesar de que días antes de la firma de la ley, el 24 de enero de 1993, una gran manifestación recorrió las calles de San Juan oponiéndose a la medida regresiva, el nuevo gobernador cumplió su promesa.

La historia, sin embargo, no terminó aquí. El 9 de agosto del año 2001, la senadora Margarita Ostolaza, del Partido Popular Democrático, presentó a la consideración del Senado su *Informe final sobre el idioma en Puerto Rico* como primer paso para la restauración del español como lengua oficial única. En aquella ocasión, el informe fue aprobado. Y más recientemente, el 13 de noviembre de 2003, el Senado puertorriqueño aprobó una propuesta de ley (diecisiete votos a favor, ocho en contra y una abstención) que convertiría al español en la lengua principal del país y dejaría al inglés como lengua secundaria. Actualmente la propuesta va camino de la Cámara de Representantes.

El carácter de cooficialidad del inglés permite a la Administración pública que produzca su documentación en cualquiera de las dos lengua oficiales; sin embargo, en la mayoría de las ocasiones las entidades gubernamentales acuden al español.

PORCENTAJE DE DOCUMENTOS ESCRITOS EN INGLÉS

	10%	11-50%
Cartas	68,6	14,3
Contratos	22	8
Licencias	19	3
Propaganda	19	4
Auditorías	22	13

Al comparar ambas columnas queda claro que las oficinas de Gobierno escriben su documentación interna (licencias, cartas, circulares, notificaciones, directrices y manuales) mayoritariamente en español, ya que solo el 10 por 100 o menos lo hace en inglés. Sin embargo, en cierto tipo de documentos (contratos, expedientes, registros, propuestas y auditorías) aumenta considerablemente el uso de esa lengua.

La explicación a esta dicotomía descansa en una serie de hechos determinantes: se siguen formularios que proceden directamente de Estados Unidos (contratos) o se producen solicitudes, información, etc., que serán revisadas en ese país. Esto se pone de manifiesto en el hecho de que son las entidades públicas que tienen una relación más estrecha con Norteamérica (Banco Gubernamental de Fomento, Compañía de Fomento Económico, Oficina de Exención Contributiva, Acueductos, Energía Eléctrica y Turismo) las que hacen un mayor manejo del inglés en la documentación que producen.

En la empresa privada la situación es diferente, dado que muchas de ellas son norteamericanas o grandes transnacionales que, en todo el mundo, utilizan el inglés con preferencia. En el corto período en que el español fue la lengua oficial única, este tipo de compañías solicitó muchísimas exenciones lingüísticas que les permitieran usar el inglés en sus transacciones con corporaciones públicas.

Así las cosas, es de esperar que ciertos puestos de trabajo exijan competencia en inglés, sobre todo en lo relativo a cargos gerenciales y técnicos, debido a la comunicación continua con Estados Unidos o con los altos ejecutivos de esa nacionalidad que hacen visitas de negocios a la isla. En la actualidad, el 45,7 por 100 de las ofertas de empleo piden como requisito imprescindible un buen dominio de esa lengua.

PUERTO RICO, ¿BILINGÜE?

En 1998 se cumplió un siglo de dominación norteamericana en Puerto Rico. A lo largo de todo ese tiempo la actitud de Washington con respecto a la situación lingüística de la isla ha sido muy diversa, pero en general se detecta un ablandamiento paulatino en cuanto a la imposición de la lengua dominante. Desde los tiempos en que el inglés fue obligatoriamente el vehículo de la enseñanza hasta hoy, en que soplan aires liberales (o, quizá, apáticos), las cosas han cambiado mucho. Ahora no se trata de que Estados Unidos imponga, sino de que el propio Gobierno insular produzca leyes para proteger al inglés.

Sin embargo, el bilingüismo de la isla ha estado y sigue estando en tela de juicio desde hace ya bastante tiempo.

La población puertorriqueña actual, algo más de siete millones, se encuentra distribuida por partes casi iguales entre la isla y Estados Unidos. Esta situación comenzó a adquirir importancia en la década de los sesenta del pasado siglo y ha venido acrecentándose paulatinamente a partir de esas fechas.

No se ven perspectivas razonables que hagan pensar que en un futuro cercano pudiera producirse un cambio significativo, y ello, a pesar de los continuos pero recientes flujos migratorios de puertorriqueños desde aquel país hacia Puerto Rico.

La situación lingüística de unos, los continentales, y de otros, los insulares, es muy diferente. La primera cuenta con una gran proporción de individuos bilingües, e incluso, casi monolingües en inglés; son los llamados *newyorikans,* de los que se hablará más adelante. La segunda, en cambio, es fundamentalmente hispanohablante.

Algo más del 98 por 100 de la población de la isla tiene al español como lengua materna. El inglés es, salvo excepciones, lengua aprendida, bien en la escuela puertorriqueña, bien en estancias de diferente duración en suelo norteamericano. Existen actualmente cuatro conjuntos de datos sobre el grado de conocimiento y manejo del inglés en la isla: los presentados por el Censo (1990), los que arroja una investigación patrocinada por el Ateneo de Puerto Rico (Hispania Research Corporation, 1992), los del estudio de Fayer (2000) y los procedentes de la encuesta de Amparo Morales (2001).

A pesar de las diferencias de muestras y de cuestionarios, con sus distintos grados de especificación de alguna macrodestreza, los datos resultantes pueden compararse entre sí sin grandes dificultades (véase página siguiente).

Si exceptuamos el segundo dato del Censo —el 23,6 por 100 que lo hablan con dificultad—, la media de quienes pueden comunicarse en inglés es del 25,4 por 100, la cuarta parte de los puertorriqueños de la isla; lo comprende alrededor del 31 por 100, lo escribe otra cuarta parte (25,1%), y lo lee casi una tercera (32,9%). Estas cifras demuestran inequívocamente que Puerto Rico está lejos de ser una comunidad bilingüe, máxime cuando los datos positivos

GRADOS DE CONOCIMIENTO DEL INGLÉS

	Censo (1990)	Hispania (1992)	Fayer (2000)	Morales (2001)
Producción con fluidez con dificultad	23,2 23,6	25,1		28,1
Comprensión excelente buena			26 38	30,3
Escritura excelente buena			19 34	22,3
Lectura excelente buena			26 43	30,8

Las cifras, en porcentaje.

covarían específicamente con el nivel sociocultural alto del espectro poblacional y con ciertas profesiones.

Es verdad que las cifras difieren de estudio a estudio, dependiendo de los instrumentos de investigación manejados en las encuestas y de las fórmulas de proyección que se utilicen, pero en el mejor de los casos las cifras apenas si sobrepasan el 30 por 100. Los datos más optimistas son los del Censo, pero cuando se repara en que la información que ofrece se basa en respuestas subjetivas de los ciudadanos, las dudas saltan por doquier.

No es de extrañar el asombro que suelen provocar unas cifras tan raquíticas. En Puerto Rico se estudia inglés desde primer grado, y una proporción nada desdeñable de estudiantes universitarios van a cursar sus carreras en el 'vecino' país del Norte. Por otro lado, la empresa —privada mayormente, pero también la pública— ofrece mejores oportunidades de trabajo a los bilingües, aunque estos disten mucho de ser bilingües equilibrados. El asunto necesita de un análisis a fondo; cuando se haga, habrá que fijarse en diversos aspectos de la enseñanza del inglés y en las actitudes de rechazo que hacia esa lengua puedan existir entre una parte del alumnado.

Sin embargo, los que visitan la isla y se instalan en las partes turísticas de la zona metropolitana de San Juan tienen la impresión de que 'todo el mundo' habla inglés. Téngase en cuenta que casi la práctica totalidad de los turistas que recibe anualmente Puerto Rico son norteamericanos, y los pocos que proceden de otros países son considerados como tales. No es raro, pongo por caso, que los camareros de un restaurante se dirijan en inglés a turistas hispanohablantes; basta con que por la ropa o por algún otro detalle fortuito les parezcan 'de afuera'. En muchas ocasiones, cuando se intenta prolongar la conversación en esa lengua con algún empleado, se nota que muy pronto termina su repertorio de posibilidades comunicativas.

Todo ello indica que Puerto Rico dista muchísimo de ser un país bilingüe, lo que (entre paréntesis) no deja de ser una pena. Pero la realidad es la realidad. Estamos ante un conglomerado humano que tiene al español como lengua materna (el 98% de los puertorriqueños, ya lo hemos visto), y que, como tal, la isla se inscribe con pleno derecho en el concierto de comunidades hispánicas. Sobre este punto de vista, al menos de momento, no importa lo que digan las leyes. Lo que pueda ocurrir en un futuro, lejano o cercano, según lo que determinen las urnas, es asunto controvertible, pero se supone que si la estadidad se convirtiera en un hecho real, la situación lingüística actual cambiaría inexorablemente, a pesar de las constantes afirmaciones sobre la no negociabilidad de la cultura y la lengua autóctonas. Los ejemplos que tenemos ante nosotros de antiguos *territorios,* como fue Puerto Rico, y de anteriores *commonwealths,* como es actualmente la isla, no parecen dejar mucho margen a la especulación. Es verdad que el español es una gran lengua de cultura, que tiene mucha tradición y cultivo (incluso literario de gran vuelo) en la pequeña isla del Caribe; también es verdad que las diferencias culturales y lingüísticas entre los archipiélagos hawaiano y filipino, por una parte, y Puerto Rico, por otra, son sencillamente abismales, pero no hay que pasar por alto que hay presiones de carácter político o económico que poseen un poder extraordinario.

«AQUÍ SE HABLA ESPAÑOL»

Una serie importante de factores explican sobradamente que la isla sea parte del mundo hispánico.

Aunque las cosas no siempre funcionaron de esta manera, en nuestros días la escuela pública, a lo largo de sus períodos preuniversitarios, da sus clases en español y mantiene el inglés como asignatura. No obstante, el Departamento [Ministerio] de Educación del Estado se ha visto obligado a crear programas especiales para atender a las necesidades de aquellos alumnos que se incorporan a las aulas del país procedentes de Estados Unidos (los llamados *newyorikans)*, y que con suma frecuencia tienen al inglés como lengua dominante, y en algunos casos, exclusiva. Se trata de programas transicionales cuyo objetivo es reforzar o crear un nivel de competencia en español tal que permita la incorporación de este colectivo al currículum regular de la escuela.

La escuela privada ofrece diferentes regímenes, desde toda en inglés con una clase de español, hasta combinaciones diversas en las que se imparten algunas asignaturas en una lengua y el resto en otra.

La instrucción universitaria es en español de ordinario, aunque algunas asignaturas de ciertas carreras técnicas y científicas suelen darse en inglés, pues los profesores que las imparten, extranjeros, no manejan bien la lengua del país. Un buen dominio del inglés (además del español, por supuesto) es requisito indispensable para la admisión a la Universidad del Estado. Existe aproximadamente un 12 por 100 de los graduados de la escuela secundaria que deciden continuar sus estudios superiores en universidades extranjeras, fundamentalmente estadounidenses.

Las pruebas que reiteradamente se realizan en Puerto Rico sobre la competencia en inglés de los alumnos preuniversitarios de la escuela pública arrojan siempre resultados frustrantes. A ello se ha debido que en 1997 el Departamento de Educación presentase el proyecto del 'Ciudadano bilingüe', que consistía, al menos en algunas escuelas y de manera experimental, en repetir la situación anterior a 1949, en la que el inglés era el vehículo de la enseñanza y el español una simple asignatura. La opinión pública reaccionó entre desconfiada e indignada; a tal punto se alzó en contra que el anunciado proyecto murió *non nato*.

Por otra parte, de los tres periódicos diarios de alcance insular que se publican en Puerto Rico, dos de ellos, incluyendo el de mayor tirada, *El Nuevo Día,* están íntegramente en español (salvo algunos anuncios federales). En cambio, toda la producción radiofónica y televisiva originada en el Estado, con mucho los medios más populares, usa la lengua materna en exclusiva. Es verdad que también se venden revistas en inglés y que se tiene acceso al cable con docenas de cadenas de varias partes del mundo, sobre todo de Estados Unidos. A pesar de ello, no parece que los medios de comunicación apoyen el acercamiento de Puerto Rico a la anglización cultural y lingüística.

En efecto, solo el 1,6 por 100 de los puertorriqueños lee el *San Juan Star,* único rotativo publicado en inglés; aunque la lectura de la prensa en general apenas alcanza al 20 por 100, queda un amplio margen a favor de los periódicos en español. Es evidente que los porcentajes que se señalan para la lectura de revistas en inglés, y para el consumo de televisión y de películas en vídeo también en esa lengua, corresponden a una porción minoritaria de la población.

Salvo excepciones muy escasamente contadas, la vida cultural pública de Puerto Rico se desarrolla en español. La producción literaria, más rica y variada que la de épocas anteriores, el teatro, el cine de autores del país, las conferencias y mesas redondas, los congresos y simposios, las presentaciones de libros, los actos de entrega de premios, etc., son actividades en las que nuestra lengua es la verdadera protagonista. El cine de origen extranjero, generalmente norteamericano, se exhibe —como en casi toda Hispanoamérica— en la banda sonora original y con subtitulación en español. Si se revisan con cuidado los catálogos de las editoriales puertorriqueñas, incluidas las oficiales, se verá que más de 95 por 100 de los libros publicados en el país están escritos en la lengua materna.

No obstante, una buena parte de la intelectualidad del país y muchos ciudadanos de a pie miran con desconcierto y tristeza la situación lingüística actual de la isla, que les parece de amplio deterioro del español, motivado por la presencia del inglés. No es que se quiera entonar aquí himnos triunfales, ni que se recomiende que se baje la guardia, pero la realidad objetiva a la que nos referiremos más adelante no corrobora semejante pesimismo. Más bien, todo lo contrario. Es sorprendente que, sometido a un influjo lingüístico ajeno durante cien años, Puerto Rico siga siendo un país hispanohablante. Es un pueblo que ciertamente se merece el premio Príncipe de Asturias, pero no por unos cambios legislativos pasajeros, dependientes siempre del vaivén de los vientos políticos, sino por esa lucha firme y anónima que día a día ha ido librando con éxito inigualado en pro de su identidad cultural.

Los estudios que se han hecho sobre el español hablado en el país, que no son pocos, nos hablan de una variedad ligeramente apartada de la hispanoamericana general, que comparte rasgos con otras caribeñas, y que, por supuesto, presenta sus características propias. Quizá lo que llame más la atención del visitante hispano es el uso abundante y cotidiano de palabras 'antiguas' *(bregar, cabildear, credenza, realengo,* etc.). No es que este tipo de términos sea privativo de esta zona dialectal, puesto que parecida afirmación, con matizaciones de alguna importancia, podría hacerse de casi todas las variedades hispanoamericanas, andaluzas y canarias. Es una cuestión de nómina. Puerto Rico utiliza sus propios términos (que en algunas zonas peninsulares ya son anticuados): *chavo,* 'moneda de un centavo de dólar'; *embeleco,* 'fantasía'; *atrecho,* 'atajo'; *vellón,* 'moneda de cinco centavos de dólar'; *famoso,* 'magnífico, estupendo'; *puño,* 'puñetazo', y muchísimos más que conviven con ellos.

También en el terreno del vocabulario resultan curiosas ciertas formaciones propias, criollas, de origen patrimonial casi todas ellas, y lo que pudiera ser más peligroso para la comunicación, sobre todo la pública, la tabuización experimentada por ciertos términos de uso muy común en otros lugares: *bicho,* con el sentido de 'pene', por ejemplo, tan arraigado en esa comunidad de habla, que el cultismo *insecto* ha venido a ocupar todos sus contextos comunicativos, hasta los menos cuidadosos y espontáneos.

Si se revisa el otro nivel de lengua que suele llamar más la atención del visitante, el de la pronunciación, dos son los fenómenos más sobresalientes: el cambio de 'r' por 'l' *(velde* por verde, *izquielda* por izquierda, *comel* por comer, etc.), y la pronunciación posterior, justo en la zona del velo, de la consonante 'rr'. El primero de ellos no es privativo de Puerto Rico, aunque aquí su frecuencia global (algo más de un 30%) sea de proporciones considerables, no igualadas en las zonas vecinas. La velarización de /rr/ es, sin embargo, un fenómeno casi típico de la isla, porque, aunque se da en otros lugares, siempre ocurre con frecuencias mínimas y en casos esporádicos. El origen de este curioso fenómeno ha llamado muchísimo la atención de los estudiosos, que en principio lo fueron a buscar a la lengua indígena hablada en Borinquén a la llegada de los españoles, o a las lenguas africanas transportadas a América con los esclavos. Ambas búsquedas han resultado infructuosas. No sabemos suficiente del taíno como para poder explicar, a partir de él, este sonido velarizado, pero las circunstancias históricas que permitieron la difícil y corta supervivencia de esta lengua indígena no parecen hablar en favor de este tipo de influjo. La posible transferencia africana se enfrenta a problemas de cotejo con las zonas negras de la isla, que no muestran hoy índices de uso de las formas velarizadas de /rr/ que refuercen este origen. Puede que más éxito llegue a tener la hipótesis del origen francés o corso, pero habrá que buscar vías de penetración más aceptables que las que hasta la fecha han sido propuestas.

Los análisis sociolingüísticos efectuados sobre estos dos fenómenos de pronunciación nos dejan ver que se trata, en ambos casos, de ejemplos de fuerte estigmatización social. Tanto uno como otro se encuentran en hablantes que pertenecen a todos los niveles del espectro social, aunque las diferencias de frecuencia son muy gruesas: a medida que se baja hacia los estratos inferiores, estas aumentan considerablemente. Sin embargo, este factor social queda completamente neutralizado al estudiar las actitudes, que son igualmente negativas, no importa el nivel social al que se pertenezca. A pesar de que ya conocemos el tipo de actitudes que acompaña a estos fenómenos y que las creencias que las motivan son bastantes, todavía queda por determinar el papel que la escuela ha representado —y sigue representando— en su nacimiento y desarrollo. No es demasiado aventurado conjeturar que este papel ha sido protagónico, y que ciertos argumentos aviesos, esgrimidos por quienes defendían en su momento la implantación del inglés, hayan tenido también una participación importante. Si cuando se decía con insistencia que lo que se hablaba en Puerto Rico era un español desacreditado, ininteligible para el resto del mundo hispánico, y que nada se perdía, por lo tanto, eliminándolo, se ponían ejemplos como estos de /rr/ velarizada, no puede sorprendernos que la escuela desarrollara una serie de mecanismos de defensa, que tenían por objeto rechazar aquellos fenómenos que no pertenecieran al español general. El hecho de que solo el 14 por 100 de los hablantes jóvenes de la capital presenten casos de esta pronunciación de /rr/ no puede ser considerado como algo aislado e independiente de esta corriente general, que durante muchos años ha orquestado la escuela.

Los análisis sociolingüísticos también nos dejan saber que ambos fenómenos fonéticos tienen, sin embargo, orígenes muy diversos. Mientras que la sustitución de 'r' por 'l' es de carácter urbano (lo patrocinan más los hablantes de San Juan que los de zonas rurales), la velarización de /rr/ tiene su cuna fuera de la capital. Hoy, cuando este fenómeno parece batirse en retirada de la ciudad, todavía las generaciones mayores exhiben una frecuencia que acredita que estuvo más extendido allí de lo que hoy muestran los índices estadísticos. Esto indica que, a pesar de su origen, la pronunciación velarizada de /rr/ llegó a asentarse también en la zona metropolitana.

Al margen de estos rasgos lingüísticos, señalados aquí en breves pinceladas, es muy escaso, y además poco importante, lo que puede señalarse como típico o caracterizador del español hablado en Puerto Rico. Su identidad con las variedades dialectales de la zona antillana, y aun caribeña, está muy acentuada. Es precisamente la presencia del inglés lo que le da un color especial y privativo. No es, por supuesto, que el resto de la región esté exento de tales influjos (incluyendo a la Cuba actual), pero en la 'Isla del encanto' esta influencia es más intensa.

LOS ANGLICISMOS EN PUERTO RICO, ¿SON MUCHOS O POCOS?

El tema de los anglicismos léxicos, es decir, del influjo del inglés en el vocabulario usado en Puerto Rico, es un viejo y debatido asunto en el país. Los escritos sobre este particular abundan mucho en número, aunque, lamentablemente, la multitud de puntos de vista ajenos a la lingüística hace que algunos de ellos sean muy poco aprovechables para nuestro propósito. De cualquier modo, son valiosos testimonios que nos hablan del fervor (y exaltación) que ha primado en la defensa del español en la isla. Una historia de la lucha del pueblo puertorriqueño tendrá que examinar esta documentación con mirada atenta.

Aun dentro del ámbito de la lingüística, de donde no ha sido posible excluir completamente la pasión, se han sucedido acaloradas discusiones en torno a la cantidad de anglicismos que viven en el habla isleña. Las posturas más extremas llevan, por una parte, a considerar el español del país como del todo maleado y viciado por la influencia del inglés, y por otra, a pensar que tales influencias no son mayores ni menores que las que se aprecian en otras zonas hispánicas. Semejantes propuestas han sido hechas, sin embargo, sin que mediaran las oportunas investigaciones empíricas que les sirvieran de base. A lo más, ejemplos y grupos de ejemplos aislados, sin tratamiento estadístico que nos dejase ver si se trataba de fenómenos de norma.

Ahora, por fortuna, que ya disponemos de alguna de esas investigaciones, estamos en condiciones de pisar terreno bastante seguro. Es cierto que se trata de un análisis efectuado solo sobre el sociolecto más alto de la zona metropolitana, el llamado 'culto', y que, además, atiende únicamente a veintiún campos léxicos. A pesar de estas limitaciones, el estudio que pasaré a comentar tiene unas ventajas incuestionables que, si bien es verdad que no excusan de realizar otras investigaciones complementarias, sí permiten la comparación con otras ciudades hispánicas —México y Madrid— que han sido estudiadas con idéntica metodología.

Aunque el número de campos léxicos podría ampliarse a capricho, los veintiuno estudiados son muy abarcadores, sobre todo, de la vida ciudadana: 1. El cuerpo humano; 2. La alimentación; 3. El vestuario; 4. La casa; 5. La familia, el ciclo de vida y la salud; 6. La vida social; 7. La ciudad y el comercio; 8. Transportes y viajes; 9. Medios de comunicación; 10. Prensa, televisión, radio, teatro y cine; 11. Comercio exterior y política nacional; 12. Sindicatos y cooperativas; 13. Profesiones y oficios; 14. Mundo financiero; 15. La enseñanza; 16. La iglesia; 17. Meteorología; 18. El tiempo cronológico; 19. El terreno; 20. Agricultura, y 21. Animales. Todos estos campos se estructuraron en un cuestionario de 4.452 preguntas.

De todas ellas, 578 no obtuvieron respuesta alguna en San Juan, específicamente las relacionadas con el fútbol, las corridas de toros y los trenes, realidades desconocidas allí, más otras, quizá muy especializadas, relativas a objetos de la liturgia católica, a ciertas operaciones bancarias, a algunos elementos de la estructura sindical, etc. De las restantes preguntas (3.874) se obtuvieron 7.304 respuestas, puesto que algunas fueron respondidas con diversas palabras: *cheque sin fondos/cheque fatulo/cheque de goma/cheque devuelto/cheque a cobrar*. Los materiales obtenidos fueron muy heterogéneos: palabras simples *(templo)*, compuestas *(sacacorchos)*, complejas *(seguro de responsabilidad pública)*, y en ocasiones, locuciones más complejas aún, oraciones breves, y hasta fórmulas de tratamiento, saludo y despedida.

El recuento de anglicismos arrojó un total de 480 unidades, lo que constituye el 6,5 por 100 del total de palabras. Para llevar a cabo esta operación se consideró anglicismo toda aquella palabra venida del inglés *(fault)* o llegada al español a través del inglés, aunque fuera originaria de otra lengua *(mocasín)*. La palabra podía encontrarse en su forma original *(fielders)* o estar adaptada al español en diversos grados *(líder, batería)*; se tomaron en consideración también los calcos *(salón de belleza < beauty parlor)*. Para esta investigación no importaba que los anglicismos estuvieran o no en el *Diccionario* académico; su recepción oficial no fue una de las variantes del estudio.

Las comparaciones que pueden hacerse, en términos generales, nos dicen que la proporción de anglicismos encontrados en Madrid es del 1,7 por 100, y la de México, aunque algo mayor, no sobrepasa el 2 por 100. Aclaremos de inmediato que tan señaladas diferencias obedecen no solo a una nómina mayor de anglicismos, que así es en efecto (Madrid, por ejemplo, ofrece solo 291, frente a los 480 de San Juan), sino al hecho de que la colecta léxica general ha sido bastante menor en Puerto Rico (en Madrid fue de 16.897, frente a las 7.304 de San Juan), lo que determina que las proporciones se vean más afectadas por este factor que por los inventarios mismos de anglicismos, que ofrecen una diferencia de 189.

El campo léxico más rico en anglicismos es en San Juan el de los medios de comunicación, seguido de cerca por el vestuario y los transportes. Desde aquí, la densidad desciende paulatinamente hasta convertirse en cero en tres de los campos: iglesia, agricultura y animales. Aunque en este sentido los datos no son enteramente comparables, en México es el mundo de los deportes el que concentra la mayor cantidad de unidades léxicas anglicadas; luego le sigue lo relativo a la esfera tecnológica, fundamentalmente lo que se refiere a elementos del automóvil. En menor proporción aparecen los términos relativos al vestuario, a la alimentación y a la bebida; en cambio, otros campos, referidos a la vida religiosa o a la afectividad, aparecen libres por completo de cualquier influencia inglesa.

En Madrid, en cambio, es el vestuario el que alcanza la mayor cantidad de anglicismos, seguido del léxico deportivo, los transportes y los viajes, la casa, la alimentación, la vida social, la política y la prensa.

Pero hay otras diferencias de envergadura. Los anglicismos encontrados en San Juan fueron divididos en cinco grupos, atendiendo a su frecuencia: 1) los de uso regular, manejados por todos los sujetos de la muestra; 2) los muy usados, manejados por más del 50 por 100; 3) los de uso medio, utilizados por entre el 50 y el 25 por 100; 4) los poco usados, manejados por menos del 25 por 100, y 5) los esporádicos, usados por un solo individuo. No son necesarias demasiadas explicaciones para comprender que el tamaño de las nóminas de cada grupo es de fundamental importancia para determinar el grado de permeabilidad del anglicismo léxico en una comunidad de habla dada. La gráfica de la figura 12 muestra la comparación de los datos arrojados en este sentido por los estudios mexicano, madrileño y puertorriqueño, respectivamente.

Obsérvese que tanto San Juan como Madrid ofrecen cifras modestas para el primer grupo, los anglicismos con un cien por cien de frecuencia de uso, y que a partir de aquí ambos perfiles actúan, en general, de manera paralela, ascendiendo hacia el quinto grupo. El perfil ofrecido por la Ciudad de México es completamente opuesto: arranca de cifras altas en el primer grupo, baja en el segundo, y a partir de aquí se mantiene casi estacionario. El hecho de que en los dos primeros casos la mayor cantidad de elementos léxicos procedentes del inglés estén incluidos en el grupo quinto, en los manejados por un solo sujeto, nos habla en favor de una permeabilidad relativamente baja, puesto que son términos que no están integrados en la norma léxica de esas comunidades.

Cuando se revisan los materiales procedentes de las tres ciudades nos encontramos con una gran lista de anglicismos compartidos: *a*) términos deportivos, del béisbol fundamentalmente, pero también de otros deportes como el fútbol o el boxeo (*bate, batear, bateo, béisbol, boxeador, boxear, boxeo, catcher, fault, fútbol, futbolista, gol, hit, home run, inning, jab, jockey, K.O., ponchar*); *b*) vida social (*líder, manager, mitin, nylon, show, single, shorts*); *c*) bebidas y comidas (*pudin, ron, whisky*), y algunos otros (*spray, stop, túnel, vagón*), son buenos candidatos a convertirse en anglicismos panhispánicos.

Los que comparte San Juan con Madrid son los siguientes: *álbum, beicon, cafetería, canal, carro, ciclón, convención, chocar, choque, detective, devaluación, dólar, dril, editor, estárter, extensión, fuselaje, galón, gasolina, hidroavión, hidroplano, inflación, larga distancia, leotardo, limpiaparabrisas, linotipista, long-play, minifalda, mocasín, pantis, parking, penalty, pijama, ping pong, polo, raíl, reportero, rímel, tanque, televisor, televisión, ticket, tocadiscos* y *transmisor*.

Ambas listas deben ser recibidas no sin ciertas precauciones, y teniendo siempre presente que para confeccionarlas no se ha tenido en cuenta el factor frecuencia, lo que quiere decir que algunos de estos términos han aparecido efectivamente, pero en algunas ocasiones con cifras muy bajas. Las precauciones a las que aludía están motivadas por algunos posibles errores cometidos en el análisis, o quizá porque se ha manejado un concepto de anglicismo que presenta ligeras variaciones. Es difícil de admitir que algunos de estos términos no aparezcan en absoluto en alguna comunidad de las estudiadas, cuando parecerían ser de dominio común en todas partes. Para tener una visión general del asunto, sin embargo, los datos parecen muy apropiados.

De los 62 términos que integran la lista común a las tres ciudades, más de la mitad, 38, están aceptados ya en el *Diccionario* académico, con diversos tipos de hispanización o sin ella; 24 no se encuentran en el registro oficial de la lengua española, aunque, como se ve, ello no implica que no se usen con relativa frecuencia y no solo en zonas americanas, sino también en Madrid.

Por otro lado, sorprende encontrar vacíos léxicos en aquellas entradas que piden información sobre asuntos de la vida cotidiana. Junto a la preocupación por la presencia del anglicismo está la de descubrir que los índices de disponibilidad léxica española no son los esperables, tratándose como se trata de un sociolecto alto. Un dato más que apunta hacia una drástica revisión de programas curriculares, objetivos generales y particulares de la enseñanza del español y materiales de instrucción. Solo a un conjunto de insuficiencias, poco explicables en Puerto Rico, que es uno de los centros de investigación en lingüística aplicada a la enseñanza de la lengua materna más importantes de toda Hispanoamérica, puede achacarse tal estado de cosas. El Departamento de Educación del país debería poner mucho más empeño en remediar una situación bastante calamitosa, calificación acertada, sobre todo, si se piensa en otros niveles socioculturales del espectro, para los que lamentablemente no tenemos datos disponibles, pero que, sin duda, no aportarían resultados más halagüeños.

Esto, desde luego, describe bien la situación de la lengua culta general. Otra cosa muy diferente ocurre con los tecnolectos, es decir, con el vocabulario especializado que manejan los diferentes grupos profesionales. Estudios monográficos sobre el vocabulario de varias industrias puertorriqueñas —concretamente, la textil y la bancaria y bursátil— han arrojado índices de anglicismos muy elevados: el 33 por 100 en la primera y algo más del 66 por 100 en las segundas. Las causas de estos hechos lingüísticos se pueden hasta adivinar sin grandes esfuerzos, dado que la técnica llega a Puerto Rico en exclusiva desde Estados Unidos, y desde allí se renueva sin cesar. «Los que inventan, bautizan», ya se ha dicho muchas veces.

Los contratiempos a los que nos enfrentamos al tratar de interpretar estos datos son infranqueables, al menos por el momento, pues desconocemos la existencia de investigaciones paralelas realizadas en otras partes del mundo hispánico. Estamos imposibilitados, por lo tanto, de asombrarnos ante un importante caudal de préstamos del inglés o, por el contrario, de corroborar que Puerto Rico no se aparta en esto demasiado de la norma general.

De los 62 términos que integran la lista común a las tres ciudades, más de la mitad —38— están aceptados ya en el *Diccionario* académico, con diversos tipos de hispanización o sin ella; 24 no se encuentran en el registro oficial de la lengua española, aunque, como se ve, ello no implica que no se usen con relativa frecuencia y no solo en zonas americanas. ¿Qué conclusiones pueden sacarse de estos datos?

Aunque, desde luego, de alcance parcial, son varias y de diverso tipo. En primer lugar, la nómina de anglicismos usados en la norma culta de San Juan duplica o triplica las de otras zonas hispánicas, pero, con todo, no llega al 7 por 100. Que, de cada cien palabras, siete sean de origen inglés (echando mano a un cálculo leonino), y que, de esas siete, cuatro estén aceptadas por la Academia y se usen en (casi) todas partes, no parece que sea una situación crítica; si, además, se tiene en cuenta el estado sociopolítico del país y las presiones naturales o artificiales a que ha estado sometido, el panorama no solo es aún más explicable, sino también más tranquilizador.

Los estudios sobre anglicismos léxicos en Puerto Rico hechos con posterioridad, aunque enfocados desde diferentes perspectivas y con metodologías parcialmente divergentes, llegan a resultados muy parecidos a los expuestos arriba. Con respecto a la proporción entre estos y el léxico patrimonial hispánico, las proporciones dan siempre la prioridad a este último, pero en grado superlativo. Algo menos preciso es lo correspondiente a la cantidad de anglicismos que solo aparecen en Puerto Rico (que, por lo tanto, resultan supuestamente desconocidos en otras sintopías); aquí el análisis debe refinarse mucho más, pues cotejos efectuados sobre *corpora* electrónicos del español general hacen disminuir drásticamente los cómputos presentados en alguno de estos trabajos, que se han servido únicamente con materiales impresos. La disminución de anglicismos 'particulares' de la isla es muy significativa, lo que indica que la gran mayoría resulta compartida con otros lugares.

UNA LLAMADA DE ATENCIÓN: LA SINTAXIS IMPORTADA

Sería muy agradable poder afirmar que en el vocabulario comienza y termina la influencia del inglés en el español de Puerto Rico, pero desafortunadamente no es así. La sintaxis, la fortaleza lingüística más resistente al ataque foráneo, ha comenzado a mostrar ciertas grietas que habrá que atender cuanto antes. Es cierto que algunos de los fenómenos que se registran como anglicismos sintácticos en el país no lo son realmente, pero solo algunos.

Se ha hablado mucho de las curiosas construcciones antillanas del tipo *¿Qué tú quiere(s)?*, *¿Qué tú dice(s)?* (que contrastan con las más comunes y generales *¿Qué quieres?/¿Qué quieres tú?),* como ejemplos manifiestos del influjo de la gramática inglesa. A esto se ha añadido la abrumadora frecuencia del pronombre de primera persona *yo.* Los partidarios de la transferencia gramatical subrayan el conocido hecho de que el español es una lengua que no necesita, en situaciones comunicativas normales, de marcas pronominales para indicar el sujeto verbal: *canto, cantaremos, cantarán* son formas que llevan incorporados sus respectivos formantes de persona. El inglés, por el contrario, sí las precisa *(I sing, you sing, we sing,* etc.). La explicación parece encontrar justificación en el plano de la hipótesis. Pero solo aquí.

Sucesivas investigaciones sobre estos hechos han puesto de manifiesto que las formas *tú* podrían funcionar como fenómenos compensatorios, es decir, como marca de sujeto en los casos de desaparición de la 's' final *(tiene* por *tienes: ¿Qué tú tiene?).* Es la llamada hipótesis 'funcionalista'. En este caso, estaríamos ante un desarrollo interno del dialecto, que suple así, con *tú,* la ausencia de otra marca morfosintáctica (la 's' final del verbo), fenómeno ajeno, por lo tanto, a la influencia inglesa. Pero el caso de *yo* no puede explicarse de la misma manera, pues el desgaste fónico, tan característico de las variedades del español de esta zona, no lo afecta en absoluto. En este caso, la explicación por transferencia cobra algún sentido. Los datos empíricos de que disponemos hoy, sin embargo, nos llevan de la mano a rechazar esta interpretación, pues los hablantes monolingües de español en Puerto Rico presentan frecuencias de uso de los pronombres *yo* y *tú* muy parecidas a las de los hablantes bilingües con el inglés como lengua dominante: *yo,* 59 por 100 frente a 53 por 100; *tú,* 62 frente a 50. Aunque el capítulo no está aún definitivamente cerrado, estos datos son muy elocuentes.

No ocurre lo mismo con otros datos. Aunque debe advertirse que los fenómenos que comentaremos enseguida presentan una frecuencia de uso muy baja, es necesario señalarlos para que sean tenidos en cuenta por los planificadores curriculares. Se trata, en el primer caso, de las subordinaciones de finalidad con *para.* La gramática española difiere aquí de la inglesa en un aspecto importante: la selección de la forma verbal de la subordinada, dependiendo de la coincidencia de sujetos o no entre esta y la principal. Si el sujeto de ambas oraciones es el mismo, la subordinada lleva infinitivo *(Com-*

pré este libro para leerlo, donde el sujeto de 'comprar' y el de 'leer' es el mismo: *yo),* mientras que si es distinto, la subordinada se construye con subjuntivo *(Compré este libro para que lo leas,* en la que el sujeto de comprar es *yo,* pero el de leer es *tú).* Pues bien, se han detectado casos en los que, teniendo ambas oraciones sujetos diferentes, algunos hablantes puertorriqueños construyen la subordinada con infinitivo: *Se ha convocado la conferencia de prensa para la compañía desmentir los rumores,* en lugar de *para que la compañía desmienta los rumores.*

Las razones para suponer que estamos ante un caso de transferencia de la gramática inglesa son muy fuertes (el inglés emplea infinitivo en ambos casos), pero es asunto que habrá que seguir estudiando, primero, porque se trata de una estructura oracional que aparece en castellano antiguo, y segundo, porque no resulta del todo inaceptable para hablantes de otros dialectos hispánicos, en los que sería muy difícil admitir algún grado de influencia inglesa.

Otro caso bastante sorprendente es el de los usos nominales del gerundio, función esta inexistente en la gramática del español, pero frecuente en la del inglés. Es verdad que hasta la fecha no se han encontrado casos flagrantes, del tipo de *Nadando es un buen ejercicio,* pero sí otros que, escondidos en estructuras oracionales más complejas, muestran su agramaticalidad. Se trata, en todos los casos, de oraciones como *Ese muchacho lo que hace es comparando las muestras.* Obsérvese que el sentido global del ejemplo va en dirección a la continuación de la acción de 'comparar', es decir, lo hace 'siempre', 'constantemente'; quizá esta sea la causa de que, en lugar del infinitivo *(lo que hace es comparar las muestras),* los hablantes escojan un gerundio, que tiene entre sus funciones verbales una muy parecida: *Lo puedes llamar a las once porque a esa hora siempre está aquí comparando las muestras.* La transferencia ha aprovechado un punto débil de la gramática española para hacer su aparición.

Será bueno repetir que estas estructuras tienen una frecuencia de uso muy baja, pero no por ello hay que dejar de consignarlas. Un aviso a tiempo siempre es muy aprovechable.

¿Y LOS «NEWYORIKANS»?

Pero este capítulo no puede quedar cerrado aquí, ahora precisamente que se abre una nueva etapa en el contacto español-inglés en Puerto Rico. Se cumplen los primeros años del Programa de educación bilingüe que las autoridades ministeriales han tenido que crear ante el creciente número de 'inmigrantes' puertorriqueños llegados desde diversos puntos de Estados Unidos. Estas nuevas olas, que viajan en dirección contraria a la de hace tantos años, tienen unas características lingüísticas especiales: en general, su primera lengua es el inglés, aunque posean diferentes grados de competencia en español, algunos de ellos, mínima o inexistente. Niños, jóvenes y adultos (los que de estos últimos deseen insertarse en la escolarización reglada) necesitan un proceso de transición que haga del español la primera de sus lenguas. Sin esta condición, no les será posible a los *newyorikans* (que es como se les llama, no sin cierto tono peyorativo, entre otras cosas, porque hablan mal el español, o ni siquiera lo hablan) incorporarse al fin al sistema educativo del país. El experimento está en plena efervescencia: aún no se dispone de datos elocuentes sobre sus resultados. Pero no cabe duda de que fuera de las aulas su influjo está presente en la comunidad. No sabemos cuán importante pueda ser este.

De momento, se impone comenzar cuanto antes los estudios en esa dirección. Ahora mismo, la situación es tan compleja, que se necesitaría un examen profundo y, desde luego, muy particularizado. Confiamos en que, cuando ello se realice, las conclusiones nos permitan seguir manteniendo una actitud optimista sobre el futuro del español en Puerto Rico.

12
LAS CIUDADES HISPANOAMERICANAS: MICROCOSMOS LINGÜÍSTICOS

LA URBANIZACIÓN DE HISPANOAMÉRICA

Aunque no se trate de un fenómeno exclusivo de Hispanoamérica, los procesos de urbanización en esa parte del continente han alcanzado cotas muy significativas. Es lo que se observa con suma claridad al examinar los datos del siguiente cuadro.

Ciudad	DD	PP	PC
San Juan	50,3	3.522.037	1.773.304
Montevideo	44,3	2.955.241	1.311.976
Santiago	37,5	13.813.239	5.180.757
Santo Domingo	30,6	7.169 846	2.200.000
Buenos Aires	29,7	36.615.528	10.911.403
Lima	29,1	22.128.466	6.434.328
México	23,1	81.249.645	18.747.400
La Habana	19,8	10.468.661	2.077.938
Bogotá	16,5	34.520.185	5.726.957
Caracas	13,1	21.177.149	2.784.042

DD = Densidad demográfica; PP = Población total del país; PC = Población de las capitales.

San Juan, la capital de Puerto Rico, ofrece una densidad poblacional de un 50,3 por 100, es decir, que esta zona metropolitana alberga a la mitad de la población total de la isla. Aunque las ciudades que la siguen no presentan una situación tan drástica, Montevideo no se encuentra demasiado lejos de esta proporción, y otras cuatro —Santiago de Chile, Santo Domingo, Buenos Aires y Lima— reúnen dentro de sus límites a la tercera parte de la demografía nacional.

El fenómeno continúa su marcha a ritmos verdaderamente sorprendentes. Obsérvense las tasas de urbanización de Venezuela (91%), Uruguay (89%), Argentina (86,3%) y Puerto Rico (85%), las más altas de la América hispana, y se tendrá una idea meridiana de lo que sigue aconteciendo.

LAS OLAS MIGRATORIAS

Además de causas poblacionales internas y de la inmigración extranjera, este crecimiento desmedido de las ciudades hispanoamericanas obedece en buena medida a las continuas olas migratorias que reciben desde zonas rurales o semirrurales de los propios países. El tema ha sido asunto de estudio desde puntos de vista muy diferentes, aunque son los sociólogos los que con más ahínco y dedicación lo han abordado. El motor primordial de estos movimientos demográficos hay que ir a buscarlo en el ansia de superación económica y social: suele pensarse que en la gran ciudad, que siempre deslumbra desde lejos, están todas las claves del éxito.

El fenómeno va en aumento, a pesar de los resultados catastróficos producidos por estas movilizaciones no planificadas, entre los que destacan la creación de los cinturones de miseria, el incremento de la delincuencia, el alza del analfabetismo, y muchos otros. Es verdad que en los países de gran extensión geográfica otras ciudades suelen presentar competencia a la capital, con lo que disminuyen los índices de concentración urbana; pero, con todo, el problema, en vez de disminuir, se polariza.

LA LENGUA EJEMPLAR DE LAS CAPITALES

A pesar de que las zonas dialectales de América no suelen coincidir con fronteras nacionales, los países representan unidades lingüísticas relativamente bien definidas. En la gran mayoría de las ocasiones ello se debe a la poderosa influencia cultural —y lingüística— que ejercen las capitales respectivas en todos los países. Además de la densidad demográfica que las caracteriza, en ellas está radicado el poder político y administrativo, los principales medios de comunicación y los centros de alta docencia e investigación. Prensa, radio y, sobre todo, televisión extienden la norma lingüística culta de las capitales hasta las más alejadas fronteras del país; el Gobierno maneja esta misma norma casi sin excepciones, y en la enseñanza es también la variedad hablada por los estratos socioculturales más favorecidos la que se oye desde las cátedras y la que se lee en las publicaciones académicas. La escuela primaria y la secundaria de todo el país siguen sin el menor cuestionamiento la lengua ejemplar impuesta desde la capital porque es la de prestigio indiscutible.

En los casos de territorios relativamente homogéneos desde el punto de vista dialectal, como los países centroamericanos, los antillanos, Paraguay y Chile, por ejemplo, el influjo de las capitales es menos ostensible, puesto que no hay grandes contrastes; pero en aquellos otros en que conviven varias normas (piénsese en los casos de 'tierras altas' y 'tierras bajas', como ocurre en México, Colombia, Ecuador y Venezuela) la que impera como modelo de corrección y buen decir es siempre México, Bogotá, Quito y Caracas, aun en sitios como Venezuela, en que parte de la población pueda pensar que 'en Mérida se habla mejor'.

Hubo una época, hace ya varias décadas, cuando empezaba a cobrar auge el fenómeno de la urbanización de los países del continente, en que se pensó que las migraciones rurales darían al traste con la unidad lingüística de las capitales y otras ciudades importantes. Se apuntaba este hecho como factor propiciatorio de la desintegración de la norma culta y ejemplar que ellas representaban, y se pensaba que, rota la cohesión de que entonces disfrutaban, se impondrían diversas normas regionales y populares. Sin embargo, las cosas han sucedido al revés. La ciudad terminó triunfando sobre

239

los inmigrantes rurales: no solo ha conservado su personalidad y su poder lingüísticos, sino que discrimina a quienes no se integran a sus normas.

LA DISCRIMINACIÓN LINGÜÍSTICA

La migración rural que invade las grandes ciudades es de signo diverso. La situación más grave está constituida por los desplazamientos indígenas, sobre todo, desde luego, cuando estos no han adquirido una buena competencia en español, situación común en muchos países como el Perú, donde los indios que bajan del altiplano a Lima y sus alrededores poseen muy diverso nivel de destreza en la lengua dominante. El caso extremo es el de monolingüismo en una lengua indígena, pero hay otros, también muy graves, como el de los hablantes con un bajo grado de bilingüismo. Aquí la discriminación se produce, además de por signos externos (etnia, indumentaria, costumbres), por razones lingüísticas.

Estos casos de discriminación son más llamativos y, en cierto sentido, evidentes, pero hay otros menos sobresalientes, en los que la caracterización lingüística de los hablantes resulta bastante menos obvia. Se trata de sujetos monolingües en español, pero igualmente procedentes de la ruralía. Un ejemplo bastará para hacernos cargo del asunto.

En el español antillano, concretamente en el de Puerto Rico, donde el fenómeno alcanza una frecuencia muy alta, existe una realización posterior de la /rr/, resultado de su pronunciación en una zona articulatoria integrada por el velo y la parte posterior de la lengua; se trata de un sonido parecido a la /rr/ del francés que, sin embargo, no parece tener mucha relación con aquella. En relación con esta, la de origen corso, es en extremo pintoresca, pues esta inmigración fue muy escasa.

Los análisis sociolingüísticos efectuados muestran que esta variante velarizada está en relación con dos factores sociales de importancia: el nivel sociocultural de los hablantes y, sobre todo, su procedencia. El siguiente cuadro indica claramente estas relaciones:

Procedencia		NSC	
A	.31	1	.30
B	.39	2	.46
C	.56	3	.64
D	.71	4	.59

Lo relativo a la procedencia debe entenderse de acuerdo a las siguientes cuatro categorías: A) los nacidos en San Juan o llegados a vivir a la capital antes de cumplir los seis años; B) los llegados a San Juan entre los siete y los doce años de edad; C) los llegados a la capital entre los trece y los diecinueve años, y D) los llegados con veinte años o más. Los índices que regulan esta velarización de /rr/ indican que ni A ni B patrocinan la velarización, en contraste con C y D, que alcanzan índices superiores (.56 y .71). Es decir, que los hablantes urbanos de San Juan, los nacidos allí y los que han llegado con menos de doce años, presentan cifras bajas de velarización de /rr/; los hablantes de origen rural, en cambio, traen con ellos sus realizaciones posteriores en números considerablemente altos. Esta parte del cuadro indica que, aunque el fenómeno no es exclusivo de ninguna zona en particular, las áreas rurales lo cultivan con mayor asiduidad.

El factor nivel sociocultural (NSC) también arroja resultados positivos: los dos sociolectos más altos del espectro (1, medio-alto; 2, medio) no favorecen la velarización de /rr/, puesto que sus índices son bajos; los otros dos (3, medio-bajo; 4, bajo), en cambio, sí (.64 y .59). Está claro que el fenómeno no aparece asociado solo a la procedencia rural, sino a los estratos socioculturales bajos. No hay que perder de vista que ambos parámetros se complementan, pues si uno funciona en la diacronía, el otro lo hace desde la sincronía. Los llegados a la capital desde zonas rurales con más edad vienen a situarse —normalmente— en los estratos más bajos del parámetro social.

Queda claro que la relación asociativa entre procedencia rural y estratos bajos del espectro sociocultural es muy fuerte en la ciudad de San Juan. Pero ¿qué puede significar esto en la dinámica de la marginación sociolingüística?

Los estudios que se han hecho sobre actitudes lingüísticas hacia la velarización de /rr/ han proporcionado datos semejantes: la actitud negativa es muy superior a la positiva (66,5 frente al 33,4%). No puede negarse que es precisamente en la zona metropolitana donde estas cifras alcanzan las cotas más altas (hasta un 80%). Sin embargo, con excepción de la zona sur, con la ciudad de Ponce a la cabeza, la actitud de rechazo hacia la velarización es siempre mayor:

Zonas/Actitudes	P	N
	33,4%	66,5%
Zona metropolitana	29,6	70,4
Este	37,9	62,1
Norte	38,4	61,2
Centro	42,2	58,3
Oeste	46,3	53,6
Sur	56,8	43,1

La actuación lingüística de los ponceños, dicho sea de paso, ofrece un margen mayor a las velarizaciones que en el resto de la isla, lo que se corresponde bien con estos datos de actitud. Véase, sin embargo, que se trata de una auténtica excepción.

El siguiente cuadro, por su parte, indica cuáles son las creencias que fundamentan los índices de actitud negativa hacia el fenómeno estudiado:

Creencias	%
Origen rural	72,4
Dialectal	59,9
NSC bajo	35,6
Frenillo	25,6

El origen rural del fenómeno, con un 72,4 por 100, encabeza las creencias motivadoras de la actitud de rechazo. Obsérvese que duplica cómodamente la 'creencia' de que es pronunciación característica del nivel sociocultural bajo, lo que indica que, en general, los hablantes metropolitanos (y los de una buena parte de la isla, aunque sean rurales o semirrurales) mantienen una actitud de rechazo hacia la velarización porque lo consideran un fenómeno rural, *jíbaro* o campesino, falto de *status,* por consiguiente.

El último paso del silogismo es fácil de dar. Las inmigraciones del campo a San Juan la realizan hablantes de procedencia rural, que, como tal, traen consigo una frecuencia alta de realizaciones velarizadas de /rr/; como la zona metropolitana en especial rechaza este fenómeno, precisamente por considerarlo de origen rústico, la discriminación que se produce hacia estos hablantes es inmediata. Ya no causa sorpresa que el sujeto que afirma que no votaría a un candidato que tuviese /rr/ velar, y que entre el círculo de sus amigos íntimos no hay nadie que tenga tal pronunciación, nos diga también que, en igualdad de condiciones, no daría empleo a estos individuos. El porcentaje de estas respuestas sobrepasa el 50 por 100 de la muestra.

Esta es la realidad actual. Lo que subsecuentemente debe plantearse la sociolingüística aplicada es la forma de terminar o al menos neutralizar esta situación discriminatoria. Ya sabemos que la discriminación lingüística es de las más difíciles de erradicar, mucho más que la racial, sexual, religiosa, etc., simplemente porque es más sutil, menos explícita. Hay hablantes que discriminan a otros debido a ciertos factores lingüísticos que ni siquiera saben precisar en una entrevista. Muchas de las preguntas del tipo '¿por qué?', que suceden a las valoraciones subjetivas arrojadas por algunas pruebas, no son respondidas porque el sujeto, honestamente, no sabe contestar. Pero el investigador observa que la voz que ha calificado como perteneciente a un hablante rudo, hostil, poco inteligente, etc., tiene múltiples casos de velarizaciones de /rr/.

No sabemos si hay posibilidades de cambiar las actitudes lingüísticas hacia determinados fenómenos; cambiarlas hacia otros aspectos de la vida es sumamente difícil. Lo que sí sabemos es que la escuela puede ser la solución, pero para ello hace falta que superemos los planes caducos y trasnochados en cuanto a la enseñanza del español como lengua materna que exhiben sin el menor pudor algunos de nuestros Ministerios de Educación.

13
LA EXPANSIÓN ACTUAL DEL ESPAÑOL EN AMÉRICA

LA LENGUA ESPAÑOLA EMIGRA A ESTADOS UNIDOS

La realidad actual de los 'hispanos' en Estados Unidos es, como siempre sucede, el resultado de un conjunto de procesos históricos. La presencia hispánica en aquellas tierras no ha cumplido aún los quinientos años, pero no falta mucho tiempo más para que los cumpla, puesto que comenzó en 1513, con la llegada de Ponce de León a las playas de la Florida. Los hispanos llegaron a lo que hoy es Estados Unidos, como se vio, bastante antes que los peregrinos del *Mayflower*.

Antes de que esta inmigración comenzara a presentar cifras de cierta importancia, debe destacarse la existencia de varios asentamientos antiguos, residuos de núcleos poblacionales anteriores a la conformación moderna de ese país. Tal es el caso, sobre todo, de los mexicanos del sudoeste, y después, del de los canarios de la Luisiana, y de los escasos restos españoles de la Florida; pero, en cualquier caso, carecen de relieve para la situación actual. Estos constituyeron lo que los sociólogos llaman 'inmigrantes en tierra propia'.

LOS GRUPOS MIGRATORIOS

Descontando algunas aventuras aisladas y de poca monta, la verdadera inmigración comienza en el siglo XX con México a la cabeza; le siguen los puertorriqueños, más tarde los cubanos y, en las últimas décadas, los dominicanos, los centroamericanos y otros procedentes de diferentes zonas de la América del Sur. Los españoles han sido y continúan siendo una notable minoría.

La inmigración mexicana, la más temprana de todas, comenzó muy a finales del siglo XIX; en 1910 ya era abundante, y seguía creciendo, de manera que en tiempos de la Gran Depresión los expulsados del país fueron unos quinientos mil. Las nuevas olas inmigratorias muy pronto recuperaron esas cifras, e incluso las multiplicaron. La necesidad de mano de obra para los trabajos agrícolas en Estados Unidos, desde entonces en constante expansión, fue el motivo principal de estos traslados hacia el norte, legales los más, ilegales en una proporción desconocida, aunque minoritaria. La situación se ha mantenido con auge singular hasta nuestros días.

Después de la Segunda Guerra Mundial le tocó el turno a los puertorriqueños. La situación era diferente, pues los nacidos en la isla eran desde 1917 ciudadanos norteamericanos, por lo que sus movilizaciones hacia Nueva York, lugar de destino preferido por este grupo, no presentaba problema inmigratorio alguno. En este caso, no hubo —ni hay— inmigrantes ilegales. Para 1960, ya esta ciudad y los territorios contiguos del nordeste contaban con cerca de un millón de ciudadanos llegados de la isla caribeña. Y el traslado solo daba sus primeros pasos.

Los cubanos ocupan el tercer lugar en cuanto a cronología de llegada. Aunque con anterioridad a 1959 ya había pequeñas concentraciones de individuos de este origen en Estados Unidos, las cifras no se disparan hasta el triunfo de la Revolución castrista y las décadas subsiguientes. Año tras año, el volumen de refugiados cubanos en ese país ha protagonizado un crecimiento auténticamente espectacular.

Con posterioridad, otras inmigraciones han venido a aumentar la presencia hispana en territorio norteamericano: dominicanos, centroamericanos y sudamericanos han ido protagonizando diversos capítulos de la historia reciente. La dominicana no comienza en firme hasta mediados de la década de los sesenta del pasado siglo; los de Centroamérica, encabezados por los salvadoreños, poco después, con gran número de entradas ilegales. Y más tarde empieza a sentirse la presencia de colombianos, ecuatorianos, peruanos, bolivianos, paraguayos, uruguayos, en números siempre más reducidos. En los primeros años de este siglo XXI le ha tocado el turno a los venezolanos y a los argentinos.

Aunque las causas de estos traslados son múltiples y variadas, estas podrían reagruparse en tres grandes apartados: económicas, políticas y una combinación de ambas.

A razones de mejoras socioeconómicas o simplemente de subsistencia se deben en su mayoría las inmigraciones mexicanas. Asediados por la pobreza y por las barreras que impedían el acceso a salarios dignos y seguros, a una vivienda mínimamente aceptable, a condiciones básicas de salud, a la escolarización de los hijos, y a un etcétera que, aunque no muy largo, sí es fundamental, estos grupos de individuos abandonan sus lugares de origen para instalarse en una especie de 'tierra prometida', que aunque no hubiera sido así en realidad, era siempre mucho mejor que la que habían tenido.

Los perfiles socioeducativos de estos inmigrantes son generalmente bajos, en su mayoría trabajadores agrícolas no especializados que, víctimas ellos mismos de la situación imperante, se han visto privados, entre otras cosas, de una educación que les permitiera avanzar en la vida, y que no desean que esa misma situación de depauperación se repita con sus descendientes. Son los llamados inmigrantes económicos.

Por otra parte están los que escapan de situaciones políticas (y, a veces, religiosas) que consideran inaceptables, como es el caso de los cubanos y de los nicaragüenses. La postura política del Gobierno de La Habana, en un caso, y los vaivenes de Managua entre Somoza y los sandinistas, en otro, obligaron a muchos a abandonar sus lugares, bien por nexos o simpatías con gobiernos anteriores, los menos, bien por rechazo moral a los planteamientos de los nuevos gobernantes, los más. Su perfil sociocultural es medio o alto, con buenos índices de educación, profesionales especializados en diferentes áreas, y con relativo éxito económico. Son los exiliados.

El tercer grupo está constituido por aquellos que salen de sus países para huir de situaciones económicas angustiosas, producto de guerras intestinas, feroces dictaduras, impericias gubernamentales —cuando no de flagrantes y continuas malversaciones— sufridas repetidamente por sus países de origen. Aunque la razón inmediata de su marcha sea de índole económica (acompañada, a veces, de inseguridad personal), esta ha sido causada directamente por el brutal deterioro social devenido de luchas intestinas o de políticas económicas trasnochadas e inoperantes. El grupo es mixto. Se encuentran en él desde profesionales altamente cualificados hasta obreros sin especialización, insertados en un amplísimo espectro socioeconómico. Son también inmigrantes, aunque el móvil que los haya impulsado sea mucho más complejo que el de los grupos anteriores.

Los lugares de destino de estos inmigrantes son muy diversos, dependiendo, sobre todo, de la potencialidad de éxito que ofrezcan, de su accesibilidad, de los contactos personales y, por supuesto, de las condiciones de los grupos y de los individuos.

Con excepción de Los Ángeles y ciudades medianas y pequeñas, y esto recientemente, la gran inmigración mexicana ha ido a zonas rurales o a pequeños poblados. En principio se centraba en los tradicionales territorios del sudoeste, pero después se han extendido, si bien en proporciones más modestas, hacia el norte y hasta la zona este, tanto al área de Nueva York como a la Florida. Los centroamericanos constituyen un punto de transición entre ciudad y ruralía, aunque su zona de asentamiento ha sido California preferentemente. También los sudamericanos han apostado por este estado del oeste, aunque su ubicación última sea mucho más abarcadora. En general, podría afirmarse que puertorriqueños, cubanos, dominicanos, venezolanos y argentinos constituyen una inmigración urbana. Naturalmente que hoy es posible encontrar cualquier procedencia hispana en todos los estados de ese país.

Según el Censo de 1990, el origen de la población hispana en Estados Unidos y su densidad demográfica era la siguiente:

Origen	Población	%
México	13.393.208	61,2
Puerto Rico	2.651.815	12,1
Cuba	1.001.053	4,8
El Salvador	565.081	2,6
R. Dominicana	520.151	2,4
Colombia	378.726	1,7
Guatemala	268.779	1,2
Nicaragua	202.658	0,9
Ecuador	191.198	0,9
Perú	175.035	0,8
Honduras	131.066	0,6
Panamá	92.013	0,4

El resto de centroamericanos sumaba 64.233 (0,3%); los demás inmigrantes procedentes de Sudamérica, 378.726 (1,7%), y los de otros orígenes, incluyendo a España, 1.922.286 (8,8%).

Las inmigraciones hispanas a Estados Unidos, cada vez más densas y constantes, han superado todos los cálculos estadísticos. En 1982, la población hispana del país era de 15.000.000, el 7 por 100 del total; quince años más tarde ya eran 29.000.000, el 11,1 por 100. Se trataba de unas cifras (1997) que se acercaban mucho a la primera gran minoría, la de los negros (12,8%). En 1966, el *Current Population Report* suponía que para el año 2000 la población hispana sería de 31.366.000, y que para 2012 (52.000.000) habría superado con creces a la negra, convirtiéndose así en la primera minoría de la Unión. Pronosticaba también que en 2016 la composición demográfica de Estados Unidos habría cambiado completamente, y que continuaría haciéndolo, pues para entonces la inmigración hispana sería mayor que la de todos los grupos étnicos juntos. Estas previsiones para el futuro son ya, desde 2002, una contundente realidad, pues los 35.300.000 hispanos constituyen el 12,5 por 100, mientras que la población negra no hispana de la Unión se queda en el 12 por 100. Estamos hablando de un aumento de cerca del 60 por 100 con respecto a 1990, de un salto demográfico espectacular que va de los 22.400.000 de entonces a los 35.300.000 actuales.

La cantidad de hispanos radicados en suelo estadounidense convierte a ese país en la quinta nación hispanohablante del mundo según el número de hablantes, solo por debajo de México (101.879.170), Colombia (40.349.388), España (40.037.995) y la Argentina (37.384.816).

Lo más interesante de este salto es que el aumento de la población hispana se ha producido en los estados más importantes desde el triple punto de vista político, cultural y económico:

Estado	Total población	Hispanos	%
California	33.871.648	10.966.556	33,8
Texas	20.851.820	6.669.666	31,9
Florida	15.982.378	2.682.715	16,7
Nueva York	18.976.457	2.867.583	15,1
Illinois	12.419.293	1.530.262	12,3

Estos datos van acompañados de un estancamiento en el crecimiento de la población negra y de una notable regresión entre habitantes blancos.

Nada parece indicar que estas olas vayan a disminuir en el futuro. De una parte, las causas de tipo económico que mueven a muchísimos de estos hombres y mujeres no tiene, por el momento, posibilidad de sufrir cambios sustanciales; al contrario, se han agravado en los últimos años por las terribles devastaciones producidas por huracanes, inundaciones y terremotos, sobre todo en México y en Centroamérica, que son los puntos de procedencia de la mayoría de los inmigrantes ilegales. Estos últimos —hoy más de siete millones— no cesan de crecer. De otra parte, la política zigzagueante de Estados Unidos en materia migratoria, que, aunque amenaza constantemente con deportaciones, termina por buscar algún acomodo y facilita los trámites para legalizar esas situaciones: los políticos quieren votos; los patronos, mano de obra barata, y las grandes empresas, consumidores.

Es verdad que algunas situaciones, sobre todo aquellas que impulsaban traslados debidos a causas políticas, han cambiado sustancialmente, como, por ejemplo, la vuelta a la normalidad democrática en Nicaragua. No puede decirse lo mismo, sin embargo, de Cuba, que ya ha generado más de un millón de exiliados, contando solo los que se han instalado en tierras del Tío Sam. El futuro aquí es imprevisible.

Aunque el flujo migratorio es de una importancia notable en el crecimiento poblacional de los hispanos, hay otras dos razones que intervienen muy activamente en el proceso: las altas tasas de fertilidad y los bajos índices de mortandad.

Las familias hispanas tienen hoy una media de unos tres hijos (2,97), la tasa más alta de todos los grupos de la demografía norteamericana, que, en general, ofrece un promedio de nacimientos de 2,1 por mujer. Los datos indican que de un porcentaje de distribución de nacimientos hispanos de un 15,6 por 100 del total del país en 1995, se pasará a un 32,8 por 100 en 2050.

La esperanza de vida es también superior en los grupos hispanos: en 1995 era de 78,6 años (frente a los 76 de media general) y en 2050 será de 87 (frente a los 82 de la población en su conjunto).

Debe ser tenida en cuenta también otra circunstancia importante, y es que la población hispana en general está integrada por individuos muy jóvenes, como se ve fácilmente en el cuadro siguiente.

	Población general (%)	Hispanos (%)
0-19 años	29,5	39,2
20-49	45	46,6
50-69	17,1	11
70 o más	8,4	3,2

LOS INMIGRANTES Y LA LENGUA ESPAÑOLA

Los datos aportados con anterioridad llevan aparejadas varias diferencias de comportamiento. Los que proceden de ambientes poco o nada favorecidos socioeconómicamente ven en el país anfitrión la meca deseada —mejores sueldos, más disponibilidad habitacional, más alto nivel de vida, mejor escolarización para sus hijos, etcétera— y, en consecuencia, las comparaciones con las condiciones sufridas en su país de origen sitúan a este en una escala muy inferior. Los éxitos alcanzados, aunque sean en sí modestos, suelen producir unas actitudes muy positivas hacia la cultura anglo. Ello podría dar origen a un proceso de aculturación, a veces abiertamente impulsado en el caso de sus descendientes.

La aculturación, deseada y buscada, no se detiene solo en cuestiones superficiales, como la aceptación del *American way of live* (vestuario, comidas, costumbres, preferencias musicales, etcétera), sino también a asuntos de más calado como la visión del mundo, la cultura en general y, en particular, la lengua. Se subestiman los supuestos valores anteriores (que no le han producido el menor beneficio) y se abrazan los nuevos (que sí han significado mucho en sus vidas). Desaparecido el orgullo étnico-cultural inicial, si es que alguna vez se tuvo, se tiende a incorporarse a crecientes procesos de desetnización y a llegar, quizá, a la transculturación total.

El paralelo con aspectos lingüísticos es obligado: abandono creciente de actitudes positivas hacia la lengua materna, debilitamiento progresivo de la lealtad lingüística, restricción de los ámbitos de uso del español, empobrecimiento gradual y, posiblemente, estadios avanzados de mortandad lingüística o quizá la muerte total de la lengua materna. En estos casos extremos se parte de un monolingüismo (en lengua materna), se avanza hacia diferentes situaciones de bilingüismo (incipiente, medio, avanzado), al tiempo que se debilita la lengua propia, y se puede desembocar de nuevo en un monolingüismo, pero en esta ocasión de signo contrario.

La situación opuesta es muy clara. El orgullo étnico-cultural conlleva un conjunto de actitudes positivas hacia la lengua materna, que no solo la mantiene viva, sino cuidada, según los criterios de corrección idiomática sustentados por la comunidad. La lealtad lingüística es un hecho. En estos casos encontramos situaciones bilingües desequilibradas a favor de aquella, o bilingüismo perfectamente equilibrado.

Los datos de que disponemos en la actualidad sobre índices de mortalidad del español entre los inmigrados y exiliados en Estados Unidos nos dicen que un 23 por 100 de ellos han perdido su lengua materna (más de siete millones); cuando este porcentaje general se analiza por estados, el espectro va desde la Florida, donde la mortandad es de solo el 8 por 100, a Colorado, donde alcanza un altísimo 52 por 100.

¿EXISTE «UNA COMUNIDAD HISPANA» EN ESTADOS UNIDOS?

Todo lo visto anteriormente nos lleva por fuerza a desembocar en un tema apasionante pero difícil. ¿Existe realmente *una comunidad hispana* en Estados Unidos? ¿O se trata más bien de un conjunto de comunidades con un alto grado (o, al menos, suficiente) de personalización? Las conclusiones que se han ido presentando en diferentes estudios son para todos los gustos, desde las más extremas, tanto en sentido positivo como negativo, hasta las de tendencias más conciliadoras: 'son más los elementos que nos unen que los que nos separan', o exactamente lo contrario. En esta última perspectiva se insertan las numerosas declaraciones de que lo único que une a estos grupos es la lengua española (si bien se trata de diversas variedades regionales del español) y, aunque en menor medida, la religión católica.

De momento, lo único que puede decirse, dado el escaso número de estudios contrastivos con base empírica, es lo relativo a: 1) las características de los inmigrados; 2) los deseos de retorno a sus lugares de origen; 3) el éxito económico; 4) los índices de escolaridad, y 5) el grado de mantenimiento de la hispanidad y del español mismo (en su versión local).

1) En primer lugar están las características de los inmigrados y exiliados. Se ha dicho reiteradamente que existen dos tipos de individuos entre los llegados a Estados Unidos: los que van en busca de una mejor situación socioeconómica, dada la vida precaria que han sufrido en sus respetivos países, y los que llegan allí bien con fondos económicos suficientes o al menos con potencialidad para conseguirlos.

Se dijo que el exilio cubano, político en su origen, estaba integrado por una élite culta y adinerada. Lo primero dio lugar a una política estadounidense de recepción de brazos abiertos y de ayudas de todo tipo, como prueba de la admiración de los anfitriones por quienes abandonaban una vida de bienestar por rechazar principios políticos inadmisibles para la democracia. Estas ventajas, unidas a la buena formación profesional de estos inmigrantes, fueron responsables de su éxito económico inmediato.

Tal concepción fue sin duda inspirada por la situación reinante hasta los inicios de la década de los setenta del pasado siglo. A partir de estos años, y aun antes, aunque en proporciones más modestas, las cosas empezaron a cambiar. A medida que aumentaban los índices de depauperación de la isla, no eran únicamente motivos políticos, sino también económicos (aunque reconociendo que lo uno es causa de lo otro), los que impulsaban a los cubanos al éxodo. Es verdad que a pesar de ciertas inyecciones desestabilizadoras, como la llegada de los 125.000 *marielitos* en graves momentos de inflación, la economía cubana de Miami se mantuvo en alza. Pero ello fue debido a factores muy específicos que empezaron a actuar desde los primeros momentos: la creación de negocios y el aprovechamiento de las oportunidades brindadas para reiniciarse en la vida profesional, las facilidades intragrupales para la obtención de empleo, la estructura familiar trigeneracional, que favoreció la incorporación masiva de la mujer a la fuerza laboral, y el control de la natalidad.

2)   En segundo lugar, se parte de la base de que los inmigrantes han llegado a Estados Unidos, algunos tras no pocas vicisitudes, para quedarse, pero que con respecto a los exiliados, una vez eliminada la situación política (y religiosa) que había causado el alejamiento del país natal, el regreso no se haría esperar demasiado. Sin embargo, en el caso de los cubanos, que siempre han insistido con tenacidad en que no se los llame *inmigrantes,* sino *exiliados,* las cosas no parecen estar tan claras.

Los datos procedentes de varias investigaciones nos dejan saber que en 1972 el 70 por 100 de los encuestados declaró sus intenciones de regresar a la isla tan pronto como se produjera el ansiado cambio, pero dos años después los partidarios del regreso eran menos de la mitad. Otro estudio de esos años descubrió que el 60 por 100 estaba decidido a abandonar Estados Unidos tan pronto como la situación lo permitiese. Una encuesta periodística de *El Nuevo Herald* señaló en 1990 que solo el 15 por 100 de los 700.000 cubanos que entonces vivían en el condado de Miami-Dade estaba dispuesto a regresar a Cuba. El entonces director del Instituto de Estudios Cubanos de la Florida International University, por su parte, declaró a este mismo periódico que creía que serían menos del 20 por 100 los que abandonarían la ciudad. No se dispone de información más reciente. Con todo, este punto, como se ve, no es definitorio.

3)   Dentro del rubro de bienestar económico deben revisarse dos índices de vital importancia: el estado de las empresas hispanas en Norteamérica y la situación financiera de las familias inmigradas.

Con respecto a las empresas hispanas, la situación queda planteada en el siguiente cuadro:

Empresas	%	Facturación (%)
Mexicanas	49,1	37,9
Cubanas	12,1	21,4
Centro- y sudamericanas	20,9	16,6

Obsérvese que aunque el número de empresas cubanas es de solo un 12,1 por 100, su facturación es mayor que las centro- y sudamericanas. Repárese también en que, si se tiene en cuenta el volumen demográfico de las diversas procedencias, las firmas comerciales cubanas deben ser proyectadas sobre un 5 por 100 de la población estadounidense que procede de la isla, mientras que las de los mexicanos lo será sobre el 63,3 por 100. Las diferencias parecen ser muy claras.

Sin duda, estos datos deben tener alguna relación con la situación económica de los diferentes grupos de residentes hispanos en el país. El ingreso per cápita de familia entre ellos era, en 1992, el que sigue:

	Mexicano	Puertorriqueño	Cubano	Sudamericano	Otros
Hasta 9.999$	18,5	31,2	19,8	18,1	22,3
Hasta 24.999$	32,5	30,5	28,6	34,9	26,2
Hasta 49.999$	32,4	25,3	27,1	30,8	30,3
50.000$ o más	14	12,9	24,5	16,2	21,2

Cuando se comparan entre sí las medias de ingresos, se repara en que son los cubanos los que reciben una media mayor de ingresos de 50.000 dólares o más (24,5%). Aquí las distancias son notorias con respecto a los otros grupos, menos el rubro 'Otros', que también pasa de los 20.000 dólares. Sudamericanos, mexicanos y puertorriqueños se quedan muy por debajo. Pero cuando se revisan las cifras correspondientes a ingresos que van desde los 24.999 a los 49.999 dólares, el grupo cubano queda en cuarto lugar, y el mexicano, en el primero. Si nos fijamos en las medias, por encima de todos están los del rubro 'Otros' (26.086$), le sigue el grupo cubano (25.874$) y continúan en leve descenso mexicanos (22.938$), sudamericanos (22.812$) y puertorriqueños (18.999$). Las diferencias, como se ve, no son nada drásticas.

Ocho años más tarde, sin embargo, las diferencias se habían acrecentado algo: el grupo de los cubanos estaba a punto de alcanzar la media de 50.000 dólares, seguido por los mexicanos (cerca de los 40.000$), los de Centro- y Sudamérica (poco menos que los mexicanos) y, por último, los puertorriqueños (unos 35.000$). Parece evidente que desde el punto de vista económico, al menos atendiendo a estos dos parámetros, los cubanos están algo más despegados que el resto de los grupos principales de hispanos.

4) Los índices de escolarización son instrumentos muy fiables para medir el estatus cultural de los grupos de inmigrantes. En 1992, según datos del *Current Population Survey* (1992), la situación era la siguiente:

	Escuela Superior (%)	Bachillerato (%)	Maestría (%)	Doctorado (%)
Mexicanos	20	6	1,1	0,1
Puertorriqueños	25	8	2	0,1
Cubanos	38	18	4,5	0,7
Centro- y sudamericanos	33	16	3,1	0,9
Otros	37	14	4	0,6

Mientras que el grupo cubano alcanzaba las cotas más altas en graduados de Escuela Superior, de Bachillerato universitario (licenciatura) y de Maestría, en cambio, resultaba superado por los centro- y sudamericanos con respecto a los doctorados, aunque bien es verdad que por poco margen.

Para el año 2001 se mantenían estas proporciones: entre los cubanos, un 70,3 por 100 había terminado los estudios de la Escuela Superior, y un 27,8 por 100 poseía títulos de Bachillerato universitario (licenciatura). Estas cifras están por debajo de las de la población no hispana en cuanto a titulación de Escuela Superior (87,7%), pero es la más alta de los grupos hispanos, seguida por los centro- y sudamericanos, que presentaban índices de 64 y de 18 por 100 para Escuela Superior y Primer Ciclo universitario.

5) Por otro lardo, si revisamos los índices de aculturación lingüística, según los datos de la *Strategy Research Corporation* (1998), observamos lo siguiente:

	Alta	Parcial	Escasa
Los Ángeles	13	53	34
Nueva York	16	63	21
Miami	8	49	43
San Francisco	16	61	23
Chicago	11	65	24

Las diferencias saltan a la vista: Miami es la ciudad que menos aculturación lingüística presenta, en acusado contraste con Los Ángeles y, aunque con menos intensidad, con Nueva York, San Francisco o Chicago. Como la investigación está hecha sobre el total de hispanos de estas ciudades, hay que rehuir la tentación de concluir que los cubanos son los menos aculturados, y los mexicanos y salvadoreños, los más. Luego este parámetro tampoco es concluyente.

Quizá más elocuente sean las producciones culturales en español: en teatro y medios de comunicación social en español, en particular, la prensa escrita, por ejemplo, Miami tiene más del doble que Los Ángeles y Nueva York juntos. Aunque la producción editorial de libros no llega a estas proporciones, sigue manteniendo un cómodo primer lugar. Es posible que estos datos hablen a favor de un mayor cuidado y atención al cultivo de la hispanidad (en su variante local).

Con respecto al mantenimiento del español, el siguiente cuadro indica el porcentaje de uso del español en la casa:

Estados	% de población hispana	% de los que hablan español en casa
Nuevo México	38,2	26
Texas	25,5	20
California	25,4	18
Arizona	18,8	13
Florida	12,1	11
Nueva York	12,3	10
Colorado	12,8	6
Illinois	7,6	6
Washington, D. C.	5	6

Estos datos de 1993 *(U. S. Bureau of the Census 1993)*, elaborados por Silva Corvalán, dejan ver la proporción de los que mantienen el español en el ámbito doméstico, pero no indican la calidad del español manejado. La misma autora ha preparado otro cuadro en el que muestra el porcentaje de hispanohablantes en la población hispana de Estados Unidos:

Estados	% de hispanohablantes
Florida	92
Nueva York	84
Illinois	81
Texas	79
California	72
Arizona	69
Nuevo México	69
Colorado	48

No es mucho lo que puede sacarse en claro de estos números con respecto a las procedencias de los hispanos (puesto que los datos están por estados), pero, de todas formas, que la Florida y Nueva York encabecen la lista significa que son las inmigraciones más recientes —puertorriqueños, cubanos y dominicanos— las que parecen mantener mejor la lengua materna.

Sin embargo, lo más importante es el uso del español en situaciones públicas. En esto, quizá el condado de Miami-Dade, dada su naturaleza oficial de bilingüe y bicultural, vaya a la cabeza del país. Hace ya tiempo que se señaló con precisión que en Miami se puede comprar una casa o un automóvil, obtener un tratamiento médico especializado o consultar a un abogado o a un contable, todo, utilizando únicamente el español.

Los medios hispánicos de comunicación, por su parte, sin olvidar la faceta publicitaria, tienen un auge realmente espectacular. Unos botones de muestra: en Miami existen treinta emisoras de radio, todas ellas con programación completa en español; tres canales de televisión, que transmiten íntegramente en español; dos periódicos de publicación diaria y amplia tirada, y cinco semanarios. Nueva York y, en menor medida, Los Ángeles reproducen este esquema. Y todo ello sin contar con las grandes empresas multinacionales, como Televisa, que emite programación de costa a costa, y sin hacer alusión a la producción televisada, especialmente los *talk shows,* que, además de Estados Unidos, viaja a Hispanoamérica y a España. Con respecto a la prensa escrita, debe recordarse que el *Diario Las Américas,* periódico de la comunidad hispánica miamense, ofrece a sus lectores una interesante columna sobre temas idiomáticos, en la que se censuran las incorrecciones idiomáticas cometidas tanto por los medios de comunicación como por la población en general; a juzgar por la correspondencia recibida en la redacción del rotativo, la columna posee un número importante de lectores.

No hay —que yo sepa— estudios sobre la lengua manejada en estos medios, con excepción de los anglicismos léxicos aparecidos en tres grandes periódicos del país: *La Opinión,* de Los Ángeles; *La Prensa,* de Nueva York, y el *Diario Las Américas.* El periódico de Miami es el que menor densidad de anglicismos presenta en todas sus secciones, seguido de lejos por *La Prensa* y, en último lugar, por *La Opinión,* que cuenta con una notable cantidad de estos préstamos.

La importancia que revisten todos estos aspectos culturales es, desde luego, muy desigual, pues solo los medios de gran popularidad —televisión y, en menor medida, radio— tienen presencia y peso en todos los hogares. Para una buena cantidad de hablantes que residen en Estados Unidos, los elementos más apegados a la cultura de élite —el libro, las conferencias, etc.— se desconocen enteramente o no significan nada.

Hay otros factores más significativos para la mayoría de la población hispana que pueden funcionar en la comunidad como marca de estatus. Por una parte, el papel del español como elemento de cohesión comunicativa local e internacional, y por otra, su utilidad económica. En especial en algunos núcleos urbanos o en su periferia, el español sirve para bastante más que para hablar con familiares y amigos del entorno o del país de origen; es la lengua que debe (y a veces tiene que) manejarse con miles de visitantes de toda Hispanoamérica y España. Los atractivos de Nueva York son innumerables; Miami, como centro comercial, y el cercano establecimiento de la empresa Disney, y Los Ángeles, con la meca del celuloide y con otro asentamiento Disney a poca distancia, son envidiables puntos turísticos. Saber español es, entre otras cosas, un negocio. Y aun en comunidades de mucha cohesión como la miamense, el español es un buen pasaporte para la obtención de empleo al margen de las empresas turísticas.

Todos estos elementos ofrecen su concurso —es verdad que de manera muy desigual— a la formación de una actitud positiva hacia el español dentro de los miembros de la comunidad hispana. Las actitudes, como siempre, son el resultado de un conjunto de creencias. Algunas coinciden con hechos reales, como los anotados hasta aquí; otras, en cambio, han nacido al calor de la subjetividad: que los inmigrantes de origen mexicano piensen masivamente que el mejor español es el que se habla en la Ciudad de México, el que los puertorriqueños crean que es en San Juan, y los cubanos, que en La Habana, es el mejor ejemplo de ello. Después aparecen otros motivos: es seña de identidad, es la lengua de mis padres y de mis antepasados, es idioma hermoso, agradable, musical, etc. Y aún habrá que anotar un último factor, de importancia creciente: el poder político hispano. A poco que se sigan las notas de prensa de los últimos años se comprobará el empuje, siempre en aumento, que ahora tiene. Las dos últimas campañas para la elección presidencial en el país constituyen el ejemplo más contundente que puede ofrecerse en este sentido: desde páginas electrónicas en español hasta fragmentos en esta lengua en los discursos públicos de los candidatos. Los especialistas en estos temas deben explicarnos pormenorizadamente lo que esto significa para nuestras comunidades, que supongo que será mucho.

¿Cuál será el futuro del español en Estados Unidos?

Uno de los pilares para que el español siga en auge en ese país radica en los índices de lealtad lingüística que muestren sus hablantes actuales.

Los datos de que disponemos sobre la lealtad lingüística de los hispanos en Estados Unidos son, lamentablemente, esporádicos y, en ocasiones, de difícil comparación, dado que las metodologías subyacentes a los diferentes estudios son muy diversas.

En el ámbito 'chicano', con respecto al mantenimiento efectivo del español, las variables más significativas son la generación y la zona de residencia, rurales o urbanas. Entre los jóvenes urbanos, el español ha desaparecido casi por completo en el dominio doméstico, el recreativo y el religioso; los jóvenes rurales, en cambio, mantienen su lengua en estos mismos ámbitos, aunque en alternancia fuerte con el inglés. Estos datos son ejemplo del cumplimiento de la hipótesis general de transculturación. En las comunidades chicanas estudiadas, todos los frenos que señalábamos a la deslealtad lingüística han quedado neutralizados. El más simple análisis de covariación habla en favor de dos rasgos: el perfil sociocultural de estos hablantes, excesivamente bajo, y la ausencia de cohesión hispánica de esas comunidades.

Se advierte que se trata de un complejo proceso con dimensiones que desbordan lo propiamente lingüístico, y que se mueve en un parámetro que va desde el nacionalismo hasta la desetnización, pasando por etapas intermedias como el biculturalismo y la transculturación. Desde el punto de vista lingüístico, las hipótesis que se manejan pueden resumirse en lo siguiente: los núcleos de inmigrantes van perdiendo su lengua materna paulatinamente a medida que se van sucediendo las nuevas generaciones; un índice alto de lealtad lingüística, sin embargo, sería un elemento retardatario en este proceso. Si no se posee y si, además, hay un cierto aislamiento del grupo de origen, real o psicológico, la mortandad de la lengua de los inmigrantes se acelera, como en el caso de estos 'chicanos'.

Todavía en un pequeño pueblo del valle de Río Grande, al sur del estado de Texas, las mujeres en general mantienen índices relativamente altos de lealtad hacia el español. Sin embargo, a pesar de ello, las tres generaciones estudiadas, pero en especial las mujeres de entre diecinueve y cuarenta años, y las de entre cuarenta y uno y setenta y nueve, preferían, sin excepción alguna, usar el inglés. Los individuos más jóvenes de esta muestra, los de entre catorce y dieciocho años, como todos, mantenían el español, aunque su preferencia de uso favoreciera al inglés. Nuevamente la ruralía chicana exhibe una relativa lealtad lingüística hacia la lengua (supuestamente) materna.

En un barrio urbano de Albuquerque, ciudad del estado de Nuevo México, el español de los jóvenes bilingües va perdiendo fuerza, pues, aunque se habla, la frecuencia de uso es hoy la mitad que la mostrada por sus padres. Es necesario llegar a un pueblo fronterizo de California para encontrar que los adolescentes de ambos sexos confiesen que hablan ambas lenguas por igual en ciertas situaciones sociales (casa, escuela, vecindad).

En una muestra integrada por diecinueve familias de origen hispano pertenecientes a la misma manzana de un popular barrio de Manhattan, en Nueva York, se descubrió la existencia de cuatro patrones comunicativos:

A) Los padres o los adultos encargados hablan exclusivamente español entre sí y con los niños. Estos respondían a los adultos en español y lo hablaban entre ellos con leves instancias de inglés. Este tipo de estructura constituyó el 26 por 100 de la muestra.

B) Los padres empleaban el español entre ellos y al dirigirse a los niños, con algunas excepciones, en las que manejaban el inglés; los niños respondían en español o en inglés. Este patrón obtuvo el 47 por 100 de la muestra.

C) Los padres utilizaban el inglés entre sí y con los niños. Uno de los adultos utiliza el español ocasionalmente. Los niños, aunque entienden español, responden siempre en inglés y hablan solo inglés entre ellos; constituyen el 16 por 100.

D) Los padres, parejas de entre veinte y treinta años, nacidos y criados en Nueva York, intercambian códigos entre sí y con los niños; estos responden exactamente igual. Este patrón constituye el 11 por 100.

Esta interesante cala etnolingüística nos deja ver que en el 73 por 100 de las ocasiones prima (pero no en exclusiva) la comunicación intrafamiliar en español. Queda por ver si el manejo de códigos alternos —español e inglés— en un mismo discurso puede ser legítimamente interpretado como una deslealtad lingüística al español, o como todo lo contrario.

Los individuos que constituyen la generación joven de cubanos de Miami muestran un alto grado de lealtad hacia el español, aunque su actuación lingüística no se haga exclusivamente en esa lengua: el 96 por 100 de ellos piensa que el mantenimiento del español es necesario, puesto que este constituye un componente importante de su herencia cultural; el 75 por 100 cree que el español debería ser fortalecido en la comunidad, y el 72 por 100 no ve ninguna desventaja en usarlo. Un 55 por 100 de esa misma muestra manifestaba su preocupación porque creía que los jóvenes estaban olvidándolo y usando demasiado el inglés; el 13 por 100 parecía no tener opinión alguna sobre el particular.

Otras estadísticas interesantes observadas en este estudio nos dicen que el 75 por 100 de estos jóvenes aseguraban hablar tanto español hoy como hacía cinco años, y lo que es muy interesante: en materia de preferencia idiomática, el 25 por 100 prefería el inglés al español; el 30 por 100, el español al inglés, y el 42 por 100, ambas lenguas en igual grado; en este último caso, la elección de una u otra estaba determinada por el interlocutor, por el tema de la conversación o por el dominio en que se movieran. Del 30 por 100 que favorecía sobre todo al español, la mayoría lo hacía basada en factores afectivos o expresivos. En general, un importante número de estos sujetos veían el bilingüismo como una situación lingüística ideal: un 91 por 100 confesaba que el inglés era indispensable, mientras que un 81 por 100 respondía que no sentía ninguna molestia social al hablar español. El bilingüismo es, sin duda, enriquecedor (25%); el inglés debe manejarse porque es la lengua oficial; el español también debe hablarse, pues si no se perdería una señal sobresaliente de identidad y de orgullo étnico (32%) y porque podía correrse el riesgo de que esta lengua desapareciera (16%). Como se ve, este conjunto de datos apunta a un alto índice de lealtad lingüística entre la joven generación (de los cuales, el 12% había nacido en Estados Unidos, y el 48% de los nacidos en Cuba había llegado a la Florida con edades comprendidas entre uno y tres años de edad, y el 27%, entre los cinco y los ocho).

Sobre una muestra integrada por 549 sujetos, 250 chicos y 299 muchachas, todos ellos precedentes de varios centros urbanos —Carlson y Chico, en California; dos de Nuevo México, entre ellos Albuquerque; San Antonio y Laredo, en Texas; Amsterdam y Bronx, en Nueva York; un centro de Nueva Jersey, otro de la Florida (Miami) y uno de Illinois (Chicago)—, se intentaba investigar las causas que impulsaban a los jóvenes hispanos a cambiar al uso del inglés. Tres fueron los factores que aparecían constantemente: *a*) la localidad a la que se perteneciera; *b*) el lugar de nacimiento (dentro o fuera de Estados Unidos), y *c*) el grupo étnico-lingüístico. Anticipo que el factor sexo quedó parcialmente neutralizado, en particular en los casos en que la comunicación se establecía con miembros de la familia, con amigos o con vecinos.

Los adolescentes masculinos preferían acudir a las iglesias que ofrecieran el culto en español, y también en sus lecturas (con la excepción de aquellas en que había mucho texto escrito y pocas ilustraciones); en ambos casos, el contraste con las chicas es notable. Ambos grupos de adolescentes, ellos y ellas, hablaban español con sus abuelos, ambos idiomas con los padres y mayormente inglés con los hermanos.

Las gráficas representadas en las figuras 14, 15 y 16 nos dejan ver un buen resumen de la cuestión. La primera de ellas hace alusión a la comunicación con miembros de la familia; la segunda nos habla de diversos contextos sociolingüísticos (vecindad, escuela, iglesia, recreo), y la tercera, de los medios de comunicación. En el eje de ordenadas aparecen las comunidades estudiadas, y en el de abscisas, un parámetro dividido en cinco puntos, desde 'solamente español' en un extremo, hasta 'solamente inglés' en el otro.

La comunicación con los abuelos (gráfica 1) sitúa la media en el segundo punto ('mayormente español'), con alguna que otra excepción importante, como San Antonio. La línea punteada, que corresponde a la comunicación entre hermanos, tiende en cambio a acentuarse en el punto 4.

En la gráfica 2, en el ámbito religioso (línea punteada), aunque de nuevo con la excepción de San Antonio, el punto del parámetro que tiende a ser favorecido es el 2; sin embargo, lo relativo al ámbito 'recreo', con excepción de Laredo y Chicago, es el 4 ('mayormente inglés').

Cuando nos acercamos a la gráfica 3 (Medios de comunicación), con excepción de Chicago, que está en el número 3 ('ambos idiomas'), la media aritmética de los perfiles cae sobre el 4, acercándose en algunas comunidades al punto 5.

Se observará, en primer lugar, el vacío que ofrecen todas las gráficas en el primer punto ('solamente español'), y también en el punto 5 ('solamente inglés'). En general, los perfiles de la primera gráfica se inclinan hacia el punto 2 (con la muy notable excepción, ya señalada, de la comunicación entre hermanos); al hablar de los medios de comunicación, los perfiles caen dentro del punto 4, con evidente inclinación a sobrepasarlo en algunos casos.

No sabemos lo que podrá pasar en los próximos años con los índices de lealtad lingüística de los hispanos de Estados Unidos. Habrá que ver si continúa en alza el prestigio que van teniendo hoy la lengua y la cultura españolas en ese país, tanto para unos, los hispanos mismos, como para otros, los del grupo dominante.

Hace tan solo cuarenta años, con las excepciones de rigor, el español era la lengua de unos pobres indocumentados, analfabetos, que llegaban al país a recoger tomates. Como todo tópico, exageraba la realidad, aunque no mucho. En los últimos tiempos han aumentado los intercambios internacionales de jóvenes universitarios, que durante sus estancias en España y en Hispanoamérica han tenido acceso directo a la verdadera cultura hispánica. También es importante, aunque pudiera parecer una razón frívola, el auge espectacular de la televisión hispana. Las actitudes generales del norteamericano de a pie hacia los hispanos van dando pasos favorables y significativos. Qué duda cabe de que si esto fuera así realmente habría un reflejo en las actitudes de los propios inmigrantes, que se traduciría en pasos hacia la rehispanización.

Para predecir algo más sobre el futuro del español en suelo norteamericano se necesitaría acudir a la bola de cristal.

EL ESPAÑOL INVADE BRASIL

Siempre ha sido bastante sorprendente que el más importante encuentro de ambas culturas y de ambas lenguas, portugués y español, se haya dado en la frontera uruguaya, y ello con las características muy negativas de dialecto fronterizo. No parecía muy explicable que ambos mundos americanos, vecinos y todo, se mantuviesen de espaldas al otro. Pero un conjunto de factores —es preciso decir que completamente al margen de la cultura— han dado al asunto un considerable vuelco. Se trata de la creación de Mercosur, la formidable alianza económica integrada por dos gigantes, Brasil y Argentina, y por varios países: Uruguay, que ostenta la capitalidad de la alianza, y Paraguay, más Bolivia y Chile, que están en calidad de asociados. Es verdad que quedan algunas rencillas internas, como la lucha entre

Asunción y Montevideo por conseguir la capitalidad de la cultura y la educación, pero es asunto que tendrá solución antes o después.

De todo este entramado de intereses comerciales (y, en realidad, de todo tipo), lo que realmente interesa destacar aquí es que entre los protocolos firmados se encuentran unos acuerdos especiales referidos a las lenguas: todos los países que a la postre integren Mercosur serán bilingües español-portugués en un tiempo relativamente breve. Es decir, que lo que no han conseguido intereses más 'nobles' se va a hacer realidad gracias a un telón de fondo con amplios bordados crematísticos. Claro que estamos hablando de lo que dicen los papeles, no de una realidad inmediata. Porque a pesar de la aplastante lógica de la resolución, del decisivo apoyo de los países firmantes y de las expresiones, no solo diáfanas, sino entusiastas, de algunos presidentes (como las que hizo en su día el argentino Menem), quedan caminos sinuosos que recorrer. De ellos, el más importante pasa por no saber muy bien qué hacer con el francés, situación que se agrava por el formidable despliegue del Gobierno de Francia y de varias de sus poderosas agencias culturales, como la Alliance, ante la posibilidad de que esta lengua lleve las de perder.

Los ya no tan nuevos planes de estudio de la República Argentina, en cuya elaboración he tenido la oportunidad de intervenir, hablan con seguridad del inglés como lengua extranjera. Pero sobre los escritorios de los funcionarios ministeriales que deben 'recomendar' la segunda lengua extranjera hay dos tipos de papeles: el Tratado de Mercosur, firmado oficialmente por la Argentina, y las reiteradas manifestaciones del presidente, recogidas puntualmente por la prensa, que hablan del portugués no ya como lengua extranjera, sino como segunda lengua; y por otra parte, un conjunto de cartas, informes, promesas, ofertas de expertos, préstamos y créditos culturales producidos en oficinas francesas o cuasifrancesas, como la Asociación Argentina de Profesores de Francés, que aluden indefectiblemente, entre otras cosas más concretas, al peso de esa cultura y de esa lengua en todo el mundo, y en especial, a la larga tradición francófila del país hispanoamericano. Como no hay espacio para una tercera lengua obligatoria en los niveles preuniversitarios, la elección se impone, aunque parece que no quedan muchas alternativas.

Brasil, sin embargo, no ofrece problemas de ningún tipo: inglés como lengua extranjera y español como segunda lengua. Son de otra naturaleza los contratiempos con los que se enfrenta Brasil a la hora (que en ese país ha llegado ya) de establecer la enseñanza del español en sus escuelas primarias (quinto, sexto, séptimo y octavo grados), y de ofrecerla en los tres cursos de la educación secundaria: la falta de profesorado competente. Y no es que el español sea, desde luego, una novedad en ese país. Pero eso de ofrecer el aprendizaje del español en niveles primarios y secundarios en todo el sistema lleva a un ejercicio de multiplicación con coeficientes tremendamente altos (se necesitarán 210.000 maestros), dada la extensión territorial y la densidad demográfica escolar de amplias zonas brasileñas, aparte de sus grandes monstruos urbanos, São Paulo (con más de dieciocho millones de habitantes) y Rio de Janeiro (con casi diez). De momento, cada uno de los estados brasileños tendrá que adaptar la ley a sus respectivas legislaciones, y este ejercicio se demorará unos cinco años. ¿Qué se está haciendo entre tanto? Si pensamos en la magnitud numérica de los objetivos (unos doce millones de alumnos), relativamente poco. Algunas universidades de países hispanoamericanos cercanos, como la Universidad de la República, en Montevideo, han empezado a ofrecer cursos de capacitación para la enseñanza del español a lusohablantes de Brasil. Pero son programas que apenas se inician o que cuentan con muy pocos años de funcionamiento. No cabe duda de que la urgencia del caso obligará a tomar medidas a la mayor brevedad posible. Por de pronto, ya el Instituto Cervantes, que hasta hoy cuenta con solo dos centros en Brasil (São Paulo y Rio), en los que forman profesores de español, dispondrá en breve con otros siete: Belo Horizonte, Brasilia, Curitiva, Florianópolis, Porto Alegre, Recife y Salvador de Bahía.

Sea como sea, la aspiración de Brasil de convertir a sus ciudadanos en hablantes bilingües proyectará las cifras de hablantes de español como segunda lengua hasta límites muy sobresalientes. Para tener una idea aproximada de ello, repárese en que de los más de 160 millones de habitantes que posee el Brasil de nuestros días, casi 31 millones integran la población escolar en la llamada escuela primaria (entre los siete y los catorce años), y casi cinco, la de la escuela secundaria (entre los quince y los dieciocho años), es decir, unos 35 millones, lo que podría ofrecer una ratio anual de crecimiento de hablantes de español como segunda lengua de algo más de millón y medio. El actual ministro de Educación del país ha vaticinado que dentro de diez años Brasil contará con treinta millones de hablantes de español. Como se ve, el panorama es muy halagüeño.

BELICE Y TRINIDAD-TOBAGO, A LA COMUNIDAD LINGÜÍSTICA HISPÁNICA

Belice, país con relativa autonomía desde 1983, tiene tras de sí una historia colonial de más de trescientos años, durante los cuales permaneció rígidamente unido a Inglaterra, como un curioso enclave en medio del mundo hispánico centroamericano. Posee hoy una población de apenas 205.000 habitantes, entre los que figuran una amalgama de criollos (mezcla de blancos europeos y africanos), mestizos (fusión de españoles con amerindios, principalmente mayas), caribes negros, y una serie de inmigrantes indios, libaneses, menonitas, alemanes, franceses, italianos, árabes y chinos. Una nueva Babel de tono tropical. Naturalmente que la lengua mayoritaria es el inglés, pero con fuerte competición de un criollo de base inglesa, de la variedad maya hablada en el lugar y, a mucha mayor distancia, del chino.

Desde hace años, sin embargo, el español ha ido ganando terreno, debido a dos razones principales: primero, a las constantes olas inmigratorias de sus vecinos salvadoreños, nicaragüenses y guatemaltecos, y segundo, porque la mayoría de los habitantes del nuevo país, hablantes de criollo, se han ido incorporando al español. Es una situación esta que se nota a simple vista en la zona norte del país, desde Orange Walk hasta Corozal, cerca de la frontera mexicana de Chetumal, y también en el sur, en el distrito de Cayo, sobre la frontera de Guatemala, donde su uso es general. Solo en la zona central de Belice y en Punta Gorda, donde abunda la población garifuna (caribes negros), el inglés se mantiene con firmeza. Pero Belice, con vecinos hispanohablantes por todos lados, ha ido dejando de mirar a Estados Unidos y a Jamaica para fijarse en su alrededor. Y este nuevo cambio de horizonte ha dado como resultado que se reconozca la raíz hispana de esa sociedad multiétnica, su pertenencia a Centroamérica, y los firmes deseos de que el español se declare segunda lengua oficial.

México ha acudido en su ayuda, fundando en 1993 el Instituto de Cooperación y Cultura México-Belice. Entre sus más atractivas ofertas están las clases de español, que han generado un entusiasmo desbordado; díganlo, si no, estas cifras: entre 1993 y 1995, tan solo en dos años académicos de un Instituto recién fundado, han tomado clases más de 680 alumnos adultos, lo que la misma directora del centro, la señora Paz Cervantes, calificó de extraordinario.

La población escolar de Belice es de cerca de 60.000 alumnos. Todavía no se han hecho públicos los planes de las autoridades educativas de Belice City con respecto al español, pero cuando sea lengua cooficial, lo menos que puede esperarse es la presencia de una asignatura diaria de español, desde los grados iniciales de la escuela primaria. Con respecto a la población adulta, no necesitarán clases de español el 43,6 por 100 de los mestizos y los criollos, que ya lo hablan; faltarían por castellanizar unos 85.000 habitantes, como mucho, pero la cifra se irá reduciendo a medida que aumenten las nuevas promociones escolares.

Por suerte, nos ha tocado asistir a una especie de reivindicación histórica con respecto al español de Trinidad-Tobago. Islas españolas ambas durante trescientos años, pasaron a dominación inglesa en 1797; aunque a partir de ese momento han vivido períodos de inestabilidad, hoy constituyen una república parlamentaria independiente y miembro del *Commonwealth* británico. Las pequeñas islas están situadas al norte de Venezuela, apenas a unos 17 kilómetros de distancia de sus costas, lo que explica sus núcleos demográficos de este origen y, sobre todo, el notable influjo de la televisión venezolana. La lengua oficial es allí el inglés, aunque abundan hablantes de otras lenguas. En este sentido, el mapa lingüístico de Trinidad-Tobago calca las diversas olas inmigratorias que ha recibido el país, entre las que sobresale la hindú y varias otras de origen oriental.

Los restos de español son muy minoritarios, si exceptuamos a los hablantes de origen venezolano, y en etapa de obsolescencia, tanto, que suele citarse con frecuencia al español trinitario como uno de los casos modernos de mortandad lingüística. Las cosas, sin embargo, han empezado a cambiar. Ahora, y desde hace ya varios años, la enseñanza del español es obligatoria en todas las escuelas del país. La decisión fue tomada por el ministro de Educación, el doctor Adesh Nanan, que hizo suya la moción del senador independiente John Spence. El Gobierno de Port of Spain ha refrendado la decisión ministerial.

La ley alcanza, por el momento, a la escuela primaria (estudiantes entre seis y doce años), que es libre y obligatoria. Aunque no se dispone de datos recientes, se calcula que una décima parte de la población de las islas corresponde a esas edades, lo que nos llevaría a algo más de cien mil escolares. Esto significa que en un período de entre quince y veinte años la población trinitaria podría ser completamente bilingüe inglés-español.

UN VISTAZO A LAS POLÍTICAS LINGÜÍSTICAS 'CASERAS': LA TELEVISIÓN

Estas políticas 'caseras', para llamarlas de alguna manera, no son nada desdeñables. Debemos olvidar la ingenua idea de que solo la instrucción reglada logra ensanchar el círculo de hablantes de español como segunda lengua. Se trata de un capítulo apenas explorado por la investigación, pero no haríamos nada trivial si imitáramos a los estudiosos de la influencia de la televisión y del cine egipcio, en cuanto instrumentos de divulgación y extensión de esta variedad del árabe popular en el resto de ese amplio mundo.

El ejemplo de las Antillas holandesas es bastante ilustrativo en este sentido. Las islas ABC, como se les llama —Aruba, Bonaire y Curaçao—, están sometidas a un intenso influjo de la televisión venezolana. Las mujeres pasan horas del día enganchadas a la pequeña pantalla, pendientes de las truculentas peripecias de las invictas telenovelas; los hombres sacian su entusiasmo con los deportes, el béisbol de las grandes ligas norteamericanas, retransmitido desde Caracas, y los campeonatos locales. Los más refinados están pendientes de los telediarios. María Vaquero, que ha estudiado con cuidado las supervivencias del español en estas islas agrestes y ventosas, pudo comprobar que las influencias del español venezolano superaban con mucho las simples transferencias en su papiamento habitual. Ahora, aunque parece que han vuelto los felices tiempos del petrodólar venezolano, siguen menguando los turistas de aquel país en Curaçao y, consiguientemente, el español se oye menos en las calles, es la televisión la encargada, ella sola, de mantener el contacto hispánico.

EPÍLOGO

LA AVENTURA CUMPLIÓ
QUINIENTOS AÑOS

En estos días que corren, ya comenzado el siglo XXI, el 90 por 100 de todos los que hablan español en el mundo son americanos. Si hoy, a nivel mundial, los hablantes de nuestra lengua constituyen el 5,7 por 100, y en el año 2030 este porcentaje subirá al 7,5 (según proyecciones del *Britannica World Data)*, no cabe la menor duda de que América, la hispana y la hispanizada, habrá representado en ello un papel realmente estelar. La abrumadora importancia de estas cifras, unida a otros factores de diversa índole —potencialidad económica, éxito internacional de su literatura, logrados esfuerzos de acercamiento a sistemas democráticos, entre otros—, han hecho que el verdadero eje de la lengua española haya ido desplazándose poco a poco hacia el otro lado del Atlántico.

Ese otro lado, por fortuna, está más cerca cada día que pasa. Las amplias y muy numerosas avenidas de comunicación que unen a la milenaria España con el ya no tan Nuevo Continente son las principales responsables de que aumente nuestro mutuo conocimiento y de la creciente compenetración que existe entre toda la familia hispánica. Parece casi milagroso que a tan solo días de publicado en Madrid un artículo de Julián Marías, pongo por caso, lo reproduzcan más de doscientos periódicos hispanoamericanos, y que los lectores asiduos de la prensa española estén familiarizados con los escritos de Mario Vargas Llosa, sobre todo, cuando los escribía desde América. Y el periódico impreso en papel es ya un medio tradicional. Imagínese lo que está sucediendo con la prensa en Internet.

Repárese en lo que nos ofrece la televisión a diario: de una parte, programas 'enlatados', pregrabados, de transmisión diferida. Las grandes teleseries peninsulares —*Santa Teresa, Fortunata y Jacinta*, la de Ramón y Cajal, *La Regenta,* etc.— se han pasado, en ocasiones más de una vez, en todos los países de América, mientras que desde allí nos llegan sus interminables y lacrimógenas telenovelas, que, con todo lo 'culebrones' que sean, mantienen pegados a la pequeña pantalla a una buena parte de los españoles. Y esto son solo ejemplos, aunque sobresalientes.

Las retransmisiones en directo, por otra parte, nos dejan ver a todos simultáneamente los grandes acontecimientos: Juegos Olímpicos, debates parlamentarios, partidos de final de Copa, festivales de la OTI, bodas reales, elecciones generales y autonómicas... Más la programación regular y asidua que ofrece el Canal Internacional de Televisión Española y alguna cadena privada, vistas con impaciencia y curiosidad por espectadores de allá.

Y no digo nada de las comunicaciones privadas: el correo electrónico da trabajo abundante a más de un satélite. Y los más aventureros pueden subirse a diario en Barajas a cualquier avión que los deposite en alguna capital hispanoamericana. Para los que gustan de empresas colectivas y divertidas, ahí están los viajes turísticos que han hecho de todo el Caribe un terreno transitado y familiar para no pocos españoles. Aunque a la inversa los viajes son menos continuos y sus motivaciones, en general, diferentes —trabajo (ante nosotros está el rico panorama actual de la inmigración hispanoamericana) y estudio (verdaderamente ejemplar y sorprendente es el aumento de las becas de estudio de la Fundación Carolina y de la Agencia Española de Cooperación Internacional)—, tampoco son experiencias de mucha rareza. Nada hace suponer que este volumen de intercambios pueda desaparecer ni tampoco menguar.

Naturalmente que este trasiego diario no solo nos une en cuanto pueblos, sino que va acercando más a las distintas variedades de nuestra lengua. En el concierto de las naciones hispánicas se oyen palabras desconocidas, entonaciones distintas, diversos acentos, alguna que otra expresión sintáctica que nos resulta rara, fraseología curiosa... Sin embargo, entendemos sin extrañeza lo que se nos dice y lo que leemos, a pesar del pequeño manojo de peculiaridades lingüísticas con las que podemos enfrentarnos al hablar con un chileno, un venezolano, un mexicano o un dominicano. Es la unidad dentro de la diversidad. A pesar de todas las lecciones de historia y de geografía que hemos recibido, nunca deja de sorprendernos que a muchos miles de kilómetros de casa podamos hablar español con las gentes de allí.

Ya Aldrete, a principios del siglo XVII, después de oír hablar nuestra lengua en diversas colonias y poblaciones en África, en Orán y en el Peñón de Vélez de la Gomera como en México, y todas las ciudades de la Nueva España, y del Perú, nos decía que «la lengua de España, y de partes tan remotas, como estas [se refiere a América] y sus islas, y las Filipinas toda es una». Y hoy, muchos años después, podemos seguir afirmando lo mismo, porque el español, es cierto, adquirió en el Nuevo Continente una fisonomía y personalidad propias, pero nunca dejó de ser eso: español.

RECOMENDACIONES BIBLIOGRÁFICAS

Sobre el español de América se ha escrito mucho; la mayoría de estos centenares de miles de páginas impresas está destinada más bien al especialista, o en todo caso, al estudiante universitario, aunque sea para iniciarlo en estos estudios. Las recomendaciones que aquí se hacen para proseguir las lecturas y ahondar en los conocimientos que este libro ofrece deben tener este punto en consideración, pues mientras aquí se ha hecho un esfuerzo para hacerlo todo accesible a cualquier tipo de público, en ellas se encontrará una terminología muy específica, conceptos teóricos harto complejos que se dan por conocidos y una presentación de problemas hecha en un tono científico más o menos elevado. Con todo, y a pesar de estos inconvenientes, el lector podrá sacar de estas recomendaciones algunas enseñanzas provechosas.

En primer lugar, deben señalarse los manuales introductorios al estudio del español americano. Son estos los más importantes:

- María Beatriz FONTANELLA DE WEINBERG, *El español de América,* primera y única edición hasta la fecha, Colecciones MAPFRE 1492, Madrid, 1992. Hay versión en CD-ROM.

   Está escrito por una notable investigadora argentina recientemente desaparecida. Son 287 páginas de lectura agradable, aunque también concebidas con rigor académico. Es un excelente complemento al manual de Moreno de Alba, pues el énfasis aquí está en la Argentina y en Uruguay, zonas sobre las que la profesora Fontanella trabajó incansablemente. La estructura es muy similar a la del libro de Moreno de Alba: se presentan primero los problemas generales, y después se pasa revista a cada uno de los países que integran el concierto hispanoamericano de naciones.

- Humberto LÓPEZ MORALES, *El español del Caribe,* Colecciones MAPFRE 1492, Madrid, 1992. También en CD-ROM.

El libro presenta, en primer lugar, las razones por las cuales puede hablarse de esta zona dialectal americana como un todo homogéneo y diferente de otras zonas vecinas, y más tarde revisa lo relativo a los distintos niveles de lengua, la fonética y la fonología, la sintaxis y el léxico característicos de esta región. Es un manual universitario, aunque su estilo lo hace parcialmente accesible a todo lector.

- Arnulfo G. RAMÍREZ, *El español de los Estados Unidos. El lenguaje de los hispanos,* Colecciones MAPFRE 1492, Madrid, 1992. También en CD-ROM.

Se trata de un libro muy interesante en el que se presentan muy diversos asuntos sobre el tema. El primer capítulo ofrece un panorama histórico y una introducción a los aspectos demográficos y sociológicos de los principales grupos de inmigrantes hispanos. Después se abordan en detalle las relaciones entre lengua y sociedad, el bilingüismo y sus resultados, las manifestaciones literarias populares y cultas y los problemas de lenguas en contacto. Es libro de lectura amena.

- John M. LIPSKY, *El español de América.* Es traducción, muy bien hecha por cierto, de la versión original inglesa *Latin American Spanish;* ha sido publicada en Madrid en 1996 por la Editorial Cátedra.

El autor ha visitado e investigado en prácticamente todos los países de Hispanoamérica, y sobre ellos tiene firmados varias docenas de trabajos monográficos. Es el libro más denso de estas introducciones; también el de mayor cantidad de páginas (447); muy rico en información, aunque concebido y realizado a un nivel técnico. La estructura es similar a la de los anteriores. El tratamiento de los asuntos generales del español americano se hace, en ocasiones, desde posturas personales originales, no siempre compartidas por el resto de los estudiosos.

- María VAQUERO, *El español de América,* I. *Pronunciación;* II. *Morfosintaxis y léxico,* Cuadernos de Lengua Española, Arco/Libros, Madrid, 1996.

  Se trata de dos cuadernos pequeños pero sustanciosos. Con una gran capacidad de síntesis, la autora resume lo más importante de lo estudiado hasta la fecha sobre el tema. Es un trabajo introductorio, pero técnico.

- Miguel Ángel QUESADA PACHECO, *El español de América,* Editorial Tecnológica de Costa Rica, Cartago (Costa Rica), 2000.

  Es un libro breve, pero muy bien documentado. Consta de una Introducción en la que analiza el concepto de 'español de América' desde el siglo XVI hasta hoy; describe las diferentes teorías sobre los orígenes del español americano, y da detalles (algunos de ellos, de carácter técnico) sobre pronunciación, aspectos gramaticales y léxico de estas variedades.

- José G. MORENO DE ALBA, *El español de América.* Acúdase preferentemente a la tercera edición, «corregida y aumentada», publicada en la colección Lengua y Estudios Literarios del Fondo de Cultura Económica, México, 2001.

  Es un libro muy ameno, aunque académico, de 334 páginas, incluida la bibliografía y los índices. Como su autor es un catedrático mexicano, hay un énfasis especial en todo el manual en lo relativo a esa importante zona lingüística de América. Trata problemas generales de la materia —orígenes del español americano, la teoría del andalucismo, la división en zonas dialectales—, y después comienza un recorrido país por país, exponiendo los fenómenos dialectales más significativos de cada uno de ellos.

- Milagros ALEZA IZQUIERDO y José María ENGUITA UTRILLA, *El español de América: aproximación sincrónica,* Tirant lo Blanch, Valencia, 2002.

  La obra, en muchos sentidos original, explica —con riqueza de ejemplos— los puntos centrales que caracterizan al español americano. Tras un breve análisis histórico, se centra en el momento actual o en etapas inmediatamente anteriores. El enfoque no solo es de naturaleza dialectológica, sino también sociolingüística y de sociología del lenguaje, lo que logra que los fenómenos estén adecuadamente enmarcados y explicados. Su lectura es amena, aunque el lector puede toparse —no con frecuencia— con un tono científico especializado.

- Juan SÁNCHEZ MÉNDEZ, *Historia de la lengua española en América,* Tirant lo Blanch, Valencia, 2003.

    El lector encontrará en este libro reciente un esfuerzo muy logrado de presentar los hitos más importantes del devenir histórico del español en América. Está escrito para estudiantes universitarios, por lo que su lectura no siempre es fácil para los no iniciados. Con todo, cualquier lector encontrará en estas páginas información muy aprovechable.

Al margen de estos manuales introductorios, el lector interesado puede acudir también a un volumen colectivo de extraordinaria importancia:

- *Historia y presente del español de América,* editado por César HERNÁNDEZ ALONSO y otros, y publicado en Valladolid por la Junta de Castilla y León en 1991.

    Es un imponente volumen de 857 páginas, en el que colaboran unos veinticinco especialistas de todo el mundo. Además de la «Presentación» del profesor Hernández Alonso, y de los trabajos iniciales de Rafael Lapesa y de Manuel Alvar, hay secciones de «Cuestiones generales», «Lenguas en contacto», «El español del Caribe» y una muy amplia sobre «El español en el continente americano». Alternan los trabajos históricos con los descriptivos, tanto de regiones como de países. Es una excelente puesta al día de lo más significativo del español americano; su nivel científico es muy alto, pero, a pesar de ello, a cualquier lector podrá aprovecharle mucho su lectura.

Puede acudirse también a la colección de *Actas* de los Congresos internacionales sobre el español de América, que se vienen celebrando desde hace varios años. Los trabajos que en ellas aparecen son muy heterogéneos desde todos los puntos de vista:

- *Actas del I Congreso Internacional sobre el español de América,* editadas por H. LÓPEZ MORALES y M. VAQUERO, Academia Puertorriqueña de la Lengua Española, San Juan, 1986.
- *Actas del II Congreso Internacional sobre el español de América,* editadas por J. G. MORENO DE ALBA, Universidad Nacional Autónoma de México, México, 1986.
- *El español de América,* 3 vols., editadas por C. HERNÁNDEZ y otros, Junta de Castilla y León, Valladolid, 1991.
- *El español de América,* 2 vols., editadas por Á. RODRÍGUEZ GONZÁLEZ, Pontificia Universidad Católica de Chile, Santiago, 1995.
- *El español de América*, editadas por Antonio GONZÁLEZ TEJEDOR, CD-ROM.

Por último, el lector que quiera ampliar sus lecturas en algún punto en particular puede localizar la bibliografía especializada en una serie de Cuadernos bibliográficos sobre *El español de América* que publica en Madrid la Editorial Arco/Libros. La colección consta de diez Cuadernos, de los cuales ya están en circulación los siguientes: 1. Introducción; 3. Las Antillas; 4. Argentina, Paraguay y Uruguay; 6. Chile; 9. México; 8. Los Estados Unidos; 2. América Central; 7. Colombia y Venezuela; aún no se ha publicado el 5. Bolivia, Ecuador y Perú.